实用工商管理专业规划教材

国际贸易理论与实务

董勤 朱珠 编著

上海大学出版社

图书在版编目(CIP)数据

国际贸易理论与实务 / 董勤, 朱珠编著. —上海:上海大学出版社, 2013.12 (2021.5重印)
ISBN 978-7-5671-1123-3

Ⅰ.①国… Ⅱ.①董…②朱… Ⅲ.①国际贸易理论—高等学校—教材②国际贸易—贸易实务—高等学校—教材 Ⅳ.①F740

中国版本图书馆 CIP 数据核字 (2013) 第 261538 号

责任编辑　彭　俊
　　　　　　石伟丽
封面设计　施羲雯
技术编辑　金　鑫

国际贸易理论与实务

董　勤　朱　珠　编著
上海大学出版社出版发行
(上海市上大路 99 号　邮政编码 200444)
(http://www.shupress.cn　发行热线 021-66135112)
出版人：戴骏豪

*

上海华业装潢印刷厂有限公司印刷　各地新华书店经销
开本 787×960　1/16　印张 21.75　字数 420千字
2014年1月第1版　2021年5月第6次印刷
ISBN 978-7-5671-1123-3/F.127　定价：40.00元

实用工商管理专业规划教材编委会

主任　唐　豪
编委　徐勇谋　林财兴　杨谊青
　　　严惠根　李怀勇　聂永有
秘书　彭　俊

序

高校的根本任务就是培养适应社会需要的各类人才，培养应用型人才是高等教育由精英教育向大众化教育转变的产物，是社会经济发展的要求。在发达国家，实施应用型教育的本科院校和就读的学生同样占有很大的比重。在一定意义上，成教学生也是应用型人才的重要组成部分。

2001年以后，我国高等教育事业迅速发展。全日制本科院校不断增多，应用型院校本、专科（高职）学生的规模明显扩大，民办高校如雨后春笋。随着经济社会的持续发展和城市综合环境的改变，招生与就业政策的调整，高校专业设置有了大幅度的调整，与全日制教育密切关联的成人教育也发生了一系列显著的变化，主要表现在以下几个方面：

第一，以就业为导向的入学专业的变化。在上海应用型高校招生中，外语、外贸、计算机等原先的热门专业趋于饱和，不再受青睐，会计、金融类专业则受制于师资能力而逐步萎缩，宽口径的工商管理成为诸多应用型院校招收经济管理类本、专科（高职）生主要的专业选择。

第二，应用型院校的生源结构发生巨大变化。由于高校的扩招，生源入学的门槛有所下降，学生的理论基础与以往的学生相比不够扎实，对专业研究的潜力和兴趣不大；但是这批90后的学生又不乏思想活跃、知识面宽、兴趣广泛和信息搜索能力强等特点。传统的高等院校的教育培养模式已不再适合这样一批特点鲜明的学生了。

第三，招生培养方案和教学计划的改革。目前就读于经济管理类尤其是工商管理专业的成教学生，大多数就职于中小企业，在最基层的岗位工作；他们工作压力大，加班加点多；非本地户籍的外来务工青年的比例逐步上升，而他们大都在远离市中心的郊区上班，在学习中的工学矛盾比较大。在这种情况下，按以往的招生培养方案和教学计划实施教育管理，难以保证学生顺利地完成学业，更不能保证教学质量。

这是摆在诸多应用型院校和高校成人教育组织机构面前的现实问题。为此，应用型院校的教育（包括成人教育）必须进行改革和调整。在实践中我们认识到，现有工商管理专业采用的教材大多数是针对传统院校本科编写的，篇章较多，内容深奥，不利于学生的全面理解，反而会影响学生阅读和学习的兴趣。

为了配合高校专业调整和成人教育管理的改革，我们萌发了重新编写一套适应应用型院校与成教学生特点的专业教材的想法。编写的要求可概括为三点：一是压缩教材内容，强调各课程最基本和最实用的章节；二是强调知其然，有关知其所以然的内容，通过参考书刊导读的方式让有兴趣的同学知晓；三是保留必要的案例内容，通过网络导航和其他书刊的介绍帮助同学获取更多的案例信息。

在教材内容调整后，我们要求任课教师突出重点，改善与完善教学方法，鼓励教师积极探索，及时总结，相互交流，进而提高课程的教学质量。

限于编委会的水平以及各位作者对此问题的认识，本套教材肯定存在种种不足，欢迎大家批评指正。作为一种尝试，我们更期待来自应用型高校学生以及成教学生的积极反馈。

编委会　唐豪
2013年12月

前 言

随着国家与国家之间经济交往的日趋频繁,国际贸易在当今社会中已经具有重要作用。国际贸易理论知识和国际贸易实际操作技能已经成为社会发展所需要的重要知识和技能。国际贸易课程是一门面向经济与管理专业的主干课程,内容涵盖国际贸易领域中的基本理论、基本知识和基本技能。

本书作为国际贸易理论和实务的基础教程,系统阐述了国际贸易的基本概念、理论及国际贸易实务方面的知识,紧扣当前国际贸易的实践,从理论和实务两个方面深入系统地介绍了国际贸易的各个方面。本书引用了大量案例,设有知识拓展等栏目,在实务篇目中紧扣《联合国国际货物销售合同公约》、《2010国际贸易术语解释通则》和《跟单信用证统一惯例600》三个重要国际贸易文件资料进行分析和阐述,为读者理解国际贸易的实际问题和热点问题提供了指导。本书的思考题部分比较重视基本概念、基本原理、案例分析和操作练习,重视基本技能的训练,注重培养学生实践能力。

全书共16章,分为两个部分:国际贸易原理和国际贸易实务。国际贸易原理部分有国际贸易导论、国际贸易理论、国际贸易政策、世界经济一体化及世界贸易组织;国际贸易实务部分重点介绍了国际贸易合同中的内容,包括商品、价格、运输、保险、货款的收付、商品检验、争议及处理,此外还说明了进出口商品交易的流程和交易合同的建立与履行以及贸易操作中的计算等内容。本书编著工作分工为:董勤负责第一章、第六章、第九章、第十章、第十一章、第十二章、第十三章和第十六章;朱珠负责第二章、第三章、第四章、第五章、第七章、第八章、第十四章和第十五章。全书由董勤负责统稿。

本书适用对象包括经管专业的在校本科生、高职生以及成教生。本书力争在通俗易懂的基础上，贯彻国际贸易知识的全面性、系统性和可操作性，既注重基础专业知识又注重实际应用性。本书在编写过程中，借鉴了很多成熟的资料，在此表示感谢。鉴于编者知识及能力局限加上时间限制，错误之处谨请批评指正。

编 者
2013年10月17日

目 录

理论篇

第一章 导论
  第一节 国际贸易概述 /3
  第二节 国际贸易的历史与发展 /10
  第三节 国际分工与世界市场 /14

第二章 国际贸易理论
  第一节 古典贸易理论 /22
  第二节 新古典贸易理论 /30
  第三节 国际贸易新理论 /36

第三章 关税措施与非关税措施
  第一节 关税措施概述 /43
  第二节 非关税措施 /52

第四章 区域经济一体化与国际贸易
  第一节 区域经济一体化概述 /65
  第二节 区域经济一体化的现状和发展趋势 /70
  第三节 关税同盟理论 /77

第五章　世界贸易组织
　　第一节　从GATT到WTO　　/ 84
　　第二节　WTO的宗旨、基本原则和法律框架　　/ 89
　　第三节　WTO与中国　　/ 100

实务篇

第六章　国际贸易的基本流程和适用的法律
　　第一节　国际贸易操作的基本程序　　/ 107
　　第二节　国际贸易法律规范　　/ 113

第七章　国际贸易商品
　　第一节　商品的品质　　/ 126
　　第二节　商品的数量　　/ 132
　　第三节　商品的包装　　/ 136

第八章　商品的价格
　　第一节　国际贸易术语　　/ 142
　　第二节　商品的定价　　/ 157
　　第三节　合同中的价格条款　　/ 159

第九章　国际货物运输
　　第一节　运输方式　　/ 162
　　第二节　装运条款　　/ 182

第十章　国际贸易保险
　　第一节　国际贸易保险概述　　/ 189
　　第二节　货物运输保险的险别及条款　　/ 193
　　第三节　货运保险业务　　/ 204
　　第四节　保险条款　　/ 207

第十一章　支付

　　第一节　支付工具　　/ 211
　　第二节　支付方式　　/ 218
　　第三节　支付条款　　/ 235

第十二章　商品检验与报关

　　第一节　商检　　/ 240
　　第二节　报关　　/ 252

第十三章　违约与争议处理

　　第一节　违约与索赔　　/ 257
　　第二节　不可抗力　　/ 264
　　第三节　仲裁　　/ 267

第十四章　国际贸易合同的建立

　　第一节　交易磋商　　/ 278
　　第二节　国际货物买卖合同成立　　/ 286

第十五章　进出口合同的履行

　　第一节　出口合同的履行　　/ 291
　　第二节　进口合同的履行　　/ 300

第十六章　进出口操作中的计算

　　第一节　与价格有关的计算　　/ 309
　　第二节　运输相关计算　　/ 315
　　第三节　货运保险有关计算　　/ 325

理论篇

第一章 导　　论

本章学习目标

1. 了解：国际的产生背景和发展情况，国际分工和世界市场的形成与现状。
2. 熟悉：国际贸易的基本分类与特点。
3. 掌握：国际贸易的基本概念与分析指标。

本章核心概念

国际贸易　国际贸易分类　国际贸易统计指标　国际分工　世界市场

第一节　国际贸易概述

一、国际贸易与国内贸易

（一）国际贸易的概念

国际贸易（International Trade）是指不同国家（和/或地区）之间的商品和劳务的交换活动。国际贸易是商品和劳务的国际转移，所以也叫世界贸易。国际贸易由进口贸易（Import Trade）和出口贸易（Export Trade）两部分组成，故有时也称为进出口贸易。它是各国（或地区）在国际分工的基础上相互联系的主要形式，反映了世界各国（或地区）在经济上的相互依赖关系，是由各国对外贸易的总和构成的。

（二）国际贸易与国内贸易的比较

国际贸易属于商品交换范围，与国内贸易在性质上并无不同，但由于它是在不同国家或地区间进行的，所以与国内贸易相比具有以下特点：

第一，国际贸易所涉及的问题远比国内贸易复杂，要涉及不同国家或地区在政策措施、法律体系方面可能存在的差异和冲突，以及语言文化、社会习俗等方面的差异。

第二，国际贸易的交易数量和金额一般较大，运输距离较远，履约时间较长，因此交易双方承担的风险远比国内贸易要大。

第三，国际贸易容易受到交易双方所在国家的政治、经济变动，双边关系及国际局势变化等条件的影响。

第四，国际货物贸易除了交易双方外，还需涉及运输、保险、银行、商检、海关等部门的协作、配合，过程较国内贸易要复杂得多。

二、国际贸易分类

（一）按商品移动的方向划分

进口贸易（Import Trade）：将其他国家的商品或服务引进到本国市场销售。

出口贸易（Export Trade）：将本国的商品或服务输出到其他国家市场销售。

过境贸易（Transit Trade）：A国的商品经过C国境内运至B国市场销售，对C国而言就是过境贸易。

进口贸易和出口贸易是就每笔交易的双方而言，对于卖方而言，就是出口贸易，对于买方而言，就是进口贸易。输入该国的商品再输出时，成为复出口；输出国外的商品再输入该国时，称为复进口。

（二）按商品的形态划分

有形贸易（Visible Trade）：有实物形态的商品的进出口。例如，机器、设备、家具等都是有实物形态的商品，这些商品的进出口称为有形贸易。

无形贸易（Invisible Trade）：没有实物形态的技术和服务的进出口。专利使用权的转让、旅游、金融保险企业跨国提供服务等都是没有实物形态的商品，其进出口称为无形贸易。

（三）按生产国和消费国在贸易中的关系分

直接贸易（Direct Trade）：指商品生产国与商品消费国不通过第三国进行买

第一章 导 论

卖商品的行为。贸易的出口国方面称为直接出口，进口国方面称为直接进口。

间接贸易（Indirect Trade）和转口贸易（Transit Trade）：指商品生产国与商品消费国通过第三国进行买卖商品的行为，间接贸易中的生产国称为间接出口国，消费国称为间接进口国，而第三国则是转口贸易国，第三国所从事的就是转口贸易。

（四）按贸易内容分

服务贸易（Service Trade）：又称劳务贸易，指国与国之间互相提供服务的经济交换活动。服务贸易有广义与狭义之分，狭义的服务贸易是指一国以提供直接服务活动形式满足另一国某种需要以取得报酬的活动。广义的服务贸易既包括有形的活劳动，也包括服务提供者与使用者在没有直接接触下交易的无形活动。

加工贸易（Processing Trade）：加工贸易是一国通过各种不同的方式，进口原料、材料或零件，利用本国的生产能力和技术，加工成成品后再出口，从而获得以外汇体现的附加价值。

商品贸易（Merchandise Trade）：是指以商品买卖为目的的纯商业方式的贸易活动。商品贸易是贸易运行的基础。从贸易产生和发展的时间顺序来看，一般是先有商品贸易后有服务贸易，商品贸易的发展程度也在一定程度上制约着服务贸易的发展水平。

一般贸易(general trade)：指单边输入关境或单边输出关境的进出口贸易方式，其交易的货物是企业单边售定的正常贸易的进出口货物。

（五）按贸易参加国的数量分为

双边贸易（Bilateral Trade）：是指两个国家或地区之间的贸易，双方各以一方的出口支付从另一方的进口，这种方式多实行于外汇管制国家。

多边贸易（Multilateral Trade）：多边贸易也称多角贸易，是指三个或三个以上的国家通过协议在多边结算的基础上进行互有买卖的贸易。在经济全球化的趋势下，多边贸易表现更为普遍。

三、国际贸易主要分析指标

（一）贸易额和贸易量

贸易额就是用货币表示的贸易的金额，贸易量就是剔除了价格变动影响之后的贸易额。贸易量使得不同时期的贸易规模可以进行比较。这里有三个概念需要掌握：

1. 对外贸易额

对外贸易额（Value of Foreign Trade）是一个国家在一定时期内的进口总额与出口总额的和值。一般用该国货币表示，也可用国际上习惯使用的货币表示，联合国发布的世界各国对外贸易额是以美元表示的。

2. 国际贸易额

国际贸易额（Value of International Trade）是以货币表示的世界各国对外贸易值的总和，又称国际贸易值。它等于一定时期内世界各国用FOB（Free on Board）价格计算的出口贸易额之和。

3. 贸易量

贸易量（Quantum of International Trade）是剔除了价格变动影响，能准确反映国际贸易或一国对外贸易实际数量，从而确立的一个指标。在计算时，以固定年份为基期而确定的价格指数去除了报告期的贸易额，得到的就是相当于按不变价格计算（剔除价格变动的影响）的贸易额，该数值就叫报告期的贸易量。

贸易量可分为国际贸易量和对外贸易量以及出口贸易量和进口贸易量。

例1-1：A国2012年的贸易出口总额为1 000亿美元，贸易进口总额为800亿美元，试计算该国当年的贸易额。

解：贸易额=进口总额+出口总额
=1 000 + 800=1 800（亿美元）

（二）国际贸易差额

贸易差额（Balance of Trade）是指一个国家在一定时期内（通常为一年）出口总额与进口总额之间的差额。贸易差额的衡量指标有：

贸易顺差（Favorable Balance of Trade），也称出超（Excess of Export over Import），表示一定时期的出口额大于进口额。

贸易逆差（Unfavorable Balance of Trade），也称入超（Excess of Import over Export）或赤字，表示一定时期的出口额小于进口额。

第一章 导 论

贸易平衡（Balance of Trade），就是一定时期的出口额等于进口额。

一般认为贸易顺差可以推进经济增长、增加就业，所以各国无不追求贸易顺差。但是，大量的顺差往往会导致贸易纠纷。

例 1-2：A国2012年服务贸易总额为1 000亿美元，货物贸易总额为2 000亿美元，其中服务出口总额为600亿美元，进口总额为400亿美元，货物出口总额为800亿美元，进口总额为1 200亿美元。试计算该国贸易差额。

解：贸易差额=（600-400）+（800-1 200）=-200（亿美元）

（三）国际贸易条件

国际贸易条件（Terms of International Trade）是出口商品价格与进口商品价格的对比关系，又称进口比价或交换比价。它表示出口一单位商品能够换回多少单位进口商品。很显然，换回的进口商品越多，越为有利。贸易条件在不同时期的变化通常是用贸易条件指数来表示的，贸易条件指数是出口价格指数和进口价格指数的比值，计算公式是：

$$贸易条件指数 = \frac{出口价格指数}{进口价格指数} \times 100\%（假定基期的贸易条件指数为100）$$

报告期的贸易条件指数大于100，说明贸易条件较基期改善。报告期的贸易条件指数小于100，说明贸易条件较基期恶化。

例 1-3：以2005年为基期，2006年中国的出口商品价格指数为112%，进口商品价格指数为115%，试计算2006年中国的贸易条件，并提出与基期比较，2006年中国的贸易条件是改善了，还是恶化了，为什么？（计算结果保留到百分位整数）

解：贸易条件指数=（出口商品价格指数÷进口商品价格指数）×100%
           =（112%÷115%）×100%=97.39%

97.39%＜基期的100%。

答：2006年中国的贸易条件指数为97.39%，97.39%小于基期的100%，比2005年恶化了。

（四）国际贸易商品结构

贸易的商品结构（Composition of Trade）就是各类商品在贸易总值中所占的比重。这里商品分类一般有两种方法：

按联合国统计委员会的《国际贸易标准分类》（SITC）：把有形商品依次分为10大类，其中0~4类商品称为初级品，5~8类商品称为制成品，第9类为没有分类的其他商品。初级产品、制成品在进出口商品中所占的比重就表示了贸易的商品结构。

按生产某种商品所投入的生产要素进行分类，可分为劳动密集型商品、资本密集型商品等某种生产要素密集的商品。

（五）贸易地理方向

贸易地理方向就是贸易的分布情况和商品的流向，可以分为对外贸易地理方向和国际贸易地理方向。

对外贸易地理方向（Direction of Foreign Trade）指该国进口商品原产国和出口商品消费国的分布情况，它表明该国同世界各地区、各国家之间经济贸易联系的程度。

例1-4：2011年，中国前10位进口来源地分别是欧盟、日本、东盟、韩国、中国台湾地区、美国、澳大利亚、巴西、俄罗斯、南非。同年，中国前10位出口市场分别是欧盟、美国、中国香港地区、东盟、日本、韩国、俄罗斯、中国台湾地区、澳大利亚、巴西。由此可以确定该年中国前10大贸易伙伴（根据进出口总额确定）为欧盟、美国、东盟、日本、中国香港地区、韩国、中国台湾地区、澳大利亚、巴西、俄罗斯。

国际贸易地理方向（Direction of International Trade）指国际贸易的地区分布和商品流向，也就是各个地区、各个国家在国际贸易中所占的地位。

例1-5：2010年，世界商品出口前10位的国家或地区是中国、美国、德国、日本、荷兰、法国、韩国、意大利、英国、中国香港地区。同年世界商品进口前8位国家或地区是美国、中国、德国、日本、法国、英国、荷兰、意大利、中国

第一章 导 论

香港地区、韩国。

国际贸易地理方向可以用来计算各国在国际贸易中的比重,既可以计算各国的进、出口额在世界进、出口总额中的比重,也可以计算各国的进出口总量在国际贸易总量(世界进出口总额)中的比重。

由于对外贸易是一国与别国之间发生的商品交换,因此,把对外贸易按商品分类和按国家分类结合起来分析研究,即把商品结构和地理方向的研究结合起来,查明一国出口中不同类别商品的去向和进口中不同类别商品的来源,对于研究该国贸易结构具有重要意义。

(六)对外贸易依存度

对外贸易依存度(Foreign Dependence Degree)是衡量一个国家(或地区)国民经济外向程度大小的一个基本指标。它是指对外贸易额在该国国民收入或国民生产总值中所占的比重。

$$贸易依存度 = \frac{对外贸易额}{国民生产总值} \times 100\%$$

为了准确地表示一国经济增长对外贸的依赖程度,人们又将对外贸易依存度分为进口依存度和出口依存度。进口依存度反映一国市场对外的开放程度,出口依存度则反映一国经济对外贸的依赖程度。

例 1-6:假设A国2011年的国内生产总值为86 000亿美元,全年出口总值为9 890亿美元,进口总值为8 680亿美元。计算:(1)2011年A国的出口依存度和进口依存度。(2)2011年A国的对外贸易依存度。

解:(1)出口依存度 = (出口贸易额/GDP) × 100%
= (9 890/86 000) × 100% = 11.5%

进口依存度 = (进口贸易额/GDP) × 100%
= (8 680/86 000) × 100% = 10.09%

(2)对外贸易依存度 = (对外贸易额/GDP) × 100%
= 出口依存度 + 进口依存度
= 11.5% + 10.09% = 21.59%

答：A国出口依存度为11.5%，进口依存度为10.09%，对外贸易依存度为21.59%。

第二节　国际贸易的历史与发展

一、国际贸易的产生

（一）国际贸易产生的条件

国际贸易是在人类社会生产力发展到一定的阶段时才产生和发展起来的，它是一个历史范畴。社会生产力的发展产生出用于交换的剩余商品，这些剩余商品在国与国之间交换，就产生了国际贸易。

国际贸易的产生必须具备两个基本的条件，一是要有国家的存在，二是产生了对国际分工的需要，而国际分工只有在社会分工和私有制的基础上才可能形成。这些条件不是人类社会一产生就有的，而是随着社会生产力的不断发展和社会分工的不断扩大而逐渐形成的。

（二）二战前国际贸易的历史进程

国际贸易是在国际分工和商品交换基础上形成的，其发展过程与人类社会的发展有着密切关系。

1. 原始社会的贸易

在原始社会初期，生产力水平极度低下，人们处于自然分工状态，劳动成果仅能维持群体最基本的生存需要，没有剩余产品用以交换，因此谈不上有对外贸易。

人类历史的第一次社会大分工，即畜牧业和农业的分工，促进了原始社会生产力的发展，产品除维持自身需要以外，还有少量的剩余。人们为了获得本群体不生产的产品，便出现了氏族或部落之间用剩余产品进行原始的物物交换。这种交换还是极其原始并偶然发生的物物交换。随着社会生产力的继续发展，手工业从农业中分离出来成为独立的部门，形成了人类社会第二次大分工。由于手工业的出现，便产生了直接以交换为目的的生产——商品生产。当产品是专门为满

第一章 导论

足别人的需要而生产时，商品交换就逐渐成为一种经常性的活动。随着商品生产和商品交换的扩大，货币出现了，于是商品交换就变成了以货币为媒介的商品流通。这就进一步促使私有制和阶级的形成。由于商品交换的日益频繁和交换地域范围不断扩大，专门从事贸易的商人阶层出现了，这便是第三次社会大分工。第三次社会大分工使商品生产和商品流通进一步扩大。商品生产和流通更加频繁和广泛，从而使阶级和国家相继最后形成。于是，到原始社会末期，商品流通开始超越国界，这就产生了对外贸易。

2. 奴隶社会的国际贸易

在奴隶社会，自然经济已占主导地位，其特点是自给自足，生产的目的主要是为了消费，而不是为了交换。奴隶社会虽然出现了手工业和商品生产，但在整个社会生产中显得微不足道，进入流通的商品数量很少。同时，社会生产力水平落后，交通工具简陋，道路条件恶劣，严重阻碍了人与物的交流，对外贸易局限在很小的范围内，其规模和内容都受到很大的限制。

奴隶社会的对外贸易是为奴隶主阶级服务的。奴隶主拥有财富的重要标志是其占有多少奴隶，奴隶社会国际贸易中的主要商品是奴隶、粮食、酒及其他专供奴隶主阶级享用的奢侈品，如宝石、香料和各种织物等，都是当时国际贸易中的重要商品。

奴隶社会时期从事国际贸易的国家主要有腓尼基、希腊、罗马等，这些国家在地中海东部和黑海沿岸地区主要从事贩运贸易。我国在夏商时代进入奴隶社会，贸易集中在黄河流域沿岸各地。对外贸易在奴隶社会经济中不占重要的地位，但是它促进了手工业的发展，奴隶贸易成为奴隶主补充奴隶的重要来源。

3. 封建社会的国际贸易

封建社会时期的国际贸易比奴隶社会时期有了较大的发展。在封建社会早期，封建地租采取劳役和实物的形式，进入流通领域的商品并不多。到了中期，随着商品生产的发展，封建地租转变为货币地租的形式，商品经济得到进一步的发展。在封建社会晚期，随着城市手工业的发展，资本主义因素已孕育产生，商品经济和对外贸易都有较快的发展。

在封建社会，封建地主阶级占统治地位，对外贸易是为封建地主阶级服务的。奴隶贸易在国际贸易中基本消失。参加国际贸易的主要商品，除了奢侈品以外，还有日用手工业品和食品，如棉织品、地毯、瓷器、谷物和酒等。这些商品主要是供国王、贵族、教堂、封建地主和部分富裕的城市居民享用的。

在封建社会，国际贸易的范围明显地扩大。亚洲各国之间的贸易由近海逐渐扩展到远洋。早在西汉时期，中国就开辟了从长安经中亚通往西亚和欧洲的陆路商路——丝绸之路，把中国的丝绸、茶叶等商品输往西方各国，换回良马、种子、药材和饰品等。到了唐朝，除了陆路贸易外，还开辟了通往波斯湾以及朝鲜和日本等地的海上贸易。在宋、元时期，由于造船技术的进步，海上贸易进一步发展。在明朝永乐年间，郑和曾率领商船队七次下"西洋"，经东南亚、印度洋到达非洲东岸，先后访问了30多个国家，用中国的丝绸、瓷器、茶叶、铜器、铁器等同所到的国家进行贸易，换回各国的香料、珠宝、象牙和药材等。

在欧洲，封建社会的早期阶段，国际贸易主要集中在地中海东部。在东罗马帝国时期，君士坦丁堡是当时最大的国际贸易中心。公元7~8世纪，阿拉伯人控制了地中海的贸易，通过贩运非洲的象牙、中国的丝绸、远东的香料和宝石，成为欧、亚、非三大洲的贸易中间商。11世纪以后，随着意大利北部和波罗的海沿岸城市的兴起，国际贸易的范围逐步扩大到整个地中海以及北海、波罗的海和黑海的沿岸地区。当时，南欧的贸易中心是意大利的一些城市，如威尼斯、热那亚等，北欧的贸易中心是汉撒同盟的一些城市，如汉堡、卢卑克等。

4. 资本主义时期的国际贸易

15世纪末期至16世纪初，哥伦布发现新大陆，达·伽马从欧洲经由好望角到达亚洲，麦哲伦完成环球航行，这些地理上的大发现对西欧经济发展和全球国际贸易产生了十分深远的影响。大批欧洲冒险家前往非洲和美洲进行掠夺性贸易，运回大量金银财富，甚至还开始买卖黑奴。西班牙、荷兰、英国之间长期战火不断，目的就是为了争夺海上霸权，争夺殖民地和国际贸易的控制权，为此甚至还建立了垄断性外贸公司（如英国的东印度公司）。

17世纪后英国夺得海上霸权，意味着它在世界贸易中占据主导地位，这就为它向外掠夺扩张铺平了道路。18世纪中期的产业革命又为国际贸易的空前发展提供了十分坚实而又广阔的物质基础。一方面，蒸汽机的发明和使用开创了机器大工业时代，生产力迅速提高，物质产品大为丰富，真正的国际分工开始

第一章 导论

形成。另一方面，交通运输和通讯联络的技术和工具都有突飞猛进的发展，各国之间的距离似乎骤然变短，这就使得世界市场真正得以建立。正是在这种情况下，国际贸易有了巨大发展，并且从原先局部的、地区性的交易活动转变为全球性的国际贸易。

19世纪70年代后，资本主义进入垄断阶段，此时的国际贸易不可避免地带有"垄断"的特点。主要资本主义国家的对外贸易被为数不多的垄断组织所控制，由它们决定着一国对外贸易的地理方向和商品构成。垄断组织输出巨额资本，用来扩大商品输出的范围和规模。

二、二战后国际贸易的发展

两次世界大战之间，资本主义世界爆发了三次经济危机，战争的破坏和空前的经济危机使世界工业生产极为缓慢，贸易保护主义显著加强，奖出限入措施交互推进，螺旋上升，给国际贸易的发展设置了层层的人为障碍。两次世界大战期间，国际贸易的发展几乎处于停滞状态。1913~1938年，世界贸易量只增长了3%，年增长率为0.7%，世界贸易值反而减少了32%，而且这一时期，国际贸易的增长更为明显地落后于世界工业生产的增长，许多国家对对外贸易的依赖性减小了。

第二次世界大战后，世界经济发生了巨大变化，国际贸易再次出现了飞速增长，其速度和规模都远远超过了19世纪工业革命以后的贸易增长。1950~2000年的50年中，全世界的商品出口总值从约610亿美元增加到61 328亿美元，增长了100倍。即使扣除通货膨胀因素，实际商品出口值也增长了15倍多，远远超过了工业革命后乃至历史上任何一个时期的国际贸易增长速度。而且，世界贸易实际价值的增长速度（年平均增长6%左右）超过了同期世界实际GDP增长的速度（年平均增长3.8%左右）。这意味着国际贸易在各国的GDP中的比重在不断上升，国际贸易在现代经济中的地位越来越重要。

二战后国际贸易领域也出现了两个不同于以前的特征：服务贸易的快速发展和电子商务的广泛应用。二战后，伴随着第三次科学技术革命的推进，各国尤其是发达国家产业结构不断优化，第三产业急剧发展，加上资本国际化和国际分工的扩大和深化，国际服务贸易得到迅速发展。据世界贸易组织统计，20

世纪70年代期间，世界服务贸易出口与货物贸易出口均保持快速增长且大体持平，年均增长17.8%。进入80年代，世界服务贸易出口平均增速开始高于货物贸易，80年代后期年均增幅更是高于10%。到了90年代，服务贸易平均增速呈波动下降趋势，约为6%，恢复到与货物贸易基本持平的状态。其间"乌拉圭回合"《服务贸易总协定》（GATS）于1994年最终签署，成为世界服务贸易全球化发展的标志性事件。跨入21世纪后，世界服务贸易出口进入稳定增长期，增幅开始逐渐回升，2004年首次突破2万亿美元。这一期间世界服务贸易平均增速略低于货物贸易。发达国家服务业占其国内生产总值比重达2/3，其中美国已达3/4，发展中国家服务业所占比重也达1/2。发达国家服务业就业人数占其总就业人数比重达2/3，发展中国家的这一比重达1/3。随着服务业的发展，其专业化程度日益提高，经济规模不断扩大，从而使效率不断提高，为国际服务贸易打下了坚实的基础。在国际贸易商品结构不断软化的过程中，国际贸易的交易手段也发生着变化。特别是20世纪90年代，随着信息技术的发展，信息、计算机等高科技手段在国际贸易上的应用，出现了电子商务这种新型的贸易手段。无纸贸易和网上贸易的发展方兴未艾，已经引起了全球范围的结构性商业革命，据国际电信联盟统计称，1996年因特网交易总额为20亿～30亿美元，1998年增长至500亿美元。根据JP摩根2011年发布的《全球电子商务发展状况及趋势》，2010年全球电子商务规模为5 725亿美元，平均增速为19.4%；2011年达到6 800亿美元。预计到2013年全球电子商务销售额将接近万亿美元，达到9 630亿美元。

随着历史的演进，科学技术的发展，国际贸易无论是总量、规模，还是结构、形式都将逐步改变。

第三节 国际分工与世界市场

一、国际分工

（一）国际分工的概念

国际分工（International Division of Labor）指世界各国（地区）之间的劳动

第一章 导 论

分工,是各国生产者通过世界市场形成的劳动联系,是国际贸易和各国(地区)经济联系的基础。

国际分工是社会生产力发展到一定阶段的产物,是社会分工从一国国内向国际延伸的结果,是生产社会化向国际化发展的趋势。

(二)国际分工形成和发展的阶段

作为世界各国的劳动分工,国际分工是在长期的历史过程中发展形成的。其发展阶段可以分为:

1. 萌芽阶段(16~18世纪中叶)

15~17世纪的大航海时代将市场从国内扩展到国外,促进了手工业向工场手工业过渡,专业化生产产生了。西欧国家开始推行殖民政策,在亚洲、非洲、拉丁美洲进行掠夺,开矿山、建立种植园,为西方国家提供各种矿产品和农作物原料,出现了宗主国和殖民地之间最初的分工形式。这一时期国际分工是建立在自然条件不同的基础上的,具有明显的地域局限性,是近代国际分工的萌芽形式。

2. 国际分工的形成阶段(18世纪60年代~19世纪60年代)

从18世纪60年代开始到19世纪60年代完成的第一次产业革命,使工场手工业过渡到大机器工业。大机器生产条件使生产能力和规模急剧扩大,需要寻找新的销售市场和更多的原料来源,从而推动了社会分工向国际分工的转变。这一时期的国际分工格局是宗主国和殖民地之间的分工。宗主国成为工业国,广大亚非拉殖民地、半殖民地沦为农业国,成为宗主国的工业品销售市场和仪器、原料的来源地。当时英国处于国际分工的中心地位。至此,国际分工格局正式形成。

3. 国际分工的发展阶段(19世纪中叶~二次世界大战)

19世纪70年代~20世纪初发生的第二次产业革命,大大促进了资本主义世界生产的发展,形成了新的国际分工体系。

一方面,宗主国与殖民地之间"垂直型"分工继续向深度和广度发展,分工的中心由英国一国变为一组国家,工业生产集中在世界人口较少的欧洲、北美和日本,粮食和原料的生产集中在占世界人口大多数的亚洲、非洲、拉丁美洲国家。另一方面,在工业国之间形成了"水平型"的国际分工。各种类型国家之间的相互依赖关系进一步加强。

4. 国际分工的深化阶段（二次世界大战后）

二战后，第三次科技革命促进了世界生产力迅猛发展和国际分工的深化，国际分工出现新的发展特点：以自然资源为基础的国际分工发展为以现代工艺、技术为基础的分工，工业国与工业国之间的分工占据了主导地位，工业国与农业国、矿业国之间的分工逐步削弱。

国际分工的形式由"垂直型"分工向"水平型"分工过渡，各产业部门内部的分工加强；发达国家与发展中国家之间的国际分工有所发展；国际分工由有形商品领域向服务业领域扩展。

国际分工的机制也发生变化，殖民统治力量削弱，跨国公司的作用加强，出现了有组织的"协议式"的国际分工；区域性经贸集团成员国之间的分工关系加强。

（三）国际分工的类型

国际分工按照不同的划分方式有不同的类型。

1. 按参加国的自然资源、工业发展情况的划分

（1）垂直型国际分工。垂直型国际分工是指经济技术发展水平相差悬殊的国家（如发达国家与发展中国家）之间的国际分工。它又可分为两种：一种是指部分国家供给初级原料，而另一部分国家供给制成品的分工型态，如发展中国家生产初级产品，发达国家生产工业制成品，这是不同国家在不同产业间的垂直分工；另一种是指同一产业内技术密集程度较高的产品与技术密集程度较低的产品之间的国际分工，或同一产品的生产过程中技术密集程度较高的工序与技术密集程度较低的工序之间的国际分工，这是相同产业内部因技术差距所带来的国际分工。从历史上看，19世纪形成的国际分工是一种垂直型的国际分工。当时英国等少数国家是工业国，绝大多数不发达的殖民地、半殖民地成为农业国，工业先进国家按自己的需要强迫落后的农业国进行分工，形成工业国支配农业国、农业国依附工业国的国际分工格局。今天，工业发达国家从发展中国家进口原料而向其出口工业制成品的情况依然存在，垂直型的国际分工仍然是工业发达国家与发展中国家之间的一种重要的分工形式。

（2）水平型国际分工。水平型国际分工是指经济发展水平相同或接近的国家（如发达国家以及一部分新兴工业化国家）之间在工业制成品生产上的国际分

第一章 导 论

工。当代发达国家的相互贸易主要是建立在水平分工的基础上的。水平分工可分为产业内水平分工与产业间水平分工。前者又称为"差异产品分工",是指同一产业内不同厂商生产的产品虽有相同或相近的技术程度,但其外观设计、内在质量、规格、品种、商标、牌号或价格有所差异,从而产生的国际分工和相互交换。随着科学技术和经济的发展,工业部门内部专业化生产程度越来越高,部门内部的分工、产品零部件的分工、各种加工工艺间的分工越来越细。这种部门内水平分工不仅存在于国内,而且广泛地存在于国与国之间。产业间水平分工则是指不同产业所生产的制成品之间的国际分工和贸易。由于发达资本主义国家的工业发展有先有后,侧重的工业部门有所不同,各国技术水平和发展状况存在差别,因此,各类工业部门生产方面的国际分工日趋重要。各国以其重点工业部门的产品去换取非重点工业部门的产品。工业制成生产之间的分工不断向纵深发展,由此形成水平型国际分工。

（3）混合型国际分工。混合型国际分工是把"垂直型"和"水平型"结合起来的国际分工方式。德国是"混合型"的典型代表。它对第三世界是"垂直型"的,向发展中国家进口原料,出口工业品;而对发达国家则是"水平型"的,在进口中,主要是机器设备和零配件,其对外投资主要集中在西欧发达的资本主义国家。

2. 按分工在产业之间或产业内划分

（1）产业间分工。产业间分工是指不同产业部门之间生产的国际专业化。第二次世界大战以前,国际分工基本上是产业间国际分工,表现在亚、非、拉国家专门生产矿物原料、农业原料及某些食品,欧美国家专门进行工业制成品的生产。

（2）产业内分工。产业内分工是指相同生产部门内部各分部门之间的生产专业化。二次大战后发生的第三次科学技术革命对当代国际分工产生了深刻的影响,使国际分工的形式和趋向发生了很大的变化,国际分工的形式从过去的部门间专业化向部门内专业化方向迅速发展起来。这主要是由于科技进步使各产业部门之间的级差化不断加强,不仅产品品种规格更加多样化,而且产品的生产过程也进一步复杂化,需要采用各种专门的设备和工艺,以达到商品的特定技术要求和质量要求,还必须进行大规模的科学实验和研究,因而需要大量的科研费用。这样只有进行大批量生产才能产生经济效益,于是各国的部门内部生产专业化迅速得到发展。

产业内部国际分工主要有三种形式：第一，同类产品不同型号规格的专业化分工，某些生产部门内某种规格产品的国际生产专业化，是部门内国际分工的一种表现形式。第二，零部件的专业化分工，一些国家专门为其他国家生产的最终产品提供配件、部件或零件的专业化分工。目前，这种国际生产专业化在许多种产品的生产中广泛发展。第三，工艺过程的专业化分工，这种专业化过程不是生产成品而是专门完成某种产品的工艺，即在完成某些工序方面的专业化分工。

（四）国际分工对世界经济和国际贸易的影响

国际分工是国际贸易发展的基础，其对国际贸易的影响是多方面的。

第一，国际分工促进国际贸易的发展。生产的国际专业化分工不仅提高劳动生产率，增加世界范围内的商品数量，而且增加了国际交换的必要性，从而促进国际贸易的迅速增长。国际分工的深度和广度对国际贸易的商品结构产生重要影响。第一次科技革命以后，形成以英国为中心的国际分工。由于大机器工业的发展，国际贸易商品结构中出现了许多新产品，如纺织品、船舶、钢铁和棉纱等。第二次科技革命以后，形成了国际分工的世界体系，使国际分工进一步深化，国际贸易的商品结构也发生了相应的变化。粮食贸易大量增加，农业原料和矿业材料的贸易不断扩大，同时机器、电力设备、机车及其他工业品的贸易也有所增长。第三次科技革命使国际分工进一步发展，国际贸易商品结构也随之出现新的特点。工业制成品在国际贸易中的比重不断上升，新产品大量涌现，技术贸易得到了迅速发展。

第二，国际分工对国际贸易的地理分布也产生重要影响。世界各国的对外贸易地理分布是与它们的经济发展及其在国际分工中所处的地位分不开的。第一次科技革命后，形成以英国为核心的国际分工，使英国在世界贸易中居于垄断地位。此后，法国、德国、美国在国际贸易中的地位也显著提高。第三次科技革命后，发达国家工业部门内部分工成为国际分工的主导形式，因而西方工业发达国家相互间的贸易得到了迅速发展，而它们同发展中国家间的贸易则是下降趋势。

第三，国际分工还对国际贸易政策产生重要影响。国际分工状况如何，是各个国家制定对外贸易政策的依据。第一次科技革命后，英国工业力量雄厚，其产品竞争能力强，但是它又需要以工业制品的出口换取原料和粮食的进口，所

第一章 导 论

以,当时英国实行了自由贸易政策。而美国和西欧的一些国家工业发展水平落后于英国,它们为了保护本国的幼稚工业,便采取了保护贸易的政策。第二次科技革命使资本主义从自由竞争阶段过渡到垄断阶段,国际市场竞争加剧,在对外贸易政策上,便采取了资本主义超保护贸易政策。19世纪70年代中期以前,以贸易自由化政策为主导倾向,19世纪70年代中期以后贸易保护主义又重新抬头。西方国家贸易政策的这种演变,是和国际分工深入发展分不开的,也与各国在国际分工中所处地位的变化密切相关。

二、世界市场

(一) 世界市场概念

世界市场(World Market)是世界各国之间进行商品和劳务交换的领域,包括由国际分工联系起来的各个国家商品和劳务交换的总和。世界市场发源于15世纪末16世纪上半期的地理大发现,形成于19世中叶。其形成的历史,就是资本主义势力从欧洲扩张全世界的历史,就是把所有国家和地区的经济纳入资本主义国际分工体系的历史。

(二) 世界市场的形成与发展

资本主义世界市场的形成经历了四个阶段:

第一阶段,世界市场的雏形开始出现。新航路的发现使地区性的贸易开始向世界性的贸易扩展,以欧洲为中心的世界市场雏形开始出现。新航路的开辟引起"商业革命"和"价格革命"。商业革命使商业中心从地中海转移到大西洋沿岸,欧洲成为世界贸易的中心,资本主义的活动舞台从欧洲开始扩展到世界各地,从而加速西欧封建制度的解体,促进西欧资本主义的发展。价格革命也起到了加速西欧封建制度的解体,促进资本主义发展的作用。

第二阶段,资本主义世界市场的拓展。新航路开辟以后,西欧列强纷纷加入殖民扩张行列,世界上越来越多的地方被纳入资本主义世界市场之中,资本主义世界市场进一步扩大。

第三阶段,资本主义世界市场初步形成。在工业革命推动下,资本主义迅速发展并进行全球性的扩张,从而把全世界落后的自然经济地区纳入资本主义世界市场体系,资本主义世界市场初步形成。

第四阶段，资本主义世界市场最终形成。在第二次工业革命推动下，主要资本主义国家向帝国主义过渡，对外进行资本输出，在世界范围划分殖民地和势力范围，19世纪末20世纪初，世界基本上已被瓜分完毕，资本主义世界体系和世界市场最终建立起来。

第二次世界大战后，以美国为主导的资本主义世界经济体系逐步建立起来。一方面，美国通过"布雷顿森林体系"建立起"世界银行"以及"国际货币基金组织"掌握国际金融控制权，另一方面，又通过《关税与贸易总协定》形成以美国为中心的国际贸易体系。在这个过程中世界各国、各地区通过密切的经济交往与合作，在经济上相互联系和依存，相互竞争和制约达到了很高的程度，使全球经济形成一个有机整体。

（三）当代世界市场发展的特点

1. 国家类型的多样化

战后，在世界市场上，出现了3种类型的国家，即发达市场经济国家、发展中国家或地区和社会主义国家。

2. 国际贸易方式多样化

当代世界市场上的国际贸易方式除了原有的商品贸易方式外还出现了一些新贸易形式，如服务贸易、补偿贸易、对外加工装配贸易、租赁贸易等。

3. 国际贸易商品结构发生了重大变化

随着科技水平的提高，对商品的加工能力和加工程度不断提高，对原材料的利用率也得到提高，出现在世界市场上的制成品比例增加，初级产品比例下降。

4. 世界市场上的垄断与竞争更为剧烈

战后，世界市场由卖方市场转向买方市场，垄断进一步加强，市场上的竞争更为激烈。为了争夺市场，各经济贸易集团积极控制市场，跨国公司不断渗入他国市场，国家出面参与世界市场的争夺，竞争手段从价格竞争转向非价格竞争，新兴市场得到开发，使世界市场更加多元化。

本章小结

国际贸易是商品与劳务在国家间的流动，而国内贸易中商品和劳务并没有

第一章 导 论

跨出国界,所以国际贸易比国内贸易要复杂,风险也更大。国际贸易从不同角度可以划分成各种不同的类型,每一种类型都有自己的特点。我们在研究和分析国际贸易时会采用一些指标来描述,每种指标也都是从各自的角度反映国际贸易的某些情况。

国际贸易的产生有一定的历史条件,即生产的发展和国家的形成。生产的发展使得人类的生产活动有了逐渐明确的分工,分工后的生产又加快了生产力的提高,从而使人们手中的产品有了剩余,可以用于交换成为商品。国家的形成使得商品的流动有了国界的划分,导致了国际贸易的产生。随着国际分工和世界市场的形成,国际贸易得到了长足的发展,越来越成为各国经济的重要组成部分。

本章思考题

1. 什么是国际贸易?
2. 国际贸易的种类有哪些?
3. 如何计算国际贸易额和国际贸易量?
4. 国际贸易商品结构的衡量指标是什么?
5. 什么是贸易顺差?什么是贸易逆差?
6. 什么是国际分工?有哪些类型?

本章参考文献

1. 陈宪、张鸿:《国际贸易:理论·政策·案例》,上海财经大学出版社2012年版。
2. 冯跃、夏辉主编:《国际贸易:理论、政策与案例分析》,北京大学出版社2012年版。
3. 郭波:《国际贸易理论与政策》,中国社会科学出版社2009年版。
4. 胡昭玲:《国际贸易:理论与政策》,清华大学出版社2010年版。

第二章 国际贸易理论

本章学习目标

1. 了解：国际贸易理论的基本思想。
2. 熟悉：国际贸易理论的主要流派。
3. 掌握：绝对优势理论和比较优势理论的理论内容。

本章核心概念

重商主义　绝对优势　比较优势　要素禀赋　产业内贸易

第一节　古典贸易理论

国际贸易理论是国际经济学的一个重要组成部分，它从对国际贸易历史和现实的认识，揭示出国际贸易产生的动机、原因以及相关的政策，它随着国际贸易的发展而发展。

一、重商主义的贸易理论

重商主义，也称作商业本位主义，是15～18世纪在欧洲流行的政治经济学说。它主张以贵金属为代表的国家财富是一国国力的象征，而通过贸易的顺差能够获得这种财富。重商主义是15～18世纪西欧资本原始积累时期的一种经济理论或经济体系，反映资本原始积累时期商业资产阶级利益的经济理论和政策体系。

第二章 国际贸易理论

（一）重商主义的产生与发展

1. 产生背景

重商主义的产生有其历史背景，15世纪末，资本主义的生产方式在西欧萌发，以封建庄园为基础的自然经济体系逐渐瓦解，商业经济逐步发展，资本主义生产关系开始萌芽和成长，各国国内的统一市场逐步形成，新大陆和西半球贵金属的发现，世界市场在一定范围内形成，同时西欧一些国家建立了封建专制的中央集权国家，运用国家力量支持商业资本的发展，积极鼓励发展对外贸易。早期的资本主要以商品资本的形态出现，重商主义应运而生。在此背景下，社会财富重心由土地转向了货币，而黄金、白银等金属货币成为了社会财富的代表和一国富强的象征，拜金主义成为了当时社会的主要思想。社会对货币需求巨大，而各国自身所能供应的金属货币有限，因此西欧各国都开始寻求发展以国际贸易为主的新途径，来获得大量金属货币。因此，对外贸易被认为是财富的一种重要获取手段，重商主义就此产生并盛行。

2. 发展阶段

重商主义的发展经历了早期重商主义和晚期重商主义两个阶段。

早期重商主义产生于15～16世纪中叶，以货币差额论为中心（即重金主义），强调少买，该时期代表人物为英国的威廉·斯塔福。早期重商主义者强调金属货币余额增加，主张采取行政手段，禁止货币输出，反对商品输入，以贮藏尽量多的货币。为了获得更多的金属货币，一些国家还要求外国人来本国进行交易时，必须将其销售货物的全部款项用于购买本国货物或在本国花费掉。比如英国曾规定，入境商人必须将获得的所有货款，全部或者部分购买英国货物，出境商人应将其在国外所售货物的一部分款项携回英国，国家严格管制一切贵金属交易。

16世纪下半叶～17世纪是重商主义的第二阶段，即晚期重商主义，其中心思想是贸易差额论，强调多卖，代表人物为托马斯·孟。他反对国家政府限制货币输出，认为那样不利于国际贸易的发展，对外贸易必须做到商品的输出总值大于输入总值（即卖给外国人的商品总值应大于购买他们商品的总值），以增加贸易差额。16世纪下半叶，西欧各国力图通过实施奖励出口、限制进口，即奖出限入的政策措施，保证对外贸易出超，以达到金银流入的目的。

早晚期重商主义的差别反映了商业资本不同历史阶段的不同要求。重商主义促进了商品货币关系和资本主义工场手工业的发展，为资本主义生产方式的成长与确立创造了必要的条件。重商主义的政策、理论在历史上曾促进了资本的原始积累，推动了资本主义产生方式的建立与发展。

（二）重商主义的核心主张

随着商品市场经济的逐步发展，重商主义逐步成为当时西欧最重要的经济思想，其核心主张包括：以贵金属为代表的货币是财富象征，一国应该从对外贸易中获得货币财富；对外贸易须保持顺差，即出口须超过进口。无论是早期重商主义，还是晚期重商主义，其都强调了对外贸易需要保持顺差，只是前者强调货币顺差，后者强调贸易顺差；重商主义认为，不可能所有参与对外贸易的国家都能获得贸易顺差，在任一时点上黄金总量也是固定的，所以一国的获利是建立在另一国的损失之上的。

重商主义是建立在当时历史条件下的重要经济贸易思想，随着世界经济政治的发展，慢慢显现出较大的局限性，但它的产生和发展，不仅加速了当时资本主义、世界经济和国际贸易的发展，更是对后来的国际贸易及其理论政策，产生了巨大而深远的影响。

二、亚当·斯密的绝对利益论

英国古典经济学家亚当·斯密的绝对利益理论是早期的分工贸易理论之一。绝对利益理论，也称绝对优势理论，其核心思想是：每个国家都有其适宜于生产某些特定产品的绝对有利的生产条件。如果每个国家都按照其绝对有利的生产条件去进行专业化生产，继而进行交换，则对所有国家都有利。

（一）绝对利益论的内容

18世纪中期，英国的工场手工业已成为工业生产主要形式，且已有一些机器发明。农业和国内外贸易也迅速发展起来，国内外迅速膨胀起来的市场需求要求资本主义迅速发展，也为政府采取自由贸易政策奠定了物质基础。新的生产方式的出现导致了国际贸易的形式开始发生深刻变化，原先的国际贸易思想已经越来越显示出局限性，在以亚当·斯密为代表的经济学派与重商主义学派的争论中，绝对优势理论慢慢形成。

第二章 国际贸易理论

亚当·斯密在其代表作《国富论》中阐明了著名的"看不见的手"的机制，他认为在市场经济中，在利益驱动下，主观上为自己的微观经济主体可通过分工和交易而客观上为社会工作，从而实现自利与互利、个体利益与社会利益的相互联系。故经济主体之间的利益关系并不像重商主义者声称的那样，一定是非赢即输的，而是可能实现"双赢"的。经济主体的"利己"不应通过损人去实现，而应通过利他来实现。具体途径为，社会各经济主体按自己的特长实行分工，进行专业化生产，然后通过市场进行交易，从而在总体上实现社会福利最大化。显然，交易活动一旦越出本国范围，国际分工和国际贸易就出现了。亚当·斯密的基本思想是主张自由放任，自由贸易。他在《国富论》中写道："因为每个人都竭力利用自己的资本支持家庭工业，从而管理家庭工业，以便使该工业的产品具有最大的价值；每个个人必须劳动，以便使社会年收入总量多些。一般说来，他确实既不打算促进公众利益，他宁可支持国内的工业而不支持在国外的工业，他只是盘算着他自己的盈利。在这种情形下，就像在其他许多情况下一样，他是由于有一只无形的手在支配着，要促成他无意完成的一个目的。这个目的在他的意向之外，对于社会来说并不总是糟糕的事情。比起他真的打算促进这一利益来，他追求自身的利益，往往可以更有效地促进社会的利益。"

亚当·斯密主张自由贸易的思想是建立在他的国际分工学说基础上的。他由个人分工推及社会分工进到国际分工，论述了分工及引起分工的原因，促进分工的条件和前提。他认为，财富的增长要靠劳动的效率（或劳动生产率）和劳动的数量。分工一可以使工人的技巧因业专而日进，二可免除由一种工作转移到另一种工作所浪费的时间，三便于改良工具和发明机器，因此能够提高劳动生产率。

优势的确定是通过生产成本的比较，优势的来源是自然禀赋（地理、环境、土壤、气候、矿产等自然条件）和民众特殊的技巧和生产工艺（后天获得）。据此亚当·斯密提出了他的"绝对优势"理论——每一个国家都有其适宜于生产某些特定产品的绝对有利的生产条件，因而生产这些产品的成本会绝对地低于他国。各国应按照绝对成本差异进行国际分工，然后进行贸易，将会使各国的资源、劳动力和资本得到最有效率的利用，将会大大地提高劳动生产率和增加各国的物质福利。这一理论思想要求一国实行自由贸易政策，取消国际贸易中的各种垄断、特权和限制，放弃政府对贸易的干预。只有在自由贸易条件下，各国才能充分享受自然分工导致的绝对优势所带来的利益。绝对优势理论可以用表2-1和表2-2说明如下：

表2-1　分工前两国生产状况

	毛呢（10尺）	葡萄酒（1桶）
英国	80（小时）	100（小时）
葡萄牙	100（小时）	80（小时）
合计	20尺	2桶

表2-2　分工后两国分工生产状况

	毛呢	葡萄酒
英国	180小时	
葡萄牙		180小时
合计	22.5尺	2.25桶

从表2-1可以看出，英国在毛呢这种商品上的劳动生产率与葡萄牙相比处于优势地位，而葡萄牙在葡萄酒生产率上有优势。现在两国进行分工，英国专门生产毛呢，葡萄牙专门生产葡萄酒。

表2-2显示出，英国与葡萄牙在进行专业化分工后，两种产品的产量都有所增加，毛呢多产出2.5尺，葡萄酒多产出0.25桶，社会劳动生产率得到提高。

分工后通过自由贸易，两国均获得了利益。据此原理，两国实行自由贸易政策，英国出口10尺毛呢换回葡萄牙生产的1桶酒（而葡萄牙出口1桶葡萄酒换回10尺毛呢），两国均有利可图，从而提高两国各自的社会福利水平。

（二）绝对利益论简评

亚当·斯密主张分工可以提高各国资源配置效率，分工的基础是绝对优势比较，国际分工的基础是有利的自然禀赋或者后天的有利条件。绝对优势理论有力地抨击了重商主义，主张自由经济，为自由贸易奠定了坚实的基础；他用绝对优势这一理论解释了国际贸易存在的基础，他认为贸易之所以发生，在于各国生产成本上存在绝对差异。

第二章 国际贸易理论

但亚当·斯密的绝对优势理论也有局限性，所提出的交换模式只适用于贸易双方至少各拥有一种居绝对优势的商品对外国进行销售的情形，因此它不能解释现实中所有国家之间国际贸易的基础，特别是当一个国家在所有部门生产成本上都处于绝对劣势的情况下，如何通过国际贸易获得利益。

> **拓展阅读**
>
> **亚当·斯密**
>
> 亚当·斯密（Adam Smith，1723~1790）是英国古典政治经济学的主要代表人物之一，生于苏格兰哥尔克第的一个海关职员家庭，先后就读于格拉斯哥大学和牛津大学。1750年后，亚当·斯密在格拉斯哥大学不仅担任过逻辑学和道德哲学教授，还兼负责学校行政事务，一直到1764年离开为止。这时期，亚当·斯密于1759年出版的《道德情操论》获得学术界极高评价。而后于1768年开始着手著述《国民财富的性质和原因的研究》（简称《国富论》）。1773年，《国富论》已基本完成，但亚当·斯密又花三年时间润色此书，1776年3月此书出版后引起大众广泛的讨论。在《国富论》中亚当·斯密首先对如何进行贸易才能有效地积累财富和发展经济提出了系统完整的命题。其理论代表了英国新兴的产业资产阶级的利益和要求，主张国内和国际间实现贸易的自由。亚当·斯密的影响所及除了英国本地，连欧洲大陆和美洲也为之疯狂，因此世人尊称亚当·斯密为"现代经济学之父"和"自由企业的守护神"。

三、李嘉图的比较利益论

比较利益论，又称为比较优势论，可以表述为：因为在两国间，劳动生产率的差距并不是在任何商品上都是相等的，对于处于绝对优势的国家，应集中力量生产利益较大的商品，处于绝对劣势的国家应集中生产利益较小的商品，然后通过国际贸易，互相交换，彼此都节省了劳动，都得到了好处。

（一）比较利益论的内容

由于绝对优势理论无法解释如果一国在所有商品的生产成本方面相对于另一国的同种商品都处于绝对劣势地位的情况下，能否通过分工和贸易使各方均能获益，对此大卫·李嘉图于1817年出版的《政治经济学及赋税原理》中，在绝对优势理论的基础上，运用两个国家（英国和葡萄牙）、两种产品（毛呢和葡萄酒）这种分析模型，提出决定国际贸易的基础是比较优势而不是绝对优势这一命题，成功论证了更为广泛的国际贸易现象的客观必然性——建立在劳动价值论基础上的贸易互利性原理，解释了发展程度不同的国家，都能通过参与国际贸易获得利益。比较优势理论是传统国际贸易理论的核心，也是新贸易理论的基础。

比较优势理论可用表2-3和表2-4说明如下：

表2-3　分工前两国生产状况

	毛呢（10尺）	葡萄酒（1桶）
英国	100（小时）	120（小时）
葡萄牙	90（小时）	80（小时）
合计	20尺	2桶

从表2-3可以看出，葡萄牙在毛呢和葡萄酒这两种商品上的劳动生产率与英国相比都处于优势地位。然而，相对于葡萄牙，英国生产毛呢的劳动消耗（100/90）与生产葡萄酒的劳动消耗（120/80）相比有微弱的优势。英国与葡萄牙毛呢对葡萄酒的单位交换比分别为100/120和90/80。

现在两国进行分工，英国专门生产毛呢，葡萄牙专门生产葡萄酒。

表2-4　分工后两国分工生产状况

	毛呢（10尺）	葡萄酒（1桶）
英国	220小时	
葡萄牙		170小时
合计	22尺	2.125桶

表2-4显示出，英国与葡萄牙在进行专业化分工后，两种产品的产量都有所增加，毛呢多产出2尺，葡萄酒多产出0.125桶，社会劳动生产率得到提高。

分工后通过自由贸易，两国均获得了利益。据此原理，两国实行自由贸易政策，并将进行自由贸易的交换区间设定在100/120—90/80之间（不包括上限和下限），英国出口10尺毛呢换回葡萄牙生产的1桶酒（或葡萄牙出口1桶葡萄酒换回10尺毛呢）。英国剩余2尺毛呢可以节约20小时，葡萄牙剩余0.125桶葡萄酒可

第二章 国际贸易理论

以节约10小时，因此两国进行国际分工和贸易都存在有利可图的可能性，从而提高两国各自的社会福利水平。

比较优势理论的核心内容就是"两利取重，两害取轻"。国际分工中若两国生产力不等，甲国生产任何一种商品的成本均低于乙国，处于绝对优势，而乙国相反，其劳动生产率在任何商品的生产中均低于甲国，处于绝对劣势。这时，两国间进行贸易的可能性依然存在，因为两国劳动生产率间的差距并不是在任何商品上都一样，这样处于绝对优势的国家不必生产全部商品，而应集中生产在本国国内具有最大优势的商品，处于绝对劣势的国家也不必停产全部商品，而只应停产本国处于最大劣势的商品，通过自由交换，可以增加世界产品，提高生产率，参与交换国也可以节约社会劳动，增加产品消费。这样两国通过贸易获得利益是由比较成本低→比较优势→比较利益这一结构链决定的。比较利益是发生国际分工和国际贸易的基础，而产生比较利益的原因则是各国间劳动生产率的差异及由此产生的劳动成本的差别。

李嘉图的理论认为，各国比较成本的差异由各国生产要素的生产效率的差别造成，亦即各国的生产函数是不同的，而且一定时期内这类差别保持不变。在斯密和李嘉图的贸易理论中，劳动是唯一的生产要素，生产技术是给定的外生变量，生产规模和报酬不变，市场结构为完全竞争。

（二）比较利益论的主要假定前提

李嘉图对自由贸易理论关于贸易的原因、形式和利益获得等问题的论述，是建立在一系列假设和前提条件下才能成立的。这些条件主要包括：

两个国家、两种产品或两种要素；

国家之间存在着某种优势差异；

各国的比较优势是静态不变的；

自由贸易和完全竞争，以物物交换为形式；

生产要素在一国国内可以自由流动，在两国间则不能流动；

不存在技术进步、资本积累与经济发展。

（三）比较利益论的简评

比较优势理论赖以成立的上述前提条件过于苛刻，因此大大削弱了其适用性，导致传统自由贸易理论从提出到如今的很长的历史时期中，同国际贸易运作的现实始终存在差距。根据比较优势理论，比较优势相差越大则发生贸易的可能性越大，那么在发达国家与发展中国家之间就最容易展开贸易。从此出发，各国为使比较优势得到充分的发挥，应该会自觉自愿地与他国开展自由贸易。然而，第二次世界大战以后，相当大比重的国际贸易发生在发达国家之间。发达国家之间的贸易在国际贸易中所占比重在70%以上，发达国家与发展中国家之间的贸易在国际贸易中所占比重，20世纪50年代为21%，90年代下降至19%。而且，在世界经济与贸易发展史中，贸易自由化与贸易保护总是交织在一起，既没有完全的自由贸易，也没有完全的贸易保护。为维护国家利益，任何一个国家都从未放弃过运用贸易保护政策。

第二节 新古典贸易理论

一、赫克歇尔—俄林的要素禀赋论

赫克歇尔—俄林模型简称H-O模型，由瑞典经济学家赫克歇尔和俄林提出。1919年赫克歇尔发表《对外贸易对收入分配的影响》一文，文中运用不同于一般均衡理论的分析方法，第一次用生产要素密集的分析来解释国际贸易。但是，这在当时没有引起很大反响。1933年俄林出版《地区间贸易与国际贸易》一书才使该理论方法产生了巨大影响。这就是著名的赫克歇尔—俄林模型。该理论模型对于古典模型，尤其是李嘉图单一要素模型作出了修正和完善，从各国要素禀赋的差异来解释国际贸易的成因，奠定了现代国际贸易理论的基础。

（一）要素禀赋论的内容

要素禀赋是指一国所拥有的生产要素之间的相对比例状况。这是一个相对的概念，与生产要素的绝对数量无关（相对于国家而言的概念）。生产要素是指生产活动必须具备的主要因素或在生产中必须投入或使用的主要手段，通常指土地、劳动和资本三要素，如果加上企业家则称之为四要素。

例如，美国无论在资本存量，还是在劳动绝对数量上，都远远高于瑞士和

第二章 国际贸易理论

墨西哥这两个国家。但与瑞士相比，美国的人均资本存量低于对方，因此相对于瑞士而言，美国属于劳动丰富的国家。如果拿美国与墨西哥相比，则美国的人均资本存量高于墨西哥的水平，因此美国与墨西哥相比，属于资本丰富的国家。由此可见，当我们说某国在要素禀赋上属于哪种类型时，必须注意看与谁相比。

A、B两国在贸易前由于要素禀赋的不同，导致了供给能力的差异，进而引起商品相对价格的差异。根据比较优势原理，一国出口密集使用其丰富要素的产品，进口密集使用其稀缺要素的产品。

赫克歇尔和俄林认为现实生产中投入的生产要素不只是一种劳动力，而是多种，而投入两种生产要素则是生产过程中的基本条件。根据生产要素禀赋理论，在各国生产同一种产品的技术水平相同的情况下，两国生产同一产品的价格差别来自产品的成本差别，这种成本差别来自生产过程中所使用的生产要素的价格差别，这种生产要素的价格差别则取决于各国各种生产要素的相对丰裕程度，即相对禀赋差异，由此产生的价格差异导致了国际贸易和国际分工。

这种理论观点也被称为狭义的生产要素禀赋论。广义的生产要素禀赋理论指出，当国际贸易使参加贸易的国家在商品的市场价格、生产商品的生产要素的价格相等的情况下，以及在生产要素价格均等的前提下，两国生产同一产品的技术水平相等（或生产同一产品的技术密集度相同）的情况下，国际贸易取决于各国生产要素的禀赋，各国的生产结构表现为，每个国家专门生产密集使用本国具有相对禀赋优势的生产要素的商品。生产要素禀赋论假定，生产要素在各部门转移时，增加生产的某种产品的机会成本保持不变。

新古典的H-O要素禀赋理论，从要素禀赋结构差异以及由这种差异所导致的要素相对价格在国际间的差异方面来寻找国际贸易发生的原因，克服了李嘉图模型中关于一种生产要素投入假定的局限，取得了相当的成功。新古典的H-O定理仍然建立在一系列的假定条件之上。

（二）要素禀赋论的基本假设

赫克歇尔、俄林认为国际贸易建立在生产要素禀赋的基础上，即使生产技术相同，只要两国要素禀赋条件不一，就仍存在国际贸易的可能性，带来国际贸易利益。赫克歇尔—俄林模型建立在以下严格的假设之上：

假设1：2×2×2假设，假设只有两个国家、两种商品、两种生产要素；

假设2：自由贸易假设，假设没有运输成本、关税以及其他限制商品自由流动的障碍；

假设3：要素流动性假设，生产要素只能在一国范围内自由流动，在国际间不能自由流动；

假设4：完全竞争假设，假设两个国家的商品市场和要素市场都实现完全竞争。参与市场交易各方信息完全，生产要素、商品同质；

假设5：规模收益不变假设，假设两国在两种商品的生产上保持规模收益不变；

假设6：技术相同假设，假设两国具有相同的技术水平，具有相同的生产函数；

假设7：要素密集度假设，假设两种商品的要素密集度不同，一种为劳动密集型，另一种为资本密集型；

假设8：消费者偏好相同假设，假设两国消费者对两种商品偏好相同，两国的社会无差异曲线在形状和位置上一致。在假设7的基础上，要素禀赋的两种计量方法是确定一致的；

假设9：资源充分利用假设。

任何一个假设条件变化，赫克歇尔—俄林模型的结论都有可能不同，甚至不成立。

（三）要素禀赋论的拓展

要素禀赋理论奠定了国际贸易理论的重要基础，后来又获得了一定的拓展。

斯托尔珀和萨缪尔森发现在某种条件下，一国采取保护贸易的措施也能使实际收入趋于增加。1941年美国经济学家斯托尔珀和萨缪尔森合写《保护主义与实际工资》一文，提出关于关税对国内生产要素价格或国内收入分配影响的经济学理论，被称为斯托尔珀—萨缪尔森定理。斯托尔珀和萨缪尔森研究了关税对收入分配的影响，并把其研究结果扩大到一般国际贸易对收入分配的影响。斯托尔珀—萨缪尔森定理证明了：实行保护主义会提高一国相对稀缺要素的实际报酬，或者说，保护主义会提高进口品中密集使用的生产要素的实际报酬。

第二章　国际贸易理论

萨缪尔森于1948年发表《国际贸易与要素价格均等化》一文，在赫克歇尔—俄林定理的基础上，考察了国家贸易对生产要素价格的影响，论证了自由贸易将导致要素价格均等化，该理论被称为赫克歇尔—俄林—萨缪尔森定理。萨缪尔森认为，在完全竞争和技术不变的条件下，产品的价格等于其边际成本，边际成本由生产要素投入的数量和价格决定。国际贸易改变了产品的相对价格，必然也将改变生产要素的相对价格。自由贸易将带来国际同质生产要素相对和绝对的价格均等。

雷布钦斯基分析了在商品相对价格不变的前提下，一国要素数量的变化对生产的影响。该理论认为当商品价格不变时，一种要素禀赋的增加将导致需密集使用该要素的商品产出量以更大比例增加，同时会减少其他产品的产出。这个观点被称为雷布钦斯基定理。

二、里昂惕夫悖论

里昂惕夫悖论是针对要素禀赋论所提出的一种质疑，它的提出成为西方传统微观国际贸易理论在当代新发展的转折点。

（一）里昂惕夫悖论的内容

要素禀赋理论在理论与实际运用中都是相当成功的。但是，随着经济学家对这一理论的实证检验工作的深入，从20世纪50年代初起，要素禀赋理论的不足逐渐暴露。在众多的实证研究中，美国经济学家里昂惕夫对要素禀赋理论适用性进行的研究是第一次，也是最具代表性的一次。里昂惕夫悖论引起了经济学家们的广泛关注，并就此提出了许多解释和意见，对要素禀赋理论进行了修正。

根据赫克歇尔—俄林模型，在贸易中，各国出口的商品是密集使用本国拥有的相对丰裕的生产要素的产品，而进口的商品是密集使用本国相对稀缺的产品。这一理论与许多国家的贸易模式相吻合。然而，里昂惕夫运用投入—产出分析法，对1947年美国出口行业和进口竞争行业的资本存量和工人数值进行了比较，却得出了相反的结论。

里昂惕夫运用投入产出表，把整个经济中所有产业都列入表内，详细分析每个产业的投入来源和产出流向，完整地分析了各个产业之间原料、中间产品、最终产品之间的供需关系。表内的产品都被还原成生产产品所需要的生产要素，每一种表内的产品都可以用生产这些产品的总要素需求（包括直接要素需求和间接要素需求）来表示。一个国家经济的总体平衡和各个产业间的供需平衡，可以通过投入—产出表显示，它们之间的相互关系用生产要素的数量表示。

对于赫克歇尔—俄林模型是否符合现实，里昂惕夫运用美国进出口商品的有关数据进行了检验，通过投入—产出分析方法，其结论与赫克歇尔—俄林模型正好相反：实证研究表明美国在1947年出口商品为劳动密集型产品，进口商品为资本密集型产品。

在第二次世界大战结束后，美国是世界公认的资本最富裕的国家，其劳动力是相对稀缺的。至少在70年代以前，美国比世界上任何国家都富裕。美国工人人均资本占有量也显然比其他国家高。即使当时西欧和日本已经赶上来，美国仍然是世界上资源禀赋、资本、劳动比例最高的国家。按照赫克歇尔—俄林模型，美国应该出口资本密集型产品，进口劳动密集型产品。然而实际情况却不是如此，美国的出口产品不如进口产品的资本密集度高。里昂惕夫和其他一些经济学家，对于美国出口产品与进口产品的资本—劳动比率，用同样的方法进行了多次计算，其结果都与第一次相同。

美国之参加国际分工是建立在劳动密集型生产专业化的基础上，而不是建立在资本密集型生产专业化基础上。换言之，这个国家是利用对外贸易来节约资本和安排剩余劳动力，而不是相反。这一结论与赫克歇尔—俄林定理恰恰相反，故被称为里昂惕夫悖论。里昂惕夫曾认为自己没有认真评估美国的要素禀赋状况，而是假设美国是资本丰裕的国家。里昂惕夫试图从有效劳动角度作出解释，各个国家自身的劳动素质不相同，在同样的资本配合比例下，美国的劳动生产力约为其他国家（如意大利）的3倍。因此，如果以其他国家作为衡量标准，相比较来说，美国的有效劳动数量应该为现存劳动数量的3倍。所以，如果这样衡量有效劳动的数量，美国应该为（有效）劳动相对丰裕的国家，而资本却相对稀缺。按照这种解释，里昂惕夫的检验结果与赫克歇尔—俄林理论一致，则不存在里昂惕夫悖论。

（二）对里昂惕夫悖论的解释

许多经济学家试图解开这个悖论，但大量实证分析后，发现情况很复杂，

第二章 国际贸易理论

而大多数经济学家认为仅靠赫克歇尔—俄林模型的资源禀赋理论并不能很好地解释国际贸易。

在对里昂惕夫悖论研究过程中，形成了一些新的研究成果，比较典型的包括要素密集度逆转、要素需求逆转、自然资源说、人力资源说、关税结构说等。

要素密集度逆转是指同一种产品在资本丰富的国家是资本密集型产品，在劳动丰裕的国家是劳动密集型产品的情况。赫克歇尔—俄林理论假设中，对于要素密集度，认为两种商品的要素密集度不同，同种商品在两个国家密集度相同，没有要素密集型转变的情况。如果同种产品在两个国家的要素密集度不同，赫克歇尔—俄林定理就难以成立。

要素需求逆转是指消费者偏好在两国之间是不同的，导致要素禀赋理论无法解释现实情况。赫克歇尔—俄林理论假设两国消费者对两种商品偏好相同，所以，对国际贸易原因的考察剔除了需求方面的影响，仅仅考虑要素禀赋差异。但是，实际贸易中，供求双方都会对国际贸易产生影响。如果一国对于某一种商品享有比较优势，而且消费者特别偏好这一产品时，赫克歇尔—俄林定理决定的进口方向将改变。

自然资源说认为仅仅考虑资本和劳动两种要素限制了赫克歇尔—俄林模型的使用范围。1956年里昂惕夫曾提出，没有考虑自然资源的影响可能是出现悖论的原因之一。在里昂惕夫悖论中，许多作为资本密集型的进口品实际上可以说是资源密集型产品。里昂惕夫在计算进口品的要素需求量时，抬高了进口品资本/劳动的比率，没有计算自然资源。比如，美国大量进口的石油、煤炭、钢铁等产品的生产，既包含资本的贡献，同时也离不开自然资源的贡献。也许这些产品是自然资源密集型产品。美国的进口产品中初级产品占60%~70%，这些产品的自然资源密集度很高，把这些产品归入资本密集型产品加大了美国进口产品的资本/劳动比率。

人力资本说认为，"劳动"要素过于宽泛，实际上，劳动有很多种类，性质各不相同。一般劳动可以分为熟练劳动和非熟练劳动两类。其中熟练劳动不是先天具备的，必须经过一定的教育和培训后具有一定的技能，我们称之为人力资本。美国经济学家基辛（D. B. Keesing）把劳动分成8类后，两要素模型变为了多要素模型。基辛通过检验美国进出口商品发现，在美国的出口产品中，第一类劳动的含量比例最高，在美国的进口产品中第一类的劳动含量比例最低。因此，美国可能是一个技术劳动禀赋丰裕的国家。通过美国和其他13个国家相比，美国出口的是技术劳动密集型产品。里昂惕夫认为悖论可能是把劳动看成是同质引起的，不同质量的劳动在生产中的作用是不同的，简单的按人/年或单位劳动时间计算，会引起误差。如果将美国工人人数乘以3，美国的贸易模式就符合赫克歇尔—俄林模型的推测。加入人力资本后，里昂惕夫悖论可以得到解释。

关税结构说，主要强调关税对产品要素密集度的影响。就美国来说，关税更倾向于保护劳动力的所有者而不是资本的所有者，由于关税保护的结构性差异，劳动密集型产品受到较多排斥，所以资本密集型产品成为美国的主要进口产品。里昂惕夫的结论在一定程度上反映了美国的关税结构。这一结论与赫克歇尔模型中假设的自由贸易模式相悖。美国经济学家鲍德温（Robert Baldwin）在1971年的一项研究中，确认了关税结构对美国贸易模式的影响，估计关税导致进口物品的K/L减少5%，这在一定程度上减弱了里昂惕夫悖论。

第三节　国际贸易新理论

一、产业内贸易理论

（一）产业内贸易

20世纪中叶后，第三次科技革命的蓬勃兴起推动了生产力的巨大进步，促进了世界经济的发展。国际分工的广度和深度得到了空前发展，分工的形式由原来的产业间、垂直型分工转化为产业内、水平型分工。作为国际分工表现形式的国际贸易也由产业间贸易向产业内贸易转化。产业内贸易多在发达国家间进行，表现出了新的贸易特点。因此，解释新贸易特征的产业内贸易理论应运而生，产业内贸易理论起因于对欧洲经济共同体一体化效果的评价。

产业内贸易理论，又称差异化产品理论，是当前国际贸易理论最热门的课题之一。产业内贸易（Intra-industry Trade）是产业内国际贸易的简称，是指一个国家或地区，在一段时间内，同一产业部门产品既进口又出口的现象。该理论着重产业内贸易的讨论，即一国同时出口和进口同一产业的产品，国家之间进行同

第二章 国际贸易理论

产业的产品异样化竞争,并认为这是更符合现实情况的国际贸易。

比如日本向美国出口轿车,同时又从美国进口轿车的现象。产业内贸易还包括中间产品的贸易,比如某项产品的半制成品、零部件在两国间的贸易。

在产业间贸易中,同一产业产品基本上是单向流动,即要么进口,要么出口;而产业内贸易是双向流动的,因此产业内贸易又叫双向贸易。产业间贸易是不同产业间产品的贸易,如一国生产的工业品和另外国家生产的农产品进行交易,而产业内贸易则主要是工业产品中的某一类产品间的贸易。传统的产业间贸易,一般是通过分别处于不同国家的独立厂商交易来完成,而产业内贸易则通过内部和外部两个市场来实现。现在,由于跨国公司的兴起和快速发展,很大一部分国际贸易在跨国公司的子公司和子公司、子公司和母公司之间进行。这种跨国公司利用特殊优势所形成的内部交易机制被称为内部市场。与此相对应的买卖双方独立进行交易所形成的市场称为外部市场。

由此可知,产业内贸易可以更精确地表述为:同一产业内的产品,主要是制成品通过外部市场与内部市场在不同的国家或地区间的双向流动。

(二)产业内贸易理论的解释

国家间要素禀赋的差异,导致比较成本的差异是产业间贸易发生的基础和原因。产业内贸易理论主要特点是用国际贸易产品的异质性、需求偏好的相似性和多样性、专业化分工和规模收益递增等概念来解释统一产业部门内部同种类产品的国际贸易问题。

1. 产品差异性

根据美国学者格鲁贝尔和澳大利亚学者劳埃德在专著《产业内贸易——差别产品的国际贸易理论和度量》中的研究,产业内贸易分为同质产品的产业内贸易和差异产品的产业内贸易两大类。

同质产品是指:产品可以完全相互替代;生产区位不同;制造时间不同。同质产品产业内贸易包括大宗商品贸易、转口和再出口贸易、产量季节性差异导致的国际贸易、由于合作生产和特殊技术条件引起的同质产品服务国际贸易。

差异产品又叫异质产品,是产品具有差别性特征。产品差别可具体表现在同类产品的质量性能的差别,规格型号的差别,使用材料的差别,色彩及商标牌号的差别,包装装潢的差别,广告、售前、售后服务的差别和企业形象与企业信誉的差别等方面。差异产品又分为垂直差异产品和水平差异产品。垂直差异产品是指仅仅在质量上存在差异的产品。水平差异产品是指有着同样质量，但其特色或特质不同的产品。比如，不同质量的同一品牌的电视机即为垂直差异产品，同样质量的电视机在款式和外观色彩上的不同即为水平差异产品。实际上，差异产品往往既表现出垂直差异的特点，又表现出水平差异的性质。这种差异产品的区分对运用模型进行产业内贸易的理论分析非常重要。产品的异质性是产业内国际贸易的基础。

2. 需求偏好

需求偏好的相似性和多样性也是产业内贸易的动因。比如亚洲的富人喜欢欧洲品牌奢侈品；澳大利亚的普通消费者大量消费中国制造的商品，但同时也消费欧洲制造的商品。

3. 规模经济

企业内部规模收益递增是产业内贸易的主要利益来源。产业内贸易是以产业内的国际分工为前提的，产业内的国际专业化分工越精细、越多样化，不同国家的生产厂家就越有条件减少产品品种和规格型号，从事更加专业化的生产。这种生产上的专业化有助于企业采用更加专业化、高效率的生产设备，从而提高生产效率，降低成本。如果生产厂家之间分工越精细、越多样化，那么一个企业生产一个品种或者一个规格的产品，来满足部分消费者的需要，这有助于减少生产企业之间的市场竞争程度。生产厂家之间的国际专业化分工越细，越有利于扩大生产规模，扩大市场规模，充分实现企业生产的内部规模经济效应。因为生产和市场的细分化虽然减少了国内消费者数量，但企业可以面对同类型的更大规模的国际消费群体进行生产和销售，从而使从事国际生产和国际贸易的微观企业具有经济上的合理性和可行性。这说明企业内部规模收益递增是产业内贸易的主要经济利益来源，但是，为了充分利用企业内部规模收益递增效应，国际市场的开放和一体化是必要的基础条件。企业内部规模收益递增作为产业内贸易的直接利益来源，必须具备4个前提条件：每一个产业内部存在着广泛的差别产品系列；每一个产业内部存在着不完全竞争的国际市场条件，即差别产品的不同生产者之间存在着垄断竞争关系；每一个产品品种的生产收益随着生产规模的扩大而递增；国际市场必须是开放的和一体化的。

第二章 国际贸易理论

（三）主要产业内贸易理论

很多经济学家致力于研究产业内贸易理论，并从不同的角度阐释了产业内贸易的成因和实际情况。"新赫克歇尔—俄林模型"通过对产品垂直差异性的假定来建模，仍沿用赫克歇尔—俄林模型的要素禀赋来阐释。"新张伯伦模型"则从产品的水平差异出发进行分析，分析的结果显示，即使在两个完全相同的国家之间也会有产业内贸易发生，并且能同时增进两国的福利。"兰卡斯特模型"仍以产品的水平差异性为基础，突出了产品特性和消费者偏好之间内在关系的矛盾，论证了在垄断竞争的条件下，产业内贸易带来的产品多样化的可能和两国总体福利水平提高的来源。"双寡头垄断产业内贸易模型"和"相互倾销贸易模型"则是从国内市场完全垄断情况下，推演出产业内贸易的福利效果。"垂直差异性模型"反映的是在双寡头的国内市场结构下，两国产业内贸易的可能性。

二、国家竞争优势理论

国家竞争优势理论是由美国学者迈克尔·波特（Michael Porter）在他的《国家竞争优势》一书中提出，该理论从企业参与国际竞争这个微观角度来解释国际贸易现象，正好弥补了比较优势理论的不足，在赫克歇尔—俄林理论与产品生命周期理论的基础上，波特试图赋予国家的作用以新的生命力，提出了国家具有"竞争优势"的观点。

（一）国家竞争优势理论的内容

波特的国家竞争优势理论认为，一国竞争力的构建主要取决于生产要素、需求因素、相关产业、企业组织、战略与竞争度以及机遇和政府作用。前4种是本国因素，也是最重要的国家竞争优势决定因素，后两种是外部力量，该理论能够合理地阐述一国国际贸易的现状、预测一国贸易发展的前景。

波特在阐述国家竞争优势理论时应用了比较形象的"钻石理论"。波特认为，财富是由生产率支配的，或者它取决于由每天的工作、每一美元的所投资本以及每一单位所投入的一国物质资源所创造的价值。生产率根植于一国和地区的竞争环境，而竞争环境则产生于某一框架，这一框架在结构上如同1枚由4个基本面所构成的钻石，因而通常被称为"钻石理论"。这4个基本面就是要素状况、需求状况、相关和支持产业、企业战略、组织结构和竞争状态。

（二）国家竞争优势理论的四个方面

1. 要素状况

波特把生产要素分为基本要素和高等要素两类。基本要素包括自然资源、气候、地理位置、非熟练劳动力、债务资本等一国先天拥有或不需太大代价便能得到的要素；高等要素包括现代化电信网络、高科技人才、高精尖技术等需要通过长期投资和后天开发才能创造出来的要素。对于国家竞争优势的形成而言，后者更为重要。在特定条件下，一国某些基本要素上的劣势反而可能刺激创新，使企业在可见的瓶颈、明显的威胁面前为提高自己的竞争地位而奋发努力，最终使国家在高等要素上更具竞争力，从而创造出动态竞争优势。但这种转化需要条件：一是要素劣势刺激创新要有一定限度，不可各方面都处于劣势；否则会被淘汰；二是企业必须从环境中接受到正确信息；三是企业要面对相对有利的市场需求、国家政策及相关产业。

2. 需求状况

需求状况主要是从本国需求和别国需求差异的角度来看一国企业是否具有国际竞争力。一般企业的投资、生产和市场营销首先是从本国需求来考虑的，企业从本国需求出发建立起来的生产方式、组织结构和营销策略是否有利于企业进行国际竞争，是企业是否具有国际竞争力的重要影响因素。

3. 相关和支持产业

相关和支持产业因素是从产业的角度审视一国国际竞争优势。对一国某一行业的国际竞争力有重要影响的另一因素是该国中该行业的上游产业及其相关行业的国际竞争力。相关和支持产业的水平之所以对某一行业的竞争优势有重要影响，其原因有：可能发挥群体优势；可能产生对互补产品的需求拉动；可能构成有利的外在经济和信息环境。显然，是否具有发达而完善的相关产业，不仅关系到主导产业能否降低产品成本、提高产品质量，从而建立起自己的优势；更重要的是，它们与主导产业在地域范围上的邻近，将使得企业互相之间频繁而迅速地传递产品信息、交流创新思路成为可能，从而极大地促进企业的技术升级，形成良性互动的既竞争又合作的环境。

4. 企业战略、组织结构和竞争状态

企业战略、组织结构、竞争状态是从微观企业的角度看一国国际竞争优势。

良好的企业管理体制的选择，不仅与企业的内部条件和所处产业的性质有关，而且取决于企业所面临的外部环境。因此，各种竞争优势能否被恰当匹配在企业中，很大程度上取决于国家环境的影响。国家环境对人才流向、企业战略和企业组织结构形成的影响都决定了该行业是否具有竞争能力。波特强调，强大的本国竞争对手是企业竞争优势产生并得以长久保持的最强有力的刺激。正是因为国内竞争对手的存在，会直接削弱企业相对于国外竞争对手所可能享有的一些优势，从而促使企业努力去苦练内功，争取更为持久、更为独特的优势地位；也正是因为国内激烈的竞争，迫使企业向外部扩张，力求达到国际水平，占领国际市场。

除了上述4个基本因素外，波特认为，一国所面临的机遇和政府所起的作用对国家整体竞争优势的形成也具有辅助作用。他主张政府应当在经济发展中起催化和激发企业创造能力的作用。政府政策和行为成功的要旨在于为企业创造一个宽松、公平的竞争环境。

（三）国家竞争优势理论的简评

波特的国家竞争优势理论超越了传统理论对国家优势地位的认识，首先从多角度、多层次阐明了国家竞争优势的确切内涵，指出国家竞争优势形成的根本点在于竞争，在于优势产业的确定。这一理论对于解释第二次世界大战后，特别是20世纪80年代以后的国际贸易新格局有很大的说服力，对于一国提高国际竞争力，取得和保持竞争优势有重要的借鉴意义。

但是波特的理论也存在一些局限，它过于强调企业和市场的作用，而低估了政府的作用。在波特看来，一国要具备竞争优势，主要依赖企业的创新，政府的作用只是创造公平竞争的环境，政府所起的作用是辅助性的。

本章小结

绝对优势论可以表述为：每个国家都有适宜于生产某些特定产品的绝对有利的生产条件。如果每个国家都按照其绝对有利的生产条件去进行专业化生产，然后彼此进行交换，则对所有国家都是有利的。

比较优势论可以表述为：因为在两国间，劳动生产率的差距并不是在任何商品上都是相等的，处于绝对优势的国家，应集中力量生产利益较大的商品，处于绝对劣势的国家应集中生产利益较小的商品，然后通过国际贸易，互相交换，彼此都节省了劳动,都得到了利益。

赫克歇尔用生产要素密集的分析来解释国际贸易,从各国要素禀赋的差异来解释国际贸易的成因,奠定了现代国际贸易理论的基础。

产业内贸易是产业内国际贸易的简称。产业内贸易理论用国际贸易产品的异质性、需求偏好的相似性和多样性、专业化分工和规模收益递增等概念来解释同一产业部门内部同种类产品的国际贸易问题。

波特的国家竞争优势理论认为,一国竞争力的构建主要取决于生产要素、需求因素、相关产业、企业组织、战略与竞争度以及机遇和政府作用,前4种是本国因素,也是最重要的国家竞争优势决定因素,后两种是外部力量,该理论能够合理地阐述一国国际贸易的现状、预测一国贸易发展的前景。

本章思考题

1. 根据重商主义的观点,一国必须保持出口大于进口。请问在只有两个国家的世界里,这种情况是否可能?为什么?
2. 绝对优势理论的主要内容是什么?
3. 李嘉图比较优势理论的核心是什么?
4. 要素禀赋论的主要内容是什么?它从哪些方面发展了比较优势论?
5. 要素禀赋理论的基本假设有哪些?说明这些假设的必要性。
6. 产业内贸易是什么?它产生的原因是什么?
7. 波特的国家竞争优势理论的主要内容是什么?其中,一国的竞争优势是由哪些因素决定的?

本章参考文献

1. 陈宪、张鸿:《国际贸易:理论·政策·案例》,上海财经大学出版社,2012年版。
2. 裴长洪:《国际贸易学》,中国社会科学出版社2007年版。
3. 缪东玲主编:《国际贸易理论与实务》,北京大学出版社2007年版。
4. 史自力主编:《国际经济学》,郑州大学出版社2002年版。
5. 张二震、马野青:《国际贸易学》,南京大学出版社2008年版。

第三章 关税措施与非关税措施

本章学习目标

1. 了解：国际贸易政策的基本含义和内容。
2. 熟悉：关税和非关税壁垒措施的基本内容。
3. 掌握：关税和非关税壁垒的种类、特点及其影响。

本章学习目标

关税 非关税壁垒

第一节 关税措施概述

一、关税

（一）关税的定义

关税（Tariff or Customs Duty）就是一国政府对流入或流出该国国境的商品课征的一种税。海关是设在关境上贯彻执行国家有关进出口政策、法律和规章制度的国家行政管理机构。征收关税是海关的重要任务之一。

一国或地区（世界上的一些单独关税区）由关境组成了一个地区范围，称为关税区域（Customs Area）。在关税区域内，货物不被征收关税，可以自由移动。通常情况下，一国的海关在其本国国境内实施统一的贸易法令与关税法令，此时，国境与关境是一致的。但在有些情况下，这种关税区域不一定绝对等于一国的政治领土。例如，如果一些国家间结成了关税同盟，实施统一的关税法令和统一的对外税则，成员国只对来自和运往非成员国的货物进出共同关境时征收关税，它们组成了大于成员国各自关境的共同关境，使一个国家的关境向外进行了延伸。对于这些国家来说，它们的关税区域就大于本国（或地区）的政治领土。如果在本国境内设立了自由港、自由贸易区和出口加工区等经济特区，该关税区域小于其政治领土。

（二）关税的作用

关税是国家税收的一种，是财政收入的一个重要组成部分。关税和其他税赋一样，具有强制性、无偿性和预见性的特点。

征收关税的主要作用有：

1. 增加财政税收

通过对进出境的货物征收关税，可以增加一国的财政收入。以增加国家财政收入为目的而征收的关税被称为"财政关税"，其税率往往是根据国家的需要和对贸易量的影响制定的。财政关税的税率一般都保持在比较低的水平，因为如果税率过高，会阻碍进口或影响出口，最终难以达到增加财政收入的目的。另外，随着国际贸易的扩张，经济全球化的推进，各国关税的税率都大幅降低，也致使关税收入在国家财政收入中的比重相对下降。

2. 保护本国产业和国内市场

关税的征收可以提高外国商品的成本，削弱进口商品的竞争力。因此，一些国家为了保护国内产业而对外国商品课征关税。保护关税的税率一般都比较高，因为税率高，才会使进口的外国商品成本上升，竞争力下降，以此来达到保护本国生产的目的。在18世纪重商主义时期，重商主义者第一次把关税用作一种限制国际贸易的工具，使关税具有了保护国家经济的性质。直到现在，绝大多数国家大量地使用关税作为削弱外来竞争的保护贸易措施。

3. 调节进出口商品结构

关税税率的高低，以及关税的减免都可以影响进出口的规模，因此，关税可以作为经济杠杆调节国民经济活动，引导产品的进出口数量和结构，从而促进国内市场商品的供需平衡。

4. 维护国家主权和经济利益

关税具有涉外性，不仅是一国对外贸易政策的重要部分，而且关税政策还

第三章 关税措施与非关税措施

关系到一国的国家主权和经济利益。

拓展阅读

关税与汽车贸易保护[①]

最近媒体热议进口车价格暴利。进口车价格太高有多方面的原因，其中之一就是税费多。我国进口乘用车关税为25%，欧盟进口车关税为10%，美国为2.5%，韩国为8%，中国的进口车关税相对是比较高的。中国汽车关税最高的时候超过200%，入世前逐步降到80%。

实行高关税有一个冠冕堂皇的理由：保护国内汽车工业。高关税提高了进口汽车的销售成本，从而提高了销售价格，因此可以保护本国的汽车产业免受外国竞争者的冲击。既然关税这么高，进口汽车价格这么高，国内自主品牌汽车的日子应该悠哉悠哉了。根据中汽协的数据，2010年，中国自主品牌乘用车销售627.3万辆，占乘用车销售市场的45.6%，市场份额同比提高1.5个百分点。同年，中国轿车销售949.43万辆，其中自主品牌轿车销售293.3万辆，占轿车市场的30.9%。2013年上半年，中国自主品牌乘用车共销售356.67万辆，同比增长13.19%，占乘用车销售总量的41.16%，占有率较上年同期下降0.23个百分点，比2010年减少4.4个百分点。中国自主品牌轿车共销售161.53万辆，同比增长13.49%（上年同期为负增长），占轿车销售总量的27.65%，占有率比上年同期增长0.44个百分点，比2010年减少3.2个百分点。

中汽协认为，今年上半年，尽管中国品牌轿车销量同比呈一定增长，但在外国品牌强势冲击下，中国品牌轿车市场生存空间依然日益严峻。可见，赢得市场还是要靠质量和服务，而不能靠保护。

关税虽有保护本国生产的作用，但如果保护过度，会使有关企业养成依赖性，不努力提高经营管理水平，不能参与国际竞争。高关税提高了进口车价格，也抬升了国内汽车的价格，特别是合资企业产品的价格，增加了消费者的负担。

目前，多数跨国汽车公司都在中国设厂生产，它们在中国的产品也受到高关税的保护，而且跨国公司已经把进口和国内生产调配开来，互不干扰。今年1～5月，我国共进口汽车43.39万辆，金额达175亿美元，平均每辆4万多美元；

[①] 北京商报 http://auto.163.com/13/0813/08/9655OLQC00084TV4.html。

出口汽车39.38万辆,金额50.1亿美元,平均每辆价格1.25万美元。进口汽车价格是出口的3倍多,而国内自主品牌汽车很多在3万~5万元,仅相当于进口平均价格的15%~20%,这说明进口汽车和自主品牌井水不犯河水,高关税真正保护的是合资企业。

考虑到关税保护的副作用,很多国家已经把贸易保护手段从主要以关税保护转向非关税保护。非关税措施的保护作用比关税更为强烈和直接,而且具有更大的灵活性和针对性,程序也较简单。

所以,建议我国改进进口汽车关税保护措施,逐步减少税率,以降低国内汽车的价格,促进汽车消费,保护消费者利益。同时应该认真研究非关税保护措施来保护国内汽车工业,比如公车采购向自主品牌倾斜、鼓励小排量节能汽车、鼓励自主研发、限制外资股比、提高外资异地建厂审批门槛等,都是比较好的措施。

二、关税的种类

关税种类繁多,按照不同的标准有不同的分类方法。

(一)按照征收的对象和商品流向分类

按照征收的对象和商品流向,关税可以分为进口税、出口税、过境税。

1. 进口税

进口税(Import Duty)是指,进口商品进入一国国境或从自由港、出口加工区、保税仓库进入国内市场时,进口国的海关依据海关税则对进口商品所征收的一种关税。进口关税又称政策关税。国际贸易中所说的关税壁垒指的就是进口关税。对进口商品征收高额关税,起到限制进口的作用。

一般来说,正常的进口关税又分为普通税率和最惠国税率两种。

(1)普通税率。如果进口国没有和进口商品的来源国签订任何关税互惠贸易条约,那么对进口商品按普通税率征收。普通税率是最高税率,一般比优惠税率高出1~5倍。但是,目前仅有少数国家对极少数(一般是非建交国家)国家的出口商品实施普通税率,大多数国家只是将其作为优惠税率减税的基础。因此,普通税率并不是被普遍实施的税率。

(2)最惠国税率。最惠国税率是一种优惠税率,比普通税率低,对签有最惠国待遇条款的贸易协定国家才会实行最惠国税率。

第三章 关税措施与非关税措施

WTO最惠国待遇原则规定，其成员方之间实行互惠，成员方一方现在和将来给予任何第三方的一切特权、优惠和豁免，也同样给予其他成员方。因此，一国给予任一WTO成员方某一商品的的最惠国税率都要无条件地给予其他成员方的同等商品。最惠国税率实际上已成为普遍实施的税率。值得注意的是，最惠国税率并非是最低税率，而且在最惠国待遇原则有例外条款，像关税同盟、签有自由贸易区协定的国家之间规定更优惠的关税待遇时，最惠国待遇并不适用，因而，这些更优惠的税率并不适用于从其他国家进口的商品。

2. 出口税

出口税（Export Duty）是出口国家的海关在本国产品输往国外时，对出口商所征收的关税。由于征收关税会抬高商品的生产成本，使本国商品在国外市场上销售时的价格提高，削弱商品竞争力，不利于一国的出口，目前绝大数国家对绝大部分商品都不征收出口税，除非是在一些特殊情况下。

一般来说，一国征收出口税的原因主要有：① 增加财政收入。对本国资源丰富、出口量大的商品或者原材料征收出口税，既可以不压制一国的经济发展，又可以增加财政收入。② 保证本国生产，调控某些商品的出口。对一些稀缺的初级产品，特别是原材料或者是某种本国生产不足而需求又较大的生活必需品征收出口税，可以保证本国市场的供应，达到限制该种商品的的出口、稳定国内的供给和价格的目的。

3. 过境税

过境税（Transit Duty）又叫转口税，是一国海关对通过其关境再转运第三国的外国货物所征收的关税。过境税的主要作用是增加一国财政税收，盛行于重商主义时代的欧洲各国。随着世界经济的发展，交通运输的发达便利，过境税变得没有意义。对外国过境货物征收过境税会迫使外国货物改道运输，这甚至反过来会阻碍一国相关服务业的发展。

目前，大多数国家对国境货物只征收少量签证费、印花费、登记费用等。

（二）按照差别待遇和特定实施情况分类

1. 进口附加税

进口附加税（Import Surtaxes)是指进口国海关对进口的外国商品在征收正常进口关税之外，出于某种目的而额外加征的关税。进口附加税是一种特定的临时性措施,也称特别关税,其目的往往是为了解决国际收支逆差,防止外国商品倾销,或对某国实行歧视与报复等。

进口附加税主要有反倾销税、反补贴税、紧急关税和报复关税等。

(1)反倾销税(Anti-dumping Duty)。反倾销税是指进口国针对某一或某些出口商的倾销行为征收的一种临时性特别进口关税。按照WTO的有关规定,必须符合两个必要条件才能征收反倾销税,即进口产品的价格低于正常价格和倾销品对进口国产业造成了危害。对某一产品,只有在进行价格比较后,该产品的进口价格低于被比较价格时,才能确定其为倾销产品。除此之外,反倾销税征收国通过调查,必须证明进口商品的倾销对进口国产业造成了损害。这种损害是指对进口国的某项工业造成实质性损害或产生实质性损害威胁,或妨碍进口国某项新兴工业的建立。对倾销的确立和反倾销税的征收,有严格的立案、调查和处理程序。按照WTO的有关规定,反倾销税的税额不应超过该产品的"倾销差额"。

(2)反补贴税(Anti-subsidy Duty)。反补贴税是进口国为抵消出口国对某种商品在制造、生产或输出时,直接或间接给予的任何奖励或补贴而征收的一种进口附加税。补贴和倾销对进口国产生的损害可以说是一样的,但对补贴的确定要比对倾销的确定难度要大得多、复杂得多。反补贴税额不得超过补贴的数额征收。反补贴税的征税限期一般不超过5年。

(3)紧急关税(Emergency Duty)。紧急关税是WTO成员方因履行"减让表"中所承诺的义务,导致某类进口产品突然大量进入本国市场,并对国内产业造成严重损害或严重损害威胁时,可以紧急征收保护性关税,保护本国相关产业。

(4)报复关税(Retaliatory Duty)。报复关税是指一国针对另一国对其出口产品的不公正歧视性待遇而对从对方进口的商品加收的进口附加税。对方一旦取消不公正待遇,报复关税也应取消。

进口附加税的使用较为灵活,常常会被用作限制进口与贸易斗争,因此它的征收往往受到WTO相关规则的制约。只有符合相关WTO规则的要求,才能合法地对进口商品征收进口附加税。

2. 差价税

差价税(Variable Levy),又叫作差额税,是指当一国生产的某种产品的国内价格高于同类进口商品价格时,为了保护国内产品的生产和国内市场,按照国内价格与进口价格之间的差额征收的关税。差价税的征收是为了调整进口商品的销售价格，使之和同类国内商品相近，因而差价税随着国内外价格差额的变动而变动，是一种滑动关税（Sliding Duty）。

欧盟对农畜产品征收差价税的做法很好地体现了差价税对进口产品的限制作用。欧盟以它内部市场价格最高的内地中心市场价格为基础，减去从进境地运到中心市场的运费、保险费、杂费和销售费用之后，得到一个门槛价格，又称作"闸门价格"。闸门价格每个季度制定一次，进口农畜产品的边境交货价不得低于闸门价格，如果进口商的进口价格低于闸门价的话，欧盟就会对该项进口商品加征差价税，征收的额度为进口价与闸门价的差额。

3. 普惠制关税

普惠制关税（Generalized System of Preferences, GSP）是发达国家给予发展中国家出口的制成品和半制成品普遍的、非歧视的、非互惠的一种关税优惠制度。普惠制的原则是普遍性、非歧视、非互惠性。普遍性是指发达国家对所有发展中国家出口的制成品和半制成品给予普遍的关税优惠待遇；非歧视是指应使所有发展中国家都不受歧视，无例外地享受普惠制待遇；非互惠性是指发达国家单方面给予发展中国家特殊关税减让，不要求发展中国家给予发达国家对等待遇。

普惠制关税是国际贸易中一项重要的贸易政策，是发展中国家长期努力的结果。普惠制关税使发展中国家出口增加，经济增长受益。目前，实施普惠制的发达国家共有40个。其中除了美国之外，其余39个国家均给予我国普惠制待遇。

三、关税的征收

（一）关税的征收方法

关税征收的方法有两种最基本的关税形式，即从量税（Specific Tariffs）和从价税（Ad Valorem Tariffs）。在这两种主要征收方法的基础上，又有混合税和选择税。关税的征收既可以对进口货物也可以对出口货物，对进口货物征收的关税叫进口税；对出口货物征收的关税叫出口税。在实际操作中，进口税是最重要、最常见的，因此，在之后的论述中都是针对进口税来分析的。

1. 从量税

从量税是以货物的重量、数量、长度、容量和面积等计量单位为标准计征关税。其中，重量单位是最常用的从量税计量单位。从量税与货物数量的多少成正比关系。从量税较适合于标准化和原材料产品。从量税额的计算公式为：

$$从量税额 = 货物数量 \times 单位从量税$$

从量税的优点是手续简便，不需要考虑货物自身的规格、品质、价格差异；它的缺点是税负不合理，同一税目的货物，不论等级、品质、价格，按照同一税率征税。除此之外，从量税的税率没有弹性，不能随价格的变动作出调整。按从量税方式征收关税，在某商品价格下跌和商业衰退时期，会加重商品的关税税负。由于从量税的这些缺陷，大多数国家除了对食品、饮料等进口产品之外，一般都不采用从量税征税方法。

2. 从价税

从价税是以进口货物的货价为标准征收一定百分比的关税。从价税额的计算公式为：

$$从价税额 = 货物价值 \times 从价税率$$

从价税的优点是在于它合理的税负：同类产品质量越高，价格越高，税额也越高。例如，奢侈品价高，征收的税额也就高，能有效地起到限制进口的作用；从价税对各种商品都适用；从价税的征收也比较简单，对于同种商品可不必因其品质的不同再详细加以分类。从价税的缺点是在商品价格下降的时候，国内产业面临的竞争压力增加，需要提高保护程度，但实际进口税额却随物价下降而下降，保护作用减弱。从价税的另一个缺点是完税价格的估算不易掌握，手续繁杂，需要专门人才操作，征税成本高。

3. 混合税（Mixed Duties）

由于从量税和从价税的征收方法都存在一点的缺陷，因此，关税的征收在以上两种基本关税形式上进行混合，产生了复合税和选择税。

（1）复合税（Compound Duties）。复合税是指同时使用从量、从价两种税率计征。复合税按从量、从价的主次不同又可分为两种：一种是以从量税为主加征从价税，另一种是以从价税为主加征从量税。例如，美国对钨砂的进口税普通税率是每磅60美元，加征50%的从价税。现代国家普遍使用复合税制，我国现行税制也是复合税制。

第三章 关税措施与非关税措施

（2）选择税（Alternative Duties）。选择税是对同一种进口商品同时订有从价、从量或混合税，征税时由海关选择其中一种征税，作为该种商品的应征关税额。海关需要限制进口时，可选择其中税率高的一种形式征税；如需要鼓励进口时，可选择低税率的一种形式征税。比如，日本对坯布的进口征收税率有协定税率10%或7.5%另外每平方米加征2.6日元两种，具体征收关税时，按其中高者进行。

（二）关税税则

关税税则（Customs Tariff）又叫海关税则，是一国对进出口商品计征关税的规章和对进出口的应税商品与免税商品加以系统分类的一览表。它是海关征税的依据，是一国关税政策的具体体现。从内容上来看，海关税则一般包括两部分：其一为海关征收关税的规章、条例和说明；其二为关税税率表。关税税率表又主要有税则号、商品名称、关税税率等栏目组成。

税则按加工程度、自然属性、功能和用途等将商品分类。由于分类方法迥异，口径各异，使各国海关统计资料缺乏可比性，为了减少海关商品分类上的差异，一些权威国际经济组织致力于制定统一的税则目录。其中以海关合作理事会协调制度委员会主持制定的《协调商品名称及编码制度》（The Harmonized Commodity Description and Coding System），简称《协调制度》（HS）使用最为广泛，影响力最大。HS于1988年1月1日正式实施，每4年修订1次。世界上已有150多个国家使用HS，全球贸易总量90%以上的货物都是以HS分类的。

《协调制度》将商品分为21大类（section）、96章（chapter）、1 241个项目号（heading）和5 019个子目（subheading）。商品项目的号列编号为四位数，前两位为章的顺序号，第三、四位为每章内的项目位置。项目以下，第五位数字为一级子目（one-dash subheading），表示在项目中的位置，第六位数字为二级子目（two-dash subheading)编码。

根据关税税率栏目的多少，海关税则可分为单式税则和复式税则两种。

单式税则（Single Tariff）又被称为一栏税则。在这种税则中，每个税目只有一种税率，该税率通用于来自任何国家的商品，不存在差别待遇。目前，只有少数发展中国家实行单式税则。

复式税则（Complex Tariff）又称多栏税则。在这种税则下，每一税目都有两个或两个以上（即3个或4个）不等的税率。主要目的是对来自不同国家的同一商品区别对待，适用不同的税率，结果会造成同一种商品由于其来源国不同而被征收不同的关税，造成了国别歧视。同一税目有两种税率叫作二栏税则。依次类推，有三栏税则和四栏税则。目前，世界上绝大多数国家实行的是复式税则。

根据税率制定中的国家权限不同，海关税则可分为自主税则和协定税则两种。自主税则（Autonomous Tariff)是由本国政府自主制定，并有权加以变更的海关税则。它又被称为国定税则。协定税则（Conventional Tariff)是通过本国与其他国家谈判制定，受条约或协定约束的海关税则。自主税则和协定税则中形成的关税税率分别称为自主税率和协定税率。

（三）世界贸易组织框架下对关税措施的规定

二次大战后，在《关税和贸易总协定》（GATT）主持下，通过8轮回合的关税减让谈判，各国关税幅度大幅度降低，贸易自由化趋势不断加强。

GATT主持下的8轮多边谈判中，全体缔约方的平均关税一直在削减。最后一轮乌拉圭回合谈判，各方承诺的关税减让总幅度接近40%。发达国家承诺将工业品加权平均关税削减至3.8%，发展中国家成员方工业品加权平均关税下降至14.4%。

WTO中有关关税的基本原则有两项：一是关税的非歧视性，即实行最惠国原则。这一原则也有几项例外：区域一体化协定成员之间的优惠关税例外；对发展中国家实行的关税优惠例外和对非成员的进口例外；二是要求各成员按照关税减让表，承担其削减关税的义务。各成员加入WTO时，通过多边贸易谈判所达成的关税减让采用约束税率的形式来表现，记载于各成员的关税减让表上。WTO的成员不能对约束了关税的产品征收高于约束税率的关税。和非关税壁垒的配额相比，关税具有非常高的透明度，因此，WTO并不禁止以关税作为主要手段对国内产业进行保护，但必须要在WTO规定的规则框架下进行，并且要符合关税减让表上记载的义务。

第二节　非关税措施

随着多边贸易谈判的扩张和全球贸易自由化趋势的加强，WTO体制对各成

第三章 关税措施与非关税措施

员方关税水平的约束越来越大,各国关税都大幅降低。因此,许多国家纷纷将贸易政策的限制手段从关税壁垒转向了非关税壁垒,限制进口。

一、非关税措施概述

(一)非关税措施的概念

非关税措施(Non-Tariff Measures, NTMs),又称非关税贸易壁垒,是指一国政府采取除关税以外的各种办法,来对本国的对外贸易活动进行调节、管理和控制的一切政策与手段的总和,其目的就是试图在一定程度上限制进口,以保护国内市场,促进国内产业的发展。

采用非关税措施限制进口的做法虽然早就存在,但随着GATT对关税的减免,从20世纪60年代才开始被普遍使用,并且日益趋多。根据GATT的统计,20世纪90年代初,世界上使用的非关税措施多达3 000多种。使用非关税措施的国家也越来越多,不仅有发达国家,发展中国家也加入其中。另外,非关税措施实施的商品对象也不断扩大,从纺织品、鞋类逐渐扩展到汽车、钢材、农产品、电子等。

然而,非关税措施对贸易造成的阻碍和GATT以及WTO促进贸易自由化的精神是相违背的。GATT在第七轮"东京回合"的谈判中提出减少、消除非关税壁垒,要求把非关税措施置于更有效的监管条款之下。因此,在WTO体制下,建立了一系列使用非关税措施的协定和条款,希望减少非关税措施使用中对国际贸易造成的负面影响。然而非关税措施的种类仍然众多,其中有不少在WTO法律体系的边缘或之外,成为"灰色区域措施"(Gray Area Measures),构成对国际贸易自由化的威胁。

(二)非关税措施的特点

非关税措施和关税一样可以作为贸易壁垒限制外国商品的进口,形成对国内商品和产业的人为保护。和关税措施相比,非关税措施具有以下特点:

1. 隐蔽性

WTO下有关非关税措施规定:WTO成员方如果出于保护人类、动植物健康,保护环境、气候、稀有资源等合法目的,可以采取适当的非关税措施限制外国商品进口。例如,在著名的美国金枪鱼案中,美国认为墨西哥产的金枪鱼在捕捉过程中没有用现代化拖网捕鱼技术，在海洋捕捞金枪鱼时，把喜欢与金枪鱼群结伴而行的海豚，也给成批地捕杀了。为了保护海豚，美国禁止墨西哥的金枪鱼及其制品进口。由此可见，非关税措施下，一国往往使用环境标准、技术标准来限制外国商品进口，因而使非关税壁垒隐藏在貌似合理、正当的贸易政策中。

2. 歧视性

一国只有一部关税税则，关税税率一旦公布，对所有国家的进口商品都征收同等标准的关税，不存在歧视性。但是，非关税措施是针对某个国家或者某种商品而实施的，更具有歧视性。例如，欧盟禁止进口美国含有荷尔蒙的牛肉就是仅针对美国的。

3. 灵活性

一国关税税率的制定都必须经过立法程序，具有一定的连续性，因此一般不会随意调整确定的关税税率。而实施非关税措施通常采用行政手段，制定、改变或者调整相对迅速、灵活，伸缩性大。因此被用来限制进口时表现出更大的灵活性和实效性，还能根据实际情况，变换限制进口措施，达到限制进口的目的。

4. 有效性

非关税措施，例如进口配额制、进口许可证等对进口的限制作用是绝对的。相比较关税仅仅是提高进口商品的成本，以期降低进口商品竞争力，其限制作用更为明显和有效。

二、传统非关税措施

非关税措施种类繁多，形式多样，这里主要分为传统非关税措施和新型非关税措施两大类。其中传统非关税措施主要介绍进口配额制、"自动"出口配额制、进口许可证制、外汇管制、进口押金制、歧视性政府采购和海关估价制度。

（一）进口配额制

进口配额制（Import Quotas）又称进口限额制，是指一国政府在一定时期内（如一季度、半年或一年内），对某些商品的进口数量或金额加以直接的限制，在规定时限内，配额以内的货物可以进口，超过配额则不准进口，或者征收较高的关税、附加税或罚款后才能进口。进口配额是直接限制进口的一种重要措施。主要有两种形式：

第三章 关税措施与非关税措施

1. 绝对配额

绝对配额是指在一定时期内，对某种商品的进口数量或金额规定一个最高数额，达到这个数额后，便不准进口。绝对配额又有3种形式：

（1）全球配额。全球配额，即属于世界范围的绝对配额，对来自任何国家或地区的商品一律适用，按进口商品的申请先后批给一定的额度，至总配额发放完为止，超过总配额就不准进口。全球配额并不限定进口的国别或地区，故配额公布后，进口商往往相互争夺配额。邻近的国家或地区依其优越地理因素，在竞争中居于有利地位。为了减少这种情况所带来的不足，一些国家采用了国别配额。

（2）国别配额。国别配额，即在总配额内按国别和地区分配给固定的配额，超过规定的配额便不准进口。为了区分来自不同国家或地区的商品，在进口商品时进口商必须提交原产地证明书。实行国别配额可使进口国家根据它与有关国家或地区的政治经济关系分给不同的配额。例如，1987年底，我国与美国就纺织品贸易达成协定，使我国对美纺织品成衣出口年增长率，从1988年1月1日起4年内，由19%下降到3%。

（3）进口商配额。进口商配额，即进口国把某些商品的配额直接分配到进口商。进口商按照所分得的配额进口。

2. 关税配额

关税配额（Tariff Quotas）是指对商品进口的绝对数额不加限制，而对在一定时期内，在规定的关税配额以内的进口商品，给予低税、减税或免税待遇，对超过配额的进口商品征收高关税、附加税或罚款。这种方式在实施中也有以下两种形式：

（1）优惠性关税配额。优惠性关税配额即对关税配额内进口的商品给予较大幅度的关税减让，甚至免税；超过配额的进口商品征收原来的最惠国税。欧盟在普惠制实施中所采用的关税配额就属此类。

（2）非优惠性关税配额。非优惠性关税配额即对关税配额内进口的商品征收原来正常的进口税，一般按最惠国税率征收；对超过关税配额的部分征收较高的进口附加税或罚款。

关税配额和绝对配额的明显区别在于，关税配额在超过配额后仍可进口，但代价是超过部分被征收较高的关税;绝对配额下,如果超过最高进口额度,超过部分不得进口。因此,关税配额是一种将征收关税和进口配额结合在一起的限制性进口措施。

另外,进口配额还可分为单边配额和双边配额。单边配额是进口国事先不与有关国家进行磋商而单方面确定限额;协议配额是指进口国和出口国或出口国的出口商通过协商而确定分摊的限额。采取单边配额通常会招致其他国家的不满并引起报复;相比之下,协议配额的方式则较为温和。

（二）"自动"出口配额制

"自动"出口配额制又称"自愿出口限制",简称"自限制",是20世纪60年代以来非关税措施中很流行的一种形式。"自动"出口配额制,是指出口国家或地区在进口国的要求或压力下,"自动"规定某一时期内（一般是3~5年）,该国对某些商品的出口限制,在限定的配额内自行控制出口,超过配额即禁止出口。

不同于绝对进口配额制,"自动"出口配额制是由出口国家直接控制本国商品对指定进口国家的出口。因此,两国间实行"自动"出口配额制一般是相互协商、妥协的结果,不会损害两国之间的经贸关系,同时进口国又达到了限制进口的目的。正因为如此,"自动"出口配额制是一种较流行的贸易保护措施。

（三）进口许可证制

进口许可证制（Import License System）是指进口国家规定,某些商品进口必须事先领取许可证,否则一律不准进口,是国家管制进口贸易的一种行政措施。商品进口,须事先提出申请,取得国家主管部门签发的许可证,凭证办理报关手续。进口许可证的主要内容包括:进口国别、商品名称、商品数量、金额和有效期限等。

一国对外国商品采用进口许可证制度的目的有:通过签发许可证直接干涉对外贸易,控制进口;对外实行贸易歧视,限制某些国家的商品进口;保护本国工产业;收集进口商品统计数据等。

进口许可证制度往往和进口配额制一起使用,即通过进口许可证分配进口配额。进口国预先设定某种商品的进口配额,在配额限度内根据进口商的申请签发一定数量或金额的许可证。然而,有些采用进口许可证制的国家预先不公布进

第三章 关税措施与非关税措施

口配额,颁发有关商品的进口许可证,只是在个别考虑的基础上进行。这种做法往往没有公开的标准,给正常贸易的进行造成更大的困难,起到更大的限制进口作用。

从进口许可证与进口配额的关系上看,进口许可证可分为两种:一种为有定额的进口许可证,即国家有关机构预先规定有关商品的进口配额,然后在配额的限度内,根据进口商的申请对每一笔进口货发给进口商一定数量或金额的进口许可证;另一种为无定额的进口许可证,即进口许可证不与进口配额相结合。

(四)外汇管制

外汇管制(Foreign Exchange Control)是指一国政府对国际结算和外汇买卖加以限制,以平衡国际收支和维持本国货币汇价的制度,又称外汇管理。

实行外汇管制的国家大多规定出口商必须将其出口所得外汇收入按官方汇率结售给外汇管理机构,进口商也必须向外汇管理机构申请进口用汇。除此之外,实行外汇管制的国家一般还限制外汇的自由买卖。因此对外汇实行有目的地干预,就可以直接或间接地影响进出口。

外汇管制分为数量管制和成本管制。前者是指,国家外汇管理机构对外汇买卖的数量直接进行限制和分配,通过控制外汇总量达到限制出口的目的;后者是指,国家外汇管理机构对外汇买卖实行复汇率制,利用外汇买卖成本的差异,调节进口商品结构。

(五)进口押金制

进口押金制(Advanced Deposit),又称进口存款制,在这种制度下,进口商在进口商品时,必须预先按进口金额的一定比率和规定的时间,在指定的银行无息存入一笔现金,才能进口。这种制度无疑增加了进口商的资金负担,影响了资金的正常周转,同时,由于是无息存款,利息的损失等于征收了附加税。所以,进口押金制度能够起到限制进口的作用。有些国家还规定进口方必须获得出口方所提供的一定数量的出口信贷或提高开出信用证押金等方式限制进口。例如,意大利政府从1974年5月7日~1975年3月24日,曾对400多种进口商品实行进口押金制度。它规定,凡项下商品进口,无论来自哪一个国家,进口商必须先向中央银行交纳相当于进口货值半数的现款押金,无息冻结6个月。据估计,这项措施相当于征收5%以上的进口附加税。又如,巴西政府曾经规定,进口商必须先交纳与合同金额相等的为期360天的存款才能进口。

（六）歧视性政府采购

歧视性政府采购政策（Discriminatory Government Procurement Policy），是指一国政府通过法令和政策明文规定政府机关在采购商品时必须优先购买本国货，这样实际上是歧视外国商品，对外国商品的进口起到限制作用。美国1933年开始实行的《购买美利坚合众国货法案》(《Buy American Act》)就是典型的政府采购政策。该法案规定，凡是美国联邦政府采购的货物，都应该是美国制造的，或者是用美国原料制造的。由此可见，歧视性政府采购政策实际上就是一种贸易保护。

（七）海关估价制度

海关估价制度（Customs Valuation System）是海关为了征收关税而确定进口商品价格的制度。实践中，一国海关可以通过提高进口商品的海关估价增加进口商品的关税负担，间接提高进口商品的成本。这种情况下海关估价就被用作限制进口的非关税措施。

进口商品价格的确定可以有不同的方法，海关估价以何种价格为依据，各国都有不同的规定。最通常使用的进口货物估价依据是到岸价格。有些国家则使用离岸价格、产地价格或出口价格，也有些国家使用进口地市场价格，或同时使用几种价格。作为估价依据的价格不等于是完税价格。需要根据国家的估价规定进行审查和调整后才能规定为完税价格。由于各国海关估价规定的内容不一，有些国家可以利用估价提高进口关税，形成税率以外的限制进口的非关税壁垒。因此，国际上要求有一个统一的估价规定，并为此作了很大努力。目前，国际性的海关估价规定主要有WTO框架下的《海关估价协议》。《海关估价协议》规定，海关估价的基础应为进口商品或类似商品的实际价格，不得以本国商品价格或以虚构的价格作为计征关税的依据。通过统一的海关估价规定，WTO希望可以限制各成员方将海关估价作为非关税措施的使用，促进贸易自由化发展。

三、新型非关税措施

GATT主持下的8轮自由贸易谈判以及WTO的正式建立，不但让各国关税大幅下调，而且WTO协定下的各项贸易条款的限制让传统的非关税措施的使用也越来越困难。这迫使一些国家,特别是发达国家又开始转向使用其他一些更隐蔽的技术性贸易壁垒和各种新型贸易壁垒限制进口,保护本国商品和产业。

(一)技术性贸易壁垒

技术性贸易壁垒(Technical Barriers to Trade)是指进口国以维护国家安全,保障国民健康、动植物卫生,保护生态环境等原因,通过颁布法令、条例、规定,对进口商品建立各种严格、繁杂、苛刻的技术标准、认证制度、卫生检验检疫制度等,增加进口商品的进口难度,最终达到限制外国商品进口的目的。由于这类壁垒大量的以技术面目出现,因此常常会披上合法外衣,成为当前国际贸易中最为隐蔽、最难对付的非关税壁垒。

1. 技术性贸易壁垒的主要措施

技术性贸易壁垒限制产品进口的技术措施主要有以下几种:

(1)严格繁杂的技术法规和技术标准。利用技术标准作为贸易壁垒具有非对等性和隐蔽性。在国际贸易中,发达国家常常是国际标准的制定者。它们凭借着在世界贸易中的主导地位和技术优势,率先制定游戏规则,强制推行根据其技术水平定出的技术标准,使广大经济落后国家的出口厂商望尘莫及。而且这些技术标准、技术法规常常变化,有的地方政府还有自己的特殊规定,使发展中国家的厂商要么无从知晓、无所适从,要么为了迎合其标准付出较高的成本,削弱产品的竞争力。

(2)复杂的合格评定程序。在贸易自由化渐成潮流的形势下,质量认证和合格评定对于出口竞争能力的提高和进口市场的保护作用愈益突出。目前,世界上广泛采用的质量认定标准是ISO9000系列标准。此外,美、日、欧盟等还有各自的技术标准体系。

(3)严格的包装、标签规则。为防止包装及其废弃物可能对生态环境、人类及动植物的安全构成威胁,许多国家颁布了一系列包装和标签方面的法律和法规,以保护消费者权益和生态环境。从保护环境和节约能源来看,包装制度确有积极作用,但它增加了出口商的成本,且技术要求各国不一、变化无常,往往迫使外国出口商不断变换包装,失去不少贸易机会。

2. 技术性贸易壁垒的影响和作用

在当今的国际贸易中,技术性贸易壁垒不但不可避免,反而将会长期存在,对国际贸易的影响也会越来越大。技术性贸易壁垒一方面有它的合理性,对社会的发展也将起着非常重要的作用，但是另一方面也会对国际贸易自由流动造成阻碍，不利于国际贸易长期自由发展，有统计表明当前世界贸易壁垒的80%是技术性贸易壁垒。

其积极影响在于，不断提高的技术、包装、质量标准可以促使各国不断提高本国产品的质量和卫生及安全性能，因而各国制订相关的检疫标准并严格执行是非常必要的。

而它的消极影响在于，过多、过严的技术性贸易壁垒（如各国的标准条例、技术法规、合格评定程序等）会阻碍国际贸易的自由发展，不利于世界资源的自由流通和优化配置，并且与经济全球化、贸易自由化的社会发展潮流背道而驰。这是贸易自由主义反对技术性贸易壁垒的主要依据。过多的，特别是一些不必要的技术标准要求和检测措施无疑会给国际贸易带来诸多不便，并同时提高进口商品的成本。

另外，这些技术性贸易壁垒的使用会使国际贸易利益的分配进一步向发达国家倾斜，这是因为现行的国际标准体系中，标准的制定者基本上都是发达国家，发展中国家大多是标准的被动接受者，而发达国家从它们自身利益和技术水平出发制定的标准是许多发展中国家难以达到的。所以，发达国家经常利用技术标准设置贸易壁垒，保护它们的国际贸易利益格局，继续占据国际贸易的主导地位。

（二）绿色贸易壁垒

绿色贸易壁垒是指进口国以保护自然资源、生态环境和人类健康为由而制定的一系列限制进口的措施。

1. 绿色贸易壁垒的特点

（1）名义上的合理性。绿色贸易壁垒往往是在保护世界资源、环境和人类健康的理由之下，行贸易限制之实。随着经济发展给环境带来的污染越来越严重，很多资源枯竭，环境保护、实行可持续发展成为各国关注的话题。因此，绿色贸易壁垒往往容易获得名义上的合理性。

（2）形式的合法性。绿色贸易壁垒虽然属于非关税壁垒的范畴，但其不同之处在于绝大部分的非关税壁垒不是通过公开立法来加以规定和实施的，而绿色贸易壁垒措施，和技术性贸易壁垒相同，是以一系列国际国内法律条约作为依据和基础。国际社会通过有关国际组织及国际会议先后制定了许多多边国际环保协

第三章 关税措施与非关税措施

议、规则,它们在形成国际环保习惯法以及对国际贸易造成冲击和影响方面,起着不可忽视的重要作用。

GATT第20条"例外条款",其中的(b)项和(g)项分别规定了如果一国的一项贸易措施是为了保护人类健康、动植物卫生和保护资源、环境的话,即使是歧视性措施且对国际贸易造成限制,也不违反WTO相关规则。WTO《技术性贸易壁垒协议》的"前言"中也规定了"不能阻止任何成员方按其认为合适的水平采取诸如保护人类和动植物的生命与健康以及保护环境所必需的措施"。由此可见,发达国家采取的严格的绿色贸易壁垒措施,从法律的角度看,是可以获得合法性的。

(3)保护内容的广泛性。绿色壁垒保护的内容十分广泛,它不仅涉及与资源环境保护和人类健康有关的许多商品在生产和销售方面的规定和限制,而且对那些需达到一定的安全、卫生、防污等标准的工业制成品亦产生巨大压力,因此对发展中国家的对外贸易与经济发展具有极大的挑战性。同时,由于绿色贸易壁垒保护措施具有不确定性和可塑性,因此在具体实施和操作时,也很容易被某些发达国家用来随心所欲地刁难和抵制来自发展中国家的产品。

(4)保护方式的隐蔽性。与传统的非关税壁垒措施(如进口数量与配额等)相比,绿色保护壁垒具有更多的隐蔽性。首先,它不像配额和许可证管理措施那样,明显地带有分配上的不合理性和歧视性,不容易引起贸易摩擦。其次,建立在现代科学技术基础之上的各种检验标准不仅极为严格,而且繁琐复杂,使出口国难以应付和适应。例如,1995年4月国际标准化组织开展实施"国际环境监察标准制度",许多国家利用此标准限制和拒绝某些产品。

2. 绿色贸易壁垒的主要措施

使用绿色贸易壁垒的国家一般通过颁布各种环保法规标准、绿色标志等制度安排,限制进口,保护国内产业。

(1)环境附加税。环境附加税是发达国家保护环境、限制进口最早采用的手段,即对一些污染环境、影响生态的进口产品征收进口附加税,或者限制、禁止进口,甚至实行贸易制裁。例如美国对原油和某些进口石油化工制品课征的进口附加税的税率比国内同类产品高出3.5美分/桶。一个著名的案例便是1994年,美国环保署规定在美国九大城市出售的汽油中含有的硫、苯等有害物质必须低于一定水平,国内生产商可逐步达到有关标准,而进口汽油必须在1995年1月1

日生效起立即达到，否则禁止进口。

（2）绿色环境标志制度。绿色环境标志制度是由政府部门或公共、私人团体依据一定的环境标准颁发的图形标签，印制或粘贴在合格的商品及包装上，用以表明该产品不仅质量、功能符合要求，而且从生产到使用以及处理全过程都符合环境保护要求，对环境和人类健康无害或危害极少，有利于资源的再生产和利用。取得了环境标志意味着取得了进入实施环境标志制度国家市场的"通行证"。但由于认证程序复杂、手续繁琐、标准严格，增加了外国厂商的生产成本和交易成本，成为其他国家产品进入一国市场的环境壁垒。自德国于1978年第一个实施环境标志制度"蓝天使"计划以来，环境标志制度发展极为迅速，目前世界上已有50多个国家和地区实施这一制度，如加拿大的"环境选择方案"、日本的"生态标志"、欧盟的"欧洲环境标志"等。

（3）产品加工标准制度。产品标准是指针对有形产品在使用时能成功满足用户需要程度标准下作出的强制性规范。发达国家往往拥有较高的技术水平，而以环境保护为目的的环保技术标准都是根据本国的生产和技术水平制定的，但靠发展中国家的技术力量很难达到这些严格的环保标准，这就导致了发展中国家的产品被排斥在发达国家市场之外。

20世纪90年代以来，国际标准化组织实施《国际环境监察标准制度》，要求企业产品达到ISO9000系列质量标准体系。1995年开始又推行了ISO14000环境管理系统，要求产品从生产前到制造、销售、使用以及最后的处理都要达到规定的技术标准。而其他的国际性组织如IEC、ITU等亦在大力推行产品品质方面的统一规范。

（4）绿色包装和标签制度。绿色包装指能节约能源、减少废弃物、用后易于回收再用或再生，易于自然分解、不污染环境的包装。发达国家制定了各种法规，以规范包装材料市场。如德国于1992年公布《德国包装废弃物处理法令》，日本于1991年、1992年发布并强制推行《回收条例》、《废弃物清除条例修正案》，美国也规定了废弃物处理的各项程序。这些"绿色包装"法规有利于环境保护，但同时大大增加了出口商的成本，也为这些国家制造"绿色壁垒"提供了借口。

（5）绿色卫生检疫制度。为保护国内消费者的利益，满足对此商品健康、安全等隐性需求，各国海关、商检机构都制定了不同的卫生检疫制度，对进口商品的品质进行检测和鉴定。发达国家往往把海关的卫生检疫制度作为控制从发展中

第三章　关税措施与非关税措施

国家进口的重要工具。它们对食品、药品的卫生指标十分敏感,如食品的安全卫生指标、农药残留、放射性残留、重金属含量、细菌含量等指标的要求极为苛刻。

（6）绿色补贴制度。为了保护环境和资源,各国政府采取干预政策,将环境和资源成本内在化。发达国家将严重污染的产业转移到发展中国家以降低环境成本,造成发展中国家环境成本上升。而发展中国家的企业大多无力承担环境治理的费用,政府有时不得不给予一定的环境补贴。按WTO修改后的国际补贴与反补贴规则,这类补贴属于不可申诉补贴范围,因而为越来越多的国家所采用。

WTO法规中对技术性贸易壁垒的规定

WTO关于技术性贸易壁垒的文件有两个:《技术性贸易壁垒协定》(TBT协定)和《实施卫生与动植物卫生措施协定》(SPS协定)。

TBT协定对国际贸易中进口商品的技术标准、认证制度、标准及合格评定程序等问题作出了明确规定。而SPS协定则是针对进出口商品中和动植物检验检疫有关的内容,涉及人类、动物和植物健康和安全,涵盖动物卫生、植物卫生和食品安全3个领域。

TBT协定和SPS协定分别规定了一国制定技术性贸易措施和SPS措施需要满足的要求。通过这两个协定,WTO希望可以规范各国技术性贸易措施和SPS措施的使用,一方面保障各成员方出于保护环境、健康、资源等正当目的制定的技术性贸易措施和SPS措施的权利,另一方面通过统一的法律规定约束各成员方试图以这些正当理由为幌子,实为限制进口,影响国际贸易自由流动的做法。

本章小结

在国际贸易中,关税是各国普遍采用的重要贸易政策工具或措施。进口税根据其征税形式可分为从价税、从量税、混合税和选择税。海关征税的依据是关税税则。

在关贸总协定成立后成功的运作下,各国的关税措施都受到了不同程度的限制,特别是其缔约方。在WTO中,关税的基本原则有两项:一是关税的非歧视性;二是鼓励成员降低关税。WTO并不禁止对国内产业进行保护,但鼓励以关税作为主要手段。经过GATT8轮的关税减让谈判,各国关税都有大幅下降。

随着经济全球化和贸易自由化的推进,各国在乌拉圭回合谈判中承诺进一步降低关税,这迫使各国为了维护本国的贸易利益,在逐步取消明显有违WTO精神的一些传统的非关税壁垒的同时又不断推出更为隐蔽的技术性贸易壁垒,而且名目繁多,要求越来越苛刻,主要分为传统的非关税措施和新型非关税措施两大类,其中进口配额制、进口许可证制、外汇管制、海关估价制度等措施都是传统的非关税措施。新型非关税措施主要有技术性关税壁垒和绿色贸易壁垒。

与传统的非关税措施相比较,技术性贸易措施和绿色贸易措施更具有隐蔽性和有效性,因为WTO认可一国在其认为适当的范围内可采取必要的措施保护环境、资源等,只要这些措施出于正当的目的,不会在具有同等条件的国家之间造成任何不合理的歧视。这意味着技术性贸易壁垒和绿色贸易壁垒的建立具有很大的合法性。

本章思考题

1. 什么是关税税则?有哪几类?
2. 普惠制关税的基本原则是什么?
3. 征收关税的依据和方法有哪些?
4. 从量税和从价税的区别在哪?
5. 进口配额制的含义是什么?它对国际贸易的影响是什么?
6. 汇率政策为什么也可以被用作非关税壁垒限制外国商品的进口?
7. 可以被用作新型贸易壁垒的技术性贸易措施和绿色贸易措施的含义是什么?为什么说它们有合法性的一面,却又是贸易壁垒?
8. 反倾销税和反补贴税是关税中的哪一类?

本章参考文献

1. 胡昭玲:《国际贸易:理论与政策》,清华大学出版社2010年版。
2. 黄静波:《国际贸易理论与政策》,清华大学出版社2009年版。
3. 薛敬孝等主编:《国际经济学》,高等教育出版社2000年版。
4. 袁志刚、宋京:《国际经济学》,高等教育出版社2000年版。
5. 朱立南:《国际贸易政策学》,中国人民大学出版社1996年版。
6. 张二震、马野青:《国际贸易学》,南京大学出版社2008年版。

第四章　区域经济一体化与国际贸易

本章学习目标

1. 了解：区域经济一体化的现状和趋势。
2. 熟悉：关税同盟理论。
3. 掌握：区域经济一体化的概念、类型。

本章核心概念

区域经济一体化　优先贸易安排　自由贸易区　关税同盟　共同市场　经济同盟　完全的经济一体化　贸易创造　贸易转移　关税同盟理论

第一节　区域经济一体化概述

一、区域经济一体化的含义

（一）区域经济一体化

区域"经济一体化"（Economic Integration），是指地理或经济制度上比较接近的两个或两个以上的国家、地区，通过签订双边、多边国际协定，共同制定和执行统一的经济贸易政策，建立起超国家的管理机构，促使货物、服务要素在一定区域内自由流动并有效配置，进而达到市场开放、统一以及经济政策相协调的经济过程。

区域经济一体化的定义，最早由荷兰经济学家丁伯根在1954年提出，他认为:"经济一体化就是消除有关阻碍经济有效运行的认为因素,通过相互协调统一,创造最适宜的国际经济结构。"近几十年来,区域经济一体化大潮汹涌澎湃,滚滚而来。区域经济一体化往往通过条约的形式组成经济联合,并要求参加经济一体化的国家让渡部分国家主权,由一体化组织共同行使这一部分主权,实行经济的国际干预和调节。经济一体化通常是以地区经济合作作为其核心内容,逐步扩展到其他领域。因此,区域经济一体化不同于一般的双边或多边协定下进行的国际经济合作。

（二）区域经济一体化和WTO

作为世界经济领域的一种新现象,"经济一体化"和WTO所推行的"世界经济一体化"的主张相伴相生,既对立又统一。典型的区域经济一体化组织首先在相邻、相近的国家或地区建立起来,然后不断向外扩展。由此,"区域经济一体化"形成了一个具有排他性的区域性经济集团。在区域经济一体化集团内部,加入国享受各种优惠待遇和经济上的便利。然而,从世界经济整体上看,这种局限于内部的优惠待遇,具有对外排斥性,是贸易保护主义的一种新的综合表现形式,不利于生产资料、资源等在世界范围内的自由流动,会加剧世界经济的不稳定。从这一点来看,"区域经济一体化"是对WTO所倡导的"世界经济一体化"的一种倒退。但是,从另一方面来看,"区域经济一体化"和"世界经济一体化"又是统一的。两者均着眼于开放市场,取消贸易壁垒,提倡自由贸易。而且由于地区邻国之间利益共同点比较多,谈判成本较低,行动机制更加灵活而加速自由贸易进程的步伐。随着商品、劳务、资金、劳动力统一大市场的出现,生产要素得以自由流动,资源配置得以改善,直接满足了企业对生产链整合和区域市场扩大的要求。因此,"区域经济一体化"在阻碍世界范围自由贸易发展的同时,通过拓展地区贸易和经济技术合作,又从另外一个角度补充和推动了自由贸易。正是因为这样,WTO并不反对"区域经济一体化",WTO在GATT（1994）第24条下面专门针对"区域经济一体化"作出了解释和要求。

二、经济一体化的形式

按照经济一体化的发展程度的高低,区域经济集团有优先贸易安排、自由贸易区、关税同盟、共同市场、经济同盟和完全的经济一体化等6种类型。

第四章　区域经济一体化与国际贸易

（一）优先贸易安排

优先贸易安排（Preferential Trade Arrangements），是指在成员国之间通过签署优先贸易协定或其他安排形式，对其全部贸易品或部分贸易品互相提供特别的关税优惠，对非成员国之间的贸易则设置较高贸易壁垒的一种区域经济安排。这是最松散的一种区域经济一体化组织形式。不过由于优先贸易安排一体化的发展程度较低，现在许多区域经济集团大多直接以自由贸易区为起点进行经济一体化。

（二）自由贸易区

自由贸易区（Free Trade Area）是指在两个或两个以上的国家或行政上独立的地区经济体之间通过达成自由贸易协议，相互取消进口关税和非关税壁垒，但对非成员方仍保留独立的贸易保护措施而形成的一种经济一体化组织。

自由贸易区是一种较为松散的区域经济一体化组织。它具有以下特点：第一，一体化组织内部成员之间相互取消商品贸易的障碍，实现自由贸易，商品自由流通，但是它严格地将这种贸易待遇限制在成员方之间，从而形成了对内自由、对外保护的差别。第二，成员经济体之间没有共同对外关税，各成员经济体均可保持独立的关税结构，并按照各自的税目和税则对非成员方商品征收进口关税。组织内部的自由贸易并不妨碍各成员经济体针对非自由贸易区成员方采取其他的贸易政策，自由贸易区成员经济体也并不按照共同的关税对非成员方商品征收进口关税。

自由贸易区内部成员方的商品可以在成员方之间自由流通，因而，在实际中很容易发生这样一种情况，即来自非自由贸易区成员方的商品从对外关税较低的成员方进入自由贸易区市场后，再转而进入关税水平较高的成员方，以规避较高关税。为了解决这一问题，在自由贸易区下"原产地原则"显得十分重要。"原产地原则"规定只有产自成员经济体内的商品才享有自由贸易及免征进口关税的待遇。一般来说，所谓原产地商品，是指商品价值的50%以上是在自由贸易区内部成员方生产的。有些区域经济一体化组织对某些敏感产品的原产地规定更加严格，要求商品价值的60%，甚至75%以上产自成员国时才符合原产地规则的规定。目前，我国正同28个国家和地区建设15个自由贸易区，已签署10个自由贸易协定，见表4-1。

表4-1 我国已经签订的和正在谈判的自由贸易区协定

我国已经签订的自由贸易区	东盟、巴基斯坦、智利、新西兰、秘鲁、新加坡、亚太贸易协定、哥斯达黎加、瑞士、冰岛、大陆与台湾的海峡两岸经济合作框架协议、内地与港澳更紧密经贸关系安排
我国正在谈判的自由贸易区	海合会、澳大利亚、挪威、日本、韩国

资料来源：中国自由贸易区服务网http://fta.mofcom.gov.cn/index.shtml。

（三）关税同盟

关税同盟（Customs Union）是指各成员国之间完全取消关税和其他壁垒，实现内部的自由贸易，建立统一的关税制度。和自由贸易区相比，关税同盟不仅相互取消进口关税，而且对同盟外的国家还设立共同的、统一的关税税率。它把区域经济一体化的进程又向前推进了一步。

关税同盟的构想最早由19世纪德国经济学家李斯特提出。最著名的关税同盟是比利时、卢森堡和荷兰组成的关税同盟。自由贸易区只是单纯地互相之间取消关税，而没有权力的让渡。关税同盟作为较高层次的区域经济一体化组织，体现在关税的制定权让渡给区域经济一体化组织。因此，关税同盟对成员经济体的约束力比自由贸易区大，已具有一定的超国家性质。

从经济一体化的角度看，关税同盟也具有某种局限性。随着成员国之间相互取消关税，各成员国的市场将完全暴露在其他成员国厂商的竞争之下。为保护本国的某些产业，各成员国往往采取一些更加隐蔽的措施，如非关税壁垒来保护本国的厂商。尽管关税同盟成立之初已经明确规定取消非关税壁垒，然而非关税壁垒措施没有一个统一的判断标准。因此，关税同盟包含着鼓励成员国增加非关税壁垒措施的倾向。同时，关税同盟只解决了成员之间边境上的商品流动自由化问题。当某一成员国商品进入另一个成员国境内后，各种国内限制措施仍然构成了自由贸易的障碍。因此，解决这一问题的最好办法是向"共同市场"迈进。

（四）共同市场

共同市场（Common Market）是指在两个或两个以上的成员方之间，不仅完全取消了关税和非关税壁垒，建立了共同对外关税，实现了自由贸易，而且还实现了服务、资本和劳动力等生产要素的自由流动，甚至企业主可以享有投资开厂办企业的自由。

共同市场的最典型的例子是20世纪70年代的欧盟,它于1957年由联邦德国、法国、意大利、比利时、荷兰、卢森堡等6国倡导下经过十几年的努力才得以形成。

作为比自由贸易区和关税同盟更高一级的区域经济一体化形式,共同市场的主要特点是成员国之间不仅实现了商品的自由流动,还实现了生产要素和服务的自由流动。

共同市场的建立需要成员国让渡多方面的权力,包括进口关税的制定权、非关税壁垒,特别是技术标准的制定权、国内间接税税率的调整权、干预资本流动权,等等。这些权力的让渡表明一国政府干预经济的权力在削弱,而区域经济一体化组织干预经济的权力在增强。然而,由于各成员国经济有差别,统一的干预政策往往难以奏效,超国家的一体化组织的干预能力也是有限的,因而成员方之间生产要素自由流动的中介——货币的统一就显得尤为必要了。

(五)经济同盟

经济联盟(Economic Union)是指在成员方之间不但废除了贸易壁垒,建立了统一的对外贸易政策进口关税制度,实现了商品、生产要素的自由流动,而且在协调的基础上,各成员方还制定和执行了许多共同的经济政策,并建立相应的机构(例如统一的中央银行),从而将一体化的程度从商品交换扩展到生产、分配乃至整个国民经济的一种区域经济组织。

经济联盟的主要特征是成员方之间在形成共同市场的基础上,进一步协调它们之间的财政政策、货币政策和汇率政策,一些超国家的机构开始出现并行使职能。由于货币往往与财政政策、货币政策和汇率政策等宏观政策密切交织在一起,当这些政策的协调达到一定的程度,以致需要建立成员共同使用的货币或统一货币时,这时经济联盟又称为经济货币联盟。

经济联盟与共同市场最大的区别是各成员方必须把许多经济主权移交给超国家的机构统一管理,这意味着各成员方不仅让渡了建立共同市场所需让渡的权力,更重要的是成员国让渡了使用宏观经济政策干预本国经济运行的权力,而且成员国不仅让渡了干预内部经济的财政和货币政策、保持内部平衡的权力,也让渡了干预外部经济经济的汇率的汇率政策、维持外部平稳的权力。

（六）完全的经济一体化

完全的经济一体化（Compelete Economic Integration）是经济一体化的最终和最高阶段。完全经济一体化让成员方在实现了经济联盟的基础上，进一步实现经济制度、政治制度和法律制度等方面的协调，乃至形成统一的经济体的一体化组织形式。完全的经济一体化是形成一个类似于国家的经济一体化组织。就其过程而言是逐步实现经济及其他方面制度的一体化。

自由贸易区、关税同盟、共同市场、经济联盟和完全的经济一体化反映了经济一体化的逐渐深入，根据它们让渡国家主权程度的不同，一体化组织也从低级向高级排列，但是并不意味经济一体化必然从低一级的经济一体化组织向高一级经济一体化组织升级。每个阶段采用什么程度的经济一体化取决于经济发展的情况和各成员方希望实现的经济一体化程度的目标。区域经济一体化组织的特征见表4-2。

表4-2 区域经济一体化组织特征

合作特征	优惠贸易安排	自由贸易区	关税同盟	共同市场	经济同盟	完全经济一体化
全部取消关税	否	是	是	是	是	是
设立共同壁垒	否	否	是	是	是	是
不限制要素流动	否	否	否	是	是	是
统一经济政策	否	否	否	否	是	是
统一政治政策	否	否	否	否	否	是

资料来源： 裴长洪：《国际贸易学》，中国社会科学出版社2007年版，第238页。

第二节 区域经济一体化的现状和发展趋势

一、欧洲经济一体化

欧洲的一体化进程主要经历了三个阶段：荷卢比三国经济联盟、欧洲共同

第四章 区域经济一体化与国际贸易

体、欧盟。1944年9月,比利时、荷兰、卢森堡等3国签订《伦敦关税协定》,并于1948年1月正式成立了"比荷卢关税同盟"(Benelux Uion),这是第一个现代意义上的区域经济集团,也直接推动了第一次区域一体化浪潮的兴起。

1951年4月,法国、联邦德国、意大利、比利时、荷兰和卢森堡等6国在巴黎签署《煤钢联营条约》,以防止战火刚刚熄灭的欧洲成员国利用煤钢等战略资源重整军备,从而起到安定人心、实现地区共同繁荣的作用。1952年7月"欧洲煤钢共同体"正式成立。为加快原子能等新兴技术和产业的发展,摆脱对美国经济的严重依赖,大力发展区域内贸易自由化和经济技术合作,1957年3月,6国外长会集罗马,签署了《欧洲经济共同体条约》和《欧洲原子能条约》(统称为《罗马条约》),标志着人类历史上最成功、一体化程度最高、规模最大的区域经济集团正式登上了历史舞台。1958年1月1日,"欧洲经济共同体"和"原子能共同体"正式成立。1967年6国又在布鲁塞尔将上述3个条约合并,宣布"欧洲共同市场"开始启动。

20世纪六七十年代关税同盟的建立和共同农业政策、共同财政政策的成功实施使欧共体完成了第一次扩大,1973年随着英国、爱尔兰和丹麦的加入,欧共体从6国扩充为9国,经济实力实现了"赶美超苏",影响力大为增强。1979年欧共体创建了欧洲货币体系和"欧洲货币单位",开始了旨在货币合作的"经济及货币联盟"进程。1985年6月,欧共体理事会通过了《关于完善内部市场的白皮书》,进而又在1986年2月签署了《单一欧洲法案》,对《罗马条约》进行了一次重大的修正和补充,以法律的形式明确了"单一欧洲"的目标。

1989年,欧共体通过了旨在建立欧洲中央银行,发行单一货币的《德洛尔报告》。1991年12月又在此基础上签订了《马斯特里赫特条约》,计划分3个阶段建设经济货币与政治联盟。1993年11月《马约》生效,欧共体正式易名为"欧洲联盟"(EU)。1995年欧盟又吸收奥地利、芬兰、瑞典等3国入盟,使欧盟成员国扩大到15个,欧盟发展成为面积达324万平方公里、人口超过3.7亿、国内生产总值达78 039亿美元(1995年数字)的强大的区域经济集团。1999年1月,欧元的正式启动标志着欧洲经济一体化走向最高阶段,也标志着国际货币格局发生了根本性变化。单一货币的实施在大大简化欧盟成员国的货币流通手续,降低企业成本,增强企业实力,防范和化解金融风险的同时,也促进了成员国间经济、政治和社会政策的进一步协调和趋同。

2002年11月18日,欧盟15国外长会议决定邀请塞浦路斯、匈牙利、捷克、爱沙尼亚、拉脱维亚、立陶宛、马耳他、波兰、斯洛伐克和斯洛文尼亚等10个中东欧国家入盟。2003年4月16日,在希腊首都雅典举行的欧盟首脑会议上,上述10国正式签署入盟协议。2004年5月1日,这10个国家正式成为欧盟的成员国。这是欧盟历史上的第五次扩大,也是规模最大的一次扩大。2007年1月,罗马尼亚和保加利亚两国加入欧盟,欧盟经历了第6次扩大。2013年7月1日,克罗地亚成为欧盟第28个成员国。欧盟成为一个涵盖28个国家、总人口超过4.8亿的当今世界上经济实力最强、一体化程度最高的国家联合体。

二、北美经济一体化

北美自由贸易区(North American Free Trade Area, NAFTA)由美国、加拿大和墨西哥等3国组成。3国于1992年8月12日就《北美自由贸易协定》达成一致意见,并于同年12月17日由3国领导人分别在各自国家正式签署。1994年1月1日,协定正式生效,北美自由贸易区宣布成立。

1985年3月,加拿大总理马尔罗尼在与美国总统里根会晤时,首次正式提出美、加两国加强经济合作、实行自由贸易的主张。由于两国经济发展水平及文化、生活习俗相近,交通运输便利,经济上的互相依赖程度很高,所以自1986年5月开始经过一年多的协商与谈判于1987年10月达成了协议,次年1月2日,双方正式签署了《美加自由贸易协定》。经美国国会和加拿大联邦议会批准,该协定于1989年1月生效。《美加自由贸易协定》规定在10年内逐步取消商品进口(包括农产品)关税和非关税壁垒,取消对服务业的关税限制和汽车进出口的管制,开展公平、自由的能源贸易。在投资方面两国将提供国民待遇,并建立一套共同监督的有效程序和解决相互间贸易纠纷的机制。另外,为防止转口逃税,还确定了原产地原则。美、加自由贸易区是一种类似于共同市场的区域经济一体化组织,标志着北美自由贸易区的萌芽。

由于区域经济一体化的蓬勃发展和《美加自由贸易协定》的签署,墨西哥开始把与美国开展自由贸易区谈判的议题列上了议事日程。1986年8月两国领导人提出双边的框架协定计划,并于1987年11月签订了一项有关磋商两国间贸易和

第四章 区域经济一体化与国际贸易

投资的框架原则和程序的协议。在此基础上,两国进行多次谈判,于1990年7月正式达成了《美墨贸易与投资协定》(也称《"谅解"协议》)。同年9月,加拿大宣布将参与谈判。1991年6月,美加墨3国开始就建立自由贸易区的市场准入、贸易规范、劳务投资、知识产权和纠纷等6项关键性议题举行谈判,并于1992年8月确定北美自由贸易区协定文本,同年底,3国首脑分别签署了《北美自由贸易区协议》。经三方议会批准后,1994年1月,"北美自由贸易区"(NAFTA)宣告成立。

成立之初,它就拥有3.6亿消费者,其国民生产总值总计超过6万亿美元。可以说,北美自由贸易区是一个雄心勃勃的计划,它力图以自由贸易为理论基础,以自由贸易区的形式来实现贸易、投资等方面的全面自由化,进而带动整个北美地区的经济贸易发展。当时,许多国际经贸界人士视之为有史以来规模最大、措施最大胆的自由贸易区。尤其是对于墨西哥这样的发展中国家来说,加入这一协定包含了各方面的机遇和风险,对其国内政治、经济、社会等方面的影响非常深远。

北美自由贸易区是典型的南北双方为共同发展与繁荣而组建的区域经济一体化组织,南北合作和大国主导是其最显著的特征。北美自由贸易区既有经济实力强大的发达国家(如美国),也有经济发展水平较低的发展中国家,区内成员国的综合国力和市场成熟程度差距很大,经济上的互补性较强。各成员国在发挥各自比较优势的同时,通过自由的贸易和投资,推动区内产业结构的调整,促进区内发展中国家的经济发展,从而减少与发达国家的差距。十多年来,北美自由贸易区促进了地区贸易增长和增加了直接投资(FDI)、发达国家保持经济强势地位、发展中国家受益明显、合作范围不断扩大。

根据国际货币基金组织的数据,经过10年的发展,北美自由贸易区成员国之间的货物贸易额增长迅速,三边贸易额翻了一番,从1993年的3 060亿美元增长到2002年的6 210亿美元。北美自由贸易区的建立,实现优势互补:3国经济水平、文化背景、资源禀赋等各方面的差异,使得区域内经济的互补性很强,提供了更多的专业化生产和协作的机会,促进了3国整体经济的发展。

一般认为,在北美自由贸易区中,发展中国家墨西哥是最大的受益者。加入北美自由贸易区以来,墨西哥与伙伴国的贸易一直增长迅速,从1993年至2002

年，墨西哥向美国和加拿大的出口都翻了一番，变化最明显的是墨西哥在美国贸易中的比重，其出口占美全部出口的比重从9.0%上升到13.5%，进口从6.8%上升到11.6%。墨西哥与北美自由贸易区伙伴国的贸易占其总GDP的比重，从1993年的25%上升到2000年的51%。墨西哥在加入协定后，其进口关税大幅度下降，对外国金融实行全面开放，加上拥有的大量廉价劳动力，使大量外国资本流入墨西哥，FDI占国内总投资的比重从1993年的6%增长到2002年的11%，到2001年，墨西哥的年均累积FDI已达到1 119亿美元。北美自由贸易区的成功经验证明，政治、经济、贸易、文化各方面差异较大的国家也可以走到一起来组成区域性经济贸易组织，以共同推动区域经济贸易的发展。因此，可以得出一个结论，不同的经济发展水平的国家间实行区域经济一体化完全可能，也说明自由贸易区是不同经济发展水平国家实行区域经济一体化的最合适形式。这也是北美自由贸易区的最大研究意义和价值所在。

三、亚洲经济一体化

亚洲市场的一体化虽然在正式的经济、政治制度方面不如欧洲、北美完善，但是亚洲经济的贸易、投资日益紧密，中国的经济高速增长成为其发展的原动力。亚洲的区域性经济合作发展势头迅猛，经济一体化进程不断向前推进，逐渐形成了以东盟为轴心，中国、日本、韩国、印度等亚洲主要国家积极参与的泛亚洲的经济一体化进程。东盟、中国、日本、韩国的（"10+3"）合作构架很可能成为建立未来亚洲经济共同体的基础。目前的情况显示，亚洲国家的经济一体化进程将有助于跨越和修复亚洲国家和地区间存在的文化差异和"文化裂痕"，并进一步促进真正的区域性整合。亚太地区区域贸易协定的体系结构见表4-3。

表4-3 亚太地区区域贸易协定的体系结构

	双边		国家/地区集团		区域性		全球	总计
	区域内	跨区域	区域内	跨区域	区域内	跨区域		
关税同盟	0	0	0	1	1	0	0	2
FTA	17	9	0	2	0	2	0	30
自由贸易协定	25	12	2	1	4	0	0	44

第四章 区域经济一体化与国际贸易

（续表）

经济一体化协定	1	0	1	0	0	0	0	2
优惠协定	4	2	1	0	4	0	1	12
框架协定	2	3	2	5	2	0	0	14
总计	75	15	13	1	104			

资料来源：联合国亚洲及太平洋经济社会委员会（2010）《2009亚太贸易与投资报告：贸易恢复与展望》

（一）亚太经合组织

亚太经合组织开创了"开放式地区主义"先河。

1989年11月，在澳大利亚总理霍克的提议下，亚太地区12国27位外交部长和经济部长在堪培拉举行了首届"亚太经济合作组织"部长会议，标志着亚太经合组织（APEC）正式成立。目前，APEC共有21个成员国。

虽然APEC与WTO运行机制和组织形式并不一致，但APEC自成立以来，均强调APEC与WTO一致性，以推动多边自由贸易体制的发展为己任，不遗余力地推动多边贸易谈判，巩固多边贸易的成果。APEC的宗旨和目标为"相互依存，共同利益，坚持开放的多边贸易体制和减少区域贸易壁垒"。正如WTO总干事穆尔所说，APEC在很多方面是世贸组织的一个实验场所。同时APEC的实践是对传统的区域经济一体化理论的一次挑战，它所推动的"开放的地区主义"与WTO非歧视原则是一致的，凸现了经济全球化对区域经济集团的一种积极影响，并对WTO多边贸易自由化谈判的顺利举行提供了基础和保证。

当前，APEC面临着来自外部和内部的巨大挑战。从内部看，其公开论坛的特点和首脑会议的非正式性使之不能把自己变成一个贸易集团，不能用强制性措施和谈判手段来落实战略目标。同时由于APEC成员众多，幅员辽阔，成员方在社会制度、经济体制、发展程度、文化背景、宗教信仰等许多方面存在着巨大鸿沟，在亚洲金融危机的打击下，9个部门提前自由化计划遭到严重挫折。从1998年吉隆坡会议起，APEC非正式首脑会议的议题不再集中，开始出现向克服金融危机、恢复增长等多方面分散的趋势，导致各成员方单边计划始终无法有效保证集体行动计划目标的如期实现，APEC一直维持松散的非制度性状态。从外部因素看，区域主义浪潮在全球的再度复兴导致众多跨区域经济集团、次区域经济集团和双边自由贸易区的出现。

（二）东盟

东南亚国家联盟简称东盟（ASEAN），成立于1967年8月。创始国为印度尼西亚、马来西亚、菲律宾、新加坡和泰国，1984年1月文莱成为成员国，此6国称为"东盟老成员国"。越南在1995年、老挝和缅甸在1997年、柬埔寨在1999年先后加入东盟，此4国称为"东盟新成员国"。以上10国并称为东盟10国。东盟成立之初主要是基于政治和安全方面的考虑，后来逐渐转向经济合作。1992年1月，第四次东盟首脑会议通过了《新加坡宣言》、《东盟加强经济合作框架协定》和《共同有效优惠关税协定》（CEPT）3个主要文件，标志着东盟自由贸易区（EFTA）的正式成立。当时定的目标是从1993年1月1日起，在15年之内即2008年之前建成东盟自由贸易区，关税最终降至0~5%。

从1993年东盟自由贸易区进程正式启动，到2002年6个东盟老成员国初步实现区内贸易自由化，东盟自由贸易区取得了巨大的经济成就。到2003年，东盟10国实施的CEPT减税清单中99.6%的产品关税已降至0~5%，平均关税税率降至2.39%；4个新成员国CEPT减税清单中60.44%的产品关税已降至0~5%，平均关税税率降至6.22%。1993到2001年，东盟区内贸易额从824.44亿美元增至3 475.04亿美元，增长84.5%；区外贸易额从3 475.04亿美元增至5 356.4亿美元，增长54.1%；总贸易额从4 299.48亿美元增至6 877.74亿美元，约增长60%。东盟自由贸易区还在促进产业内分工与贸易，提升区内外直接投资水平方面起到了积极的推动作用，在加深区内经济合作的同时，积极地向外扩大自贸区的范围。

虽然上述目标慢于亚洲金融危机前确定的2003~2005年建成自由贸易区的进度，却高于APEC行动计划的要求。2001年7月23日，东盟外长会议通过《河内宣言》，希望缩小发展差别，加速一体化发展，稳定东盟、中国、日本、韩国的"10+3"框架。

值得注意的是，2001年11月5日中国总理朱镕基在出席文莱召开的"10+3"首脑会议时提出的10年内建立起"中国—东盟自由贸易区"（CAFTA）的倡议，得到了与会各国的积极响应。"中国—东盟自由贸易区"2000年GDP之和为2万亿美元，商品贸易额达12 300亿美元。它的诞生，不仅意味着中国这个世界上最

第四章 区域经济一体化与国际贸易

大的传统的封闭性发展中国家第一次对区域经济一体化大潮作出了正面的回应,而且将开创出一个拥有17亿人口、规模超过欧盟和北美自由贸易区的巨大市场,这必将对世界经济的健康发展产生深远的影响。

拓展阅读

回首中国—东盟自贸区十年建成路

2010年1月1日,经过10年努力,涵盖19亿人口、1 400万平方公里土地的中国—东盟自由贸易区正式建成,中国与东盟各成员国间的经济合作掀开崭新一页。中国—东盟自贸区是目前世界人口最多的自贸区,也是发展中国家间最大的自贸区。建成后,中国与东盟双方90%的商品将享受零关税待遇,中国13亿多人口与东盟地区的近6亿人口因此被联系在同一个市场中。中国—东盟自贸区是中国对外商谈的第一个自贸区,也是东盟作为整体对外商谈的第一个自贸区。

2000年11月,时任国务院总理朱镕基提出建立中国—东盟自贸区构想,得到东盟各国领导人积极响应。2001年11月,双方正式宣布将在10年内建成中国—东盟自贸区。2002年11月,中国与东盟签署《中国—东盟全面经济合作框架协议》,中国—东盟自贸区建设自此正式启动。2004年1月,自贸区建设先期成果——"早期收获计划"开始实施。根据该计划,中国与东盟在签订货物贸易协定前,先削减近600种农副产品关税,以提前享受自由贸易的好处。2004年11月,中国与东盟签订《货物贸易协议》,并于2005年7月开始相互实施全面降税。2007年1月,双方就服务贸易签署《服务贸易协议》,并于当年7月开始实施。2009年8月,双方就相互开放投资市场签署《投资协议》。至此,围绕自贸区展开的主要谈判全部完成,确保自贸区于2010年1月1日如期建成。

第三节 关税同盟理论

关税同盟是区域经济一体化中比较成熟和稳定的一种形式,它对内实行贸

---

① 中国—东盟商务理事会中方秘书处,http://www.china-aseanbusiness.org.cn/2010/1.htm.

易自由化,对外筑起统一的贸易壁垒,充分显示出贸易集团的内外有别的性质。关税同盟理论是以贸易创造效应和贸易转移效应来说明贸易集团的主要经济影响的。其理论渊源可上溯到19世纪德国李斯特的保护贸易理论,因为关税同盟实质上是集体保护贸易。系统提出关税同盟理论的主要有美国普林斯顿大学经济学教授范纳(JaCob Viner)和李普西(K.G.LipSey)。1950年,范纳在其名著《关税同盟问题》一书中鲜明地提出:关税同盟的经济效应在于贸易转移(Trade Diversion)和贸易创造(Trade Creation)所取得的实际效果,关税同盟理论应主要研究关税同盟形成后,关税体制的变更即对内取消关税,对外设置共同关税的问题及国际贸易的静态和动态效果。

一、关税同盟的静态效应

关税同盟的静态效应主要是指贸易创造效应、贸易转移效应。

(一)贸易创造效应

贸易创造效应是指缔结关税同盟后,产品从成本较高的本国生产转向由成本较低的成员国生产,同时其他成员国成本较高的产品可能转向由本国提供,由此达到成本节约和规模经济;产品从国内成本较高的企业生产转往成本较低的成员国生产,从而使进口增加,新的贸易得以"创造"。其效果是:① 由于取消关税,每一成员国由原来生产并消费本国的高成本、高价格产品,转向购买其他成员国的低成本、低价格产品,从而使消费者节省开支,提高福利。② 提高生产效率,降低生产成本。从每一成员国看,扩大的贸易取代了本国的低效率生产;从同盟整体看,生产从高成本的地方转向低成本的地方,同盟内部的资源得以重新优化配置,提高了要素的利用效率。

同时,在关税同盟缔结之前,各国对来自境外的商品征收较高的关税以限制其进口,这样就过度地保护了以较高成本生产的国内企业和产品,导致既不能提高生产要素的产出率,又损害了消费者利益。建立关税同盟后,由于在成员国之间取消了关税,使部分原属本国企业以较高成本生产的产品转向同盟内以较低成本生产的其他成员国的产品,这样不仅进出口双方国家都可以重新优化配置资源,提高生产要素的产出率,而且进口国家的消费者可以购买到价廉物美的商品,由于降价还可以扩大消费量,为此出口国家可以扩大出口,增加国民收入。

第四章　区域经济一体化与国际贸易

因此说，贸易创造效应从生产（重新优化配置资源，提高生产要素的产出率）与消费（购买价廉物美的商品和扩大消费量）两方面提高了福利水平。

关税同盟的贸易创造效应及其福利效应的大小主要取决于以下因素：① 原有的关税水平越高，关税同盟使进口商品价格下降的幅度就越快，从而它扩大贸易量的作用便越大。② 该国供给和需求弹性越大，同等量的削减关税对供给量和需求量的影响就越大，即它对扩大贸易量的作用便越大。③ 其他成员方的生产效率越高，即它的生产成本与该进口国的成本差距越大，取消关税对扩大贸易量作用便越大。④ 一国在参加贸易集团之前贸易自由化的程度越低，它参加关税同盟后贸易量的增加幅度就会越大。⑤ 成员方的经济结构越相似，关税同盟的贸易创造效应就越大，反之，如果该国与其他成员方有较大的结构差异，自己完全不生产某种进口商品，那么，取消关税只能从扩大需求量方面增加贸易量，关税同盟的贸易创造效应便会较小。

（二）贸易转移效应

贸易转移效应是指缔结关税同盟后，由于对内减免贸易壁垒对外实行保护贸易，导致某成员国从世界成本最低的国家进口转向同盟内成本最低的国家进口所造成的整个社会财富浪费和经济福利水平下降的效果。贸易转移表现为由于建立了关税同盟，成员国之间的相互贸易取代了成员国与非成员国之间的贸易，导致从外部非成员国较低成本的进口，转向从成员国较高成本的进口，发生"贸易转移"。其效果是：① 由于关税同盟，阻止从外部低成本进口，而以高成本的供给来源代替低成本的供给来源，使消费者由原来购买外部的较低价格商品转向购买成员国的较高价格商品，导致增加了开支，造成福利损失；② 从全世界的角度看，这种生产资源的重新配置导致了生产效率的降低和生产成本的提高。

由于这种转移有利于低效率生产者，资源不能有效地优化配置，结果是整个世界的福利水平都降低了。因为在关税同盟缔结之前，每一国对来自任何国家的同种产品征收同等税率的关税，因而成本最低的国家就可获得贸易机会。而建立关税同盟后，则因受关税同盟制约，需首先转由向同盟内成员进口，倘若该成员出口商品成本不是世界上最低的，则不仅同盟中的进口利益受损，而且从世界范围看，也不利于生产要素和资源的优化配置，从而产生了消极的消费效应和消极的生产效应，导致福利水平下降。

贸易转移效应及其所造成的福利损失的大小主要取决于以下因素：① 原有关税水平越低，关税同盟对非成员国的贸易歧视程度越低，由此而产生的贸易转移的可能性越小。② 成员国在关税同盟建立之前的贸易往来越密切，贸易转移的余地便越小。③ 关税同盟的成员国越多，贸易转移的可能性越小。④ 成员国与非成员国之间的成本差异越大，贸易转移带来的福利损失便越大。

二、关税同盟的动态效应

（一）增加出口效应

前文分析关税同盟的静态效应时，只讨论了一个进口国加入关税同盟前后的福利影响和变化。实际上，在现实中，一国参加关税同盟不仅能够带来一定的商品进口量的增加，还会带来出口的增加。对于一个希望参加关税同盟的成员方（特别是小国）而言，它加入的初衷往往不是关税同盟能给它带来多少进口的好处，而是看关税同盟能否增加其产品的出口市场。从动态角度来看，关税同盟将给成员方带来更多的出口机会，形成一种增加出口效应，从而带来更多的福利。

（二）规模经济效应

对那些国内市场狭小或严重依赖对外贸易的国家而言，建立关税同盟最大的动态效应是它能带来规模经济效应。关税同盟建立以后，在排斥非成员方进口的同时，也为成员方相互之间增加商品出口创造了条件。所有成员方企业可以在扩大了的区域市场内增强对非成员方企业的竞争实力，并不断扩大生产规模，降低成本，获得规模经济效益。当然必须指出的是，未加入关税同盟的小国通过向世界其他国家出口商品，也能克服国内市场狭小的缺点，取得规模经济的好处，但绝不会像加入关税同盟这样获得全方面的好处。例如，像比利时和卢森堡这样的国家，在加入欧盟之前已有许多主要工业部门的企业规模可以和美国企业的规模相比。在加入欧盟之后，各成员国生产的产品种类大为减少（因为同盟内专业化分工程度加强），同时产品单位成本降低，各国企业得到了进一步的发展和壮大。

规模经济效应的另一个好处是利用市场扩大的优势来刺激投资和应付越来越激烈的竞争。也就是说，随着关税同盟的建立，有可能刺激非成员国在关税同盟成员国内建立生产设施，以绕开强加在非成员国产品之上的歧视性贸易壁垒，这就是所谓的保税区或自由贸易区。近年来美国公司在欧洲的巨额投资,就是不愿被欧洲统一大市场这种迅速增长的市场排除在外的一种表现。

(三) 促进竞争效应

建立关税同盟第三个动态效应是促进竞争效应。美国经济学家西托夫斯基(Tibor.Scitovsky)认为,竞争的加强是影响欧共体发展的最重要因素。他认为在关税同盟形成前,各成员国多已形成了垄断的市场结构,长期以来几家企业瓜分国内市场,攫取超额利润,阻碍技术进步。建立关税同盟后,各国企业均面临其他成员同类企业的竞争,由此促进了商品流通,打破了独占,经济福利得以提高。这是因为高额关税会促进垄断,使少数大公司控制为数较多而效率低下的小生产者,他们宁愿用高价来排挤小企业而不肯提高产量。如果关税较低,大公司为了抢占有利的竞争地位,不得不增加研究与开发投入,促进技术进步。小企业也会因此进行联合和合并,降低成本提高,提高生产效率。

但是也有一些学者对此持有异议,他们认为随着区域经济一体化的发展,贸易壁垒会消除,内部市场将扩大,人们将易于获取生产的规模经济,从而产生垄断,导致经济效率和福利下降。

一般说来,区域经济集团的建立加强了市场竞争,摧毁了原来各国备受保护的市场,提高了市场的透明度,从而导致资源配置效率改善,增强了比较价格作为相对稀缺性指标的可靠性。即使在寡头垄断的市场结构下,在产品差异和规模经济存在的条件下,市场竞争也将限制或削减寻租、串谋等滥用非市场力量所带来的社会成本,并将刺激公司改组和产业结构合理化,推动先进技术的广泛使用,从而提高经济效率和增加社会福利。

(四) 刺激投资效应

建立关税同盟第四个动态效应是刺激投资效应。关税同盟成立后,成员国市场变成统一的大市场,具有如下刺激投资效应:首先,由于商品自由流通的范围得以扩大,大大加强了对成员国内部的投资者和非成员国投资者的吸引力,从而使企业增加投资,投资环境得到进一步的改善。其次,由于同行业竞争的加剧,为了提高竞争能力,厂商一方面必须扩大生产规模,增加产量,降低成本,另一方面必须增加投资,更新设备,提高装备水平,改进产品质量,并研制新产品,以改善自己的竞争地位。再次,由于研究与发展的固定成本将在更广的市场范围内加以分散，统一的大市场还会提高创新的利润率，增加投资机会并促进规模经济的实现。最后，由于竞争引起的公司改组和技术改进也将进一步提高投资的和效率。

由于关税同盟成员方减少了从盟外的进口，迫使非成员方为了避免贸易转移的消极影响，绕到成员方内部直接进行投资设厂，就地生产和销售。

但是，也有一些学者认为，关税同盟建立后，由于受贸易创造效应影响的产业会减少投资，而且外部资金投入会使成员国的投资机会减少、降低投资收益率等原因，关税同盟内部的投资不一定会增加，上述效应并不存在。

（五）资源配置效应

建立关税同盟第五个动态效应是资源配置效应。关税同盟成立后，市场趋于统一，资本、劳动力、技术等生产要素可以在成员国自由流动，提高了要素的流动性。在要素价格均等化定律的作用下，技术、劳动力和资本从边际生产力低的地区流向边际生产力高的地区，从而人尽其才，物尽其用，并增加就业机会，提高劳动者素质。资源的优化配置还能促使企业家精神在关税同盟成员方之间传播和发扬，导致管理创新和制度创新。这些都将使生产要素配置更加合理，提高要素利用率，降低要素闲置的可能性，从而实现资源的最佳配置。

本章小结

区域经济一体化已经成为世界经济的新趋势，对世界经济政治产生了多方面、多层次的影响。区域经济一体化和贸易集团已经成为当今世界经济贸易发展的新议题。

"经济一体化"是指地理或经济制度上比较接近的两个或两个以上的国家、地区，通过签订双边、多边国际协定，共同制定和执行统一的经济贸易政策，建立起超国家的管理机构，促使货物、服务要素在一定区域内自由流动并有效配置，进而达到市场开放化、统一化以及经济政策相协调的经济过程。区域经济一体化的发展形成了各种形式的区域经济集团。

按照一体化的程度，可以把经济一体化划分为6种类型：优先贸易安排、自由贸易区、关税同盟、共同市场、经济同盟和完全经济一体化。

建立关税同盟后产生的静态效应是指贸易创造效应和贸易转移效应。一般

第四章 区域经济一体化与国际贸易

来讲,贸易创造是关税同盟的主要效应,它的积极作用明显超过贸易转移的消极影响。但就其所带来的福利效应而言,不同国家的生产者和消费者并不是相同的。关税同盟的动态效应则包括增加出口效应、规模经济效应、促进竞争效应、刺激投资效应和资源配置效应。

本章思考题

1. 什么叫区域经济一体化?其发展的原因是什么?
2. 区域经济集团有哪些类型和特征?试结合世界上目前存在的几大区域经济集团的兴起与发展史,谈谈区域经济一体化将如何促进与发展世界经济一体化。
3. 何谓贸易创造效应?其福利效应的大小主要取决于哪些因素?
4. 何谓贸易转移效应?其福利效应的大小主要取决于哪些因素?
5. 关税同盟理论有哪些动态效应?
6. 从20世纪80年代起,新一轮的区域经济一体化又开始在世界范围内兴起,到目前为止,几乎所有的WTO成员都同时至少参与一项区域性的贸易协定。为什么在多边贸易体制不断发展的今天区域一体化又再度复兴?区域一体化的发展对多边贸易体制会产生什么影响?

本章参考文献

1. 陈岩:《国际一体化经济学》,商务印书馆2001年版。
2. 陈宪、应诚敏、韦金鸾:《国际贸易理论与实务》,高等教育出版社2012年版。
3. 王新奎:《国际贸易》,上海人民出版社2005年版。
4. 王秋红:《国际贸易学》,清华大学出版社2009年版。
5. 赵重秀、吕智:《国际贸易理论与政策》,北京大学出版社2009年版。
6. 张幼文:《世界经济学》,立信会计出版社1994年版。

第五章 世界贸易组织

本章学习目标

1. 了解：世界贸易组织的建立、宗旨、职能、法律地位、法律框架、组织机构。
2. 熟悉：世界贸易组织框架下货物贸易多边协定，服务贸易总协定，和贸易有关的知识产权协定以及争端解决机制。
3. 掌握：我国加入世界贸易组织的历程，对我国的深远影响，加入世界贸易组织之后我国享有的权利和应当履行的义务。

本章核心概念

关税贸易总协定　世界贸易组织　最惠国待遇　国民待遇　货物贸易多边协定　服务贸易总协定

第一节 从GATT到WTO

一、GATT

GATT（General Agreement on Tariff and Trade）全称为关税和贸易总协定，是政府间缔结的有关关税和贸易规则的多边国际协定，简称关贸总协定。GATT于1947年10月30日在日内瓦签订，并于1948年1月1日开始临时适用。

（一）GATT的产生

第二次世界大战结束之后，作为主战场的欧洲，经济遭受重创。各国为了

第五章 世界贸易组织

实现经济重建，纷纷实行贸易保护主义，以保护本国生产和就业。而战后的美国却呈现出迅速增长的态势。二战后的美国拥有西方世界1/2以上的生产能力、出口贸易的1/3和黄金储备的3/4。为了扩大世界市场份额，担当重建世界经济的领袖，美国积极倡导和推动从金融、投资、贸易3个方面重建国际经济秩序。1944年7月，在美国提议下召开了联合国货币与金融会议，分别成立了国际货币基金组织（International Monetary Fund，简称IMF）和国际复兴开发银行（International Bank of Reconstruction and Development，又称世界银行）；同时，试图组建国际贸易组织（International Trade Organization，简称ITO），以便通过相互减让关税等手段，促进国际贸易的自由化和高速增长。

1947年4月~10月，美国、英国、法国、中国等23个国家参加了在日内瓦举行的世界贸易和就业筹备委员会第二届会议，谈判草拟国际贸易组织宪章，就关税减让达成了123项双边关税减让协议。同年11月，世界贸易与就业会议在哈瓦那召开，正式通过《国际贸易组织宪章草案》，又称《哈瓦那宪章》（Havana Charter）。然而，《哈瓦那宪章》中的许多规定与一些国家的国内立法相抵触，一些参加国提出对《哈瓦那宪章》内容进行修改。修改后的《哈瓦那宪章》与美国起初追求的利益相去甚远，美国国会担心失去控制贸易的权力没有批准《哈瓦那宪章》。多方经济利益难以平衡，导致建立国际贸易组织的计划夭折。但是，参加国把国际贸易组织宪章草案中有关贸易政策的部分摘出，连同各国已达成的关税减让协议合并成一个单一的协定，即《关税与贸易总协定》（GATT）。包括中国在内的23个国家和地区签署了这份"临时适用"议定书。由于《哈瓦那宪章》未能生效，国际贸易组织夭折，因而GATT一直以临时适用的多边协定形式存在。GATT于1948年1月1日起正式生效，一直到1994年12月31日结束。

GATT是一项含有一整套多边贸易原则和规则的契约。就其条文内容看，由前言和4个部分组成，共有38个条款，9个附协定和1份"暂时适用协议书"。第一部分为第1条和第2条，规定了最惠国待遇原则和关税减让表，这也是GATT最核心的条款；第二部分包含了第3条到第23条，是GATT内容的主体部分，涵盖了各类贸易措施的规定；第三部分是第24条到35条，规定了各项程序流程；第四部分是第36条到第38条，针对发展中国家贸易问题和促进发展中国家发展制定的一些优惠政策。

拓展阅读

GATT 23个创始缔约方

GATT 23个创始缔约方是：澳大利亚、比利时、巴西、缅甸、加拿大、锡兰（今斯里兰卡）、智利、中国、古巴、捷克斯洛伐克、法国、印度、黎巴嫩、卢森堡、荷兰、新西兰、挪威、巴基斯坦、南罗得西亚（今津巴布韦）、叙利亚、南非、英国和美国。

（二）GATT的作用和局限性

1. GATT的积极作用

GATT虽然是《哈瓦那宪章》破产，作为其替代品而产生的临时性协定，没有专门的组织和权力机构，但是GATT在促进战后世界经济和国际贸易的发展中发挥了重要作用。

（1）GATT倡导下的关税减让促进了国际贸易的迅速发展。在将近半个世纪的时间里，GATT的管理范围不断扩大，正式成员不断增加，在推动各成员削减关税和非关税壁垒，逐步实现国际贸易自由化方面发挥了积极作用。在GATT的主持下，经过8轮多边贸易谈判，其缔约国的平均关税都大幅度下降，发达国家加权平均关税从1947年的35%下降到4%。另外，非关税壁垒的使用也受到一定的限制。贸易自由化让国际贸易得到了飞速发展。

（2）GATT建立了一整套国际贸易政策和措施的规章体系。GATT规定了有关国际贸易政策的各项基本规则。多边贸易谈判中达成了一系列国际贸易领域的协议，形成了一套国际贸易政策与措施的规章和法律准则。这些原则和协议对于总协定成员具有一定的约束力，在一定程度上成为各成员方制定、修改对外贸易政策和措施及从事对外贸易活动的主要法律依据。

（3）有利于缓和缔约方之间的贸易摩擦。GATT第22条和第23条规定了缔约方之间出现贸易纠纷的解决方法。虽然没有具体规定解决争端的具体程序，对缔约国也没有强制性约束力，但是GATT创立的司法性质的争端解决措施对缓和缔约方之间的贸易摩擦和争端发挥了重要作用，也为WTO争端解决机制的建立打下了坚实的基石。

（4）为发展中国家对外贸易的开展提供了一定的便利。GATT对发展中国家对外贸易的促进主要体现在两个方面：一是通过提供贸易对话的场所，让发展中国家在贸易领域的诉求得到反映。二是通过多边贸易谈判，GATT条款中增加了许多针对促进发展中国家贸易发展的优惠条款，为发展中国家维护自身利益和促进其国际贸易的发展起到了积极作用。

2. GATT的局限性

但是，由于GATT是各方谈判相互妥协产生的一个临时性协议，它在法律地位、职权范围和管辖内容方面都显现出明显的局限性。

（1）法律地位薄弱。GATT不是一个正式的国际组织，GATT临时性协议的性质致使它不能像世界银行和国际货币组织那样有着自己独立的机构组织。

（2）管理范围窄。GATT制定的贸易政策条款主要管辖国际货物贸易。20世纪80年代以来得到迅猛发展的国际服务贸易，涉及知识产权的国际贸易，与国际贸易有关的投资措施等国际贸易领域的新发展都没有在GATT中得到体现。因此，GATT的贸易政策已经不能适应这些新发展。

（3）争端解决程序约束力不足。GATT虽然提出了通过协商解决争议和司法性质的争端解决措施，但并没有形成一套具体的争端解决的程序。另外GATT争端解决措施在制度设计上也存在严重缺陷：设立解决专家组以争端双方一致同意为前提，专家组提交的裁决报告也需提交GATT理事会采用一致通过的方式通过。这导致GATT下的争端解决不仅时间拖得很长，而且最终裁决的结果往往难以通过。而且GATT下的争端解决措施对缔约方缺乏有效的约束力，使得通过的裁决也不能很好地得到执行。这些不足都大大削弱了GATT解决贸易纠纷争端的能力。

鉴于GATT自身的不足和国际贸易的新发展，在GATT生效后的40多年中，关于建立一个正式的国际经济组织来替代GATT的呼声从未中断过。世界贸易组织就是在这样的背景下诞生的。

二、WTO的成立

（一）乌拉圭回合谈判与WTO的成立

进入20世纪80年代，以政府补贴、双边数量限制、市场瓜分等非关税措施为特征的贸易保护主义重新抬头，世界贸易额出现下降现象。为了遏制贸易保护主义，避免全面的贸易战发生，力争建立一个更加开放、持久的多边贸易体制，美国、欧洲共同体、日本等共同倡导发起了新一轮多边贸易谈判。1986年9月，各缔约方和一些观察员的贸易部长们在乌拉圭同意启动这轮谈判。

谈判的主要目标：一是通过减少或取消关税、数量限制和其他非关税措施，改善市场准入条件，进一步扩大世界贸易；二是完善多边贸易体制，将更大范围的世界贸易置于统一的、有效的多边规则之下；三是强化多边贸易体制对国际经济环境变化的适应能力；四是促进国际合作，增强关税与贸易总协定同有关国际组织的联系，加强贸易政策和其他经济政策之间的协调。

"乌拉圭回合"的谈判内容包括传统议题和新议题。传统议题涉及关税、非关税措施、纺织品服装、农产品、保障条款、补贴和反补贴措施、争端解决等。新议题涉及服务贸易、与贸易有关的投资措施、与贸易有关的知识产权等。

由于乌拉圭回合谈判涉及的领域颇为广泛，几乎与《哈瓦那宪章》关于国际贸易组织的设想一致，所以建立国际贸易组织的问题引起了普遍关注。在经历了漫长的协谈磋商之后，1993年12月15日，乌拉圭回合谈判胜利结束。1994年4月15日，在摩洛哥的马拉喀什召开的关贸总协定部长会议上，乌拉圭回合谈判的各项议题的协议均获通过，签署了包括《建立世界贸易组织协议》在内的各项协议，并采取"一揽子"方式（全盘接受）加以接受。经104个参加方政府代表签署，1995年1月1日正式生效。至此，根据其中的《建立世界贸易组织协议》的规定，1995年1月1日世贸组织正式成立，1995年与关贸总协议共存一年后，遂担当起领导全球经济贸易的角色，发挥其积极作用。这标志着在国际贸易领域，终于有了一个正式的国际经济组织。

（二）WTO与GATT的关系

第一，WTO成立之后，继承了GATT的宗旨、职能、基本原则及相关规则等。GATT原先的条款经过乌拉圭回合修改和更新后，被归为WTO下有关货物贸易的协议，被称为"GATT 1994"。第二，在法律地位上，WTO与GATT临时协议的性质有实质区别。WTO是依法成立的正式国际组织。世界贸易组织成员必须给予该组织履行职能必需的权力、特权和豁免，它的工作人员和成员代表在履行WTO职责时同样享有必需的外交特权和豁免。第三，从管理范围来看，GATT的规则只适用于货物贸易，农产品、纺织品和服装贸易还长期游离在国际贸易的规则之外；而WTO协议则涵盖了货物贸易、服务贸易、与贸易有关的知识产权和与贸易有关的投资等主要领域。WTO协调与监督的范围远远大于GATT，突破了GATT仅仅调整一部分货物贸易秩序的局限性。第四，从各成员国对义务的承诺方式来看，GATT达成的一些协议只具有"诸边性"，即缔约方可以有选择地参加。而在WTO体制下，除了明确规定的几个诸边协议外，其他协议一律采用一揽子承诺的方式，增强了WTO的法律约束力。

第二节 WTO的宗旨、基本原则和法律框架

一、WTO的宗旨和职能

（一）WTO的宗旨

《关于建立世界贸易组织的协议》阐述了WTO的宗旨：WTO成员方在处理它们在贸易和经济领域的关系时，应以提高各成员方人民生活水平、保证各成员方实现充分就业、促进各成员方实际收入及其市场有效需求的稳定增长以及扩大货物和服务的生产和贸易为目的；同时应依照可持续发展的目标，考虑对世界资源的最佳利用，寻求既能保护环境，又以与它们各自在不同经济发展水平的需要和关注相一致的方式，加强为此采取的措施；需要积极努力确保发展中国家，尤其是最不发达国家在国际贸易增长中获得与其经济发展相称的份额；通过签订旨在大幅削减关税和其他贸易壁垒以及在国际贸易关系中取消这些歧视待遇的议定书和互惠安排，为这些目标作出贡献；维护GATT的基本原则和进一步完成GATT的目标，发展一个综合性的、更加有活力的、持久的多边贸易制度，包括经过修改过的GATT和它主持下达成的所有规则和协议，以及乌拉圭回合多边贸易谈判的全部成果。

WTO的宗旨不仅仅反映出它一贯主张的一系列基本原则（例如，促进贸易自由化；削减贸易壁垒，提高资源配置；考虑不同成员经济发展水平间的差异），还体现了它对合理利用资源以及争取可持续发展的倡导。

（二）WTO的职能

《关于建立世界贸易组织的协定》描述WTO的职能是：对WTO协定以及附

件中协议的贯彻与运行进行监督、管理；为多边贸易协定的实施、管理和运作提供组织保障；为成员方提供谈判场所；管理WTO的争端解决机制和管理贸易政策审议机制；负责与国际货币基金组织、世界银行及其附属机构进行合作，以便更好地协调制订全球经济政策。

二、WTO的组织机构

为了维持WTO的日常运作，WTO在瑞士日内瓦设立了总部，负责协调和安排各项事务。

（一）部长级会议

部长级会议（Ministerial Conference）是WTO的最高级别决策机构，由WTO的所有成员组成，也是各成员方最重要的谈判场所。根据《关于建立世界贸易组织的协定》，部长级会议至少每两年举行一次，对国际贸易重大问题作出决策。

（二）总理事会

总理事会（General Council）负责日常对WTO的领导与管理。会议可根据需要适时召开，同时履行《关于建立世界贸易组织的协定》所赋予的各项职能，并在部长会议休会期间代为执行各项职能。

（三）分理事会及下属委员会

总理事会下面设3个分理事会，分别负责国际贸易不同领域法规的监管。

1. 货物贸易理事会

货物贸易理事会（Council for Trade in Goods）主要负责监督GATT 1994及其附属的12个协议的执行。在该理事会之下，又分设12个委员会具体负责各项协议的执行。

2. 服务贸易理事会

服务贸易理事会（Council for Trade in Service）主要负责管理监督《服务贸易总协定》的实施。该理事会下设立3个谈判小组、1个委员会和1个工作小组。

3. 与贸易有关的知识产权理事会

与贸易有关的知识产权理事会（Council for Trade-related Aspects of Intellectual Property Rights）主要负责管理、监督世贸组织《与贸易有关的知识产权协定》的执行。

（四）各专门委员会

1. 贸易与发展委员会

贸易与发展委员会其主要职责是定期审议多边贸易协定中有利于最不发达国家的特殊条款，还设立了"最不发达国家分委员会"，并定期向总理事会报告，以便采取进一步行动。

2. 贸易与环境委员会

贸易与环境委员会是根据1994年4月15日马拉喀什部长级会议决定成立的，其主要职责是协调贸易与环境措施之间的矛盾，制定必要的规范，促进贸易的持久发展。

3. 国际收支限制委员会

国际收支限制委员会负责监督审查有关协定中涉及国际收支平衡条款以及依据这些条款而采取限制进口措施的执行情况。

4. 预算、财务与行政委员会

预算、财务与行政委员会主要负责接受总干事提交的世贸组织的年度预算和决算，提出建议供总理事会通过，起草财务条例。

5. 区域贸易协议委员会

区域贸易协议委员会负责审查所有双边、区域和诸边优惠贸易协定，并审议此类协定和区域性倡议对多边贸易体制的影响。

（五）争端解决机构和贸易政策审议机构

这两个机构都直接隶属于部长级会议或总理事会。

争端解决机构（Dispute Settlement Body）下设专家小组和上诉机构，负责处理成员方之间基于各有关协定、协议所产生的贸易争端。

贸易政策审议机构（Trade Policy Review Body），定期审议各成员方的贸易政策、法律与实践，并就此作出指导。

（六）秘书处及总干事

根据《关于建立世界贸易组织的协定》，世贸组织设立了由总干事领导的秘书处。秘书处的工作人员以及他们的职责、任职条件由总干事决定。总干事及秘书处工作人员必须具有国际性质。在履行职责时不得寻求或接受任何政府或世贸组织之外机构的指示，而且作为国际职员，他们不得做可能会对其职务产生任何不利影响的事情。各成员方亦应尊重总干事和秘书处工作的国际性质，不得影响他们履行职责。

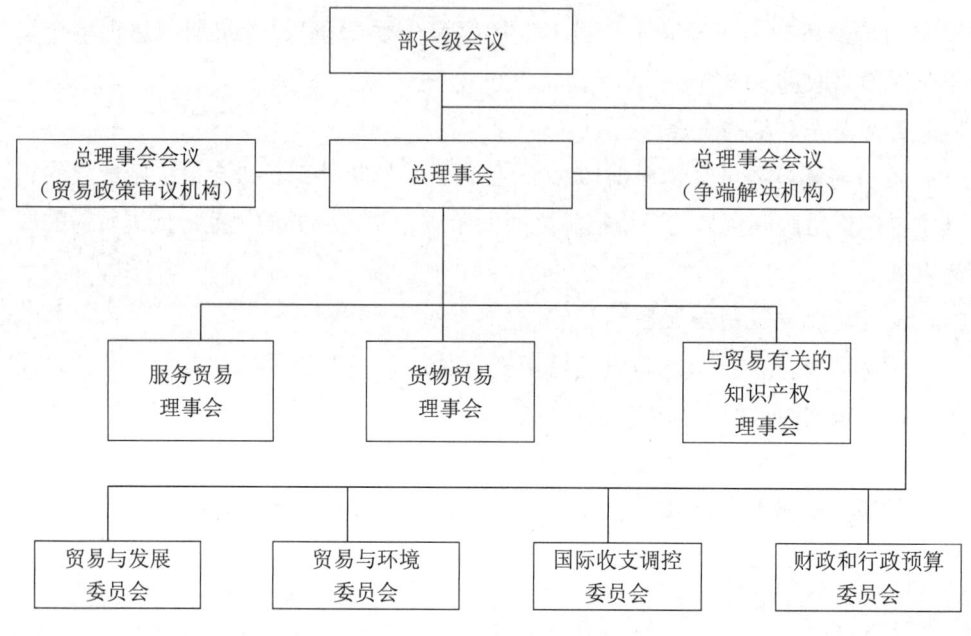

图 5-1　WTO组织机构图

三、WTO的基本原则

WTO的基本原则贯穿于乌拉圭回合谈判达成的一系列协议之中，构成了WTO法律框架的基石，制约着WTO成员方在国际贸易中的行为规范。

（一）非歧视原则（Non-discrimination Principle）

这是WTO承袭的GATT 1947最基本的原则，非歧视原则包括最惠国待遇和国民待遇。

1. 最惠国待遇

"最惠国待遇原则"（Most Favorite Nation Treatment Principle）指WTO成员方在关税和费用以及课征方法方面，在规章手续、国内税和国内费用及所有法令、条例和规定方面，任何成员国对来自或运往其他国家的产品所给予的利益、优惠、特权或豁免，应当立即无条件地给予源自或运往其他所有成员方的相同产品。

第五章 世界贸易组织

最惠国待遇既适用于边境税和国内流通费用,也适用于执行国内规章的措施,包括征收关税和国内税的水平,征收这些税费的方法和程序,与进出口有关的规章手续,影响货物销售的法律和规章要求。

2. 国民待遇原则

GATT 1994第2条中规定了"国民待遇原则"(National Treatment Principle),要求WTO成员方在一成员国的产品进入其领土时不应对该产品直接或间接征收高于对本国相同产品所直接或间接征收的国内税或者其他国内费用。在和产品的销售、推销、购买、运输、分配或使用有关的法令、条例和规定方面,所享受的待遇也不应低于本国相同产品所享受的待遇。国民待遇是为了削除国内歧视性措施对进口产品进入市场造成的各种壁垒,保证进口产品和国内同等产品可以平等竞争。

(二)贸易自由化原则

贸易自由化原则就是要限制和取消一切妨碍和阻止国际贸易顺利进行的障碍,包括法律、法规、政策和措施等。贸易自由化是通过削减关税以及取消和限制形形色色的非关税壁垒措施来实现的。贸易自由化原则又主要包括关税减让原则、互惠原则以及取消数量限制原则等。

1. 关税减让原则

关税减让的目的,是要在互惠互利的基础上降低进出口关税,尤其是降低进口关税的水平,由此促进国际贸易的发展。WTO体制下的关税减让是在两个层面上进行的。其一,在准许利用关税作为保护手段的基础上,要求各成员逐步放弃非关税措施,改用关税措施来管理商品的进出口,不断提高关税税目约束比例,从而实现"关税化"。其二,在"关税化"的基础上再通过减让谈判来降低关税税率。

2. 取消数量限制原则

数量限制措施是一种普遍的非关税措施,它通过限制外国产品的数量来保护本国产品,妨碍公平竞争。数量限制的主要形式有配额制和进口许可。

配额制是指对一定时期内某种商品的进口数量或金额规定最高限额,在规定的期限内,配额以内的货物可以进口,超过配额则不准进口(即绝对配额),或者征收更高的关税或罚款(即关税配额)后才能进口,配额可以是针对特定国家的（即国别配额），也可以是一律适用的（即全球配额）。

进口许可是指进口国规定某些商品必须事先领取许可证才能进口，否则一律不准进口。

GATT 1994第11条规定，任何成员方不得设立或维持配额、进口许可证或其他措施限制或禁止来自其他成员方生产的产品的输入，或向其他成员方输出或销售出口产品。

（三）透明度原则

WTO成员正式实施的有关货物贸易、服务贸易和知识产权的政策、法规、法令、条例以及签订的有关国际条约，包括新的变动，都必须予以正式公布，通知WTO和所有其他成员。GATT 1994第10条规定了透明度原则的具体要求：各成员方有效实施的关于海关对进出口商品的分类或估价；关于税捐和其他费用征收率；关于对进出口货物及其支付转账的规定、限制和禁止；关于影响进出口商品的销售、分配、运输、保险、检验、展览、加工、混合或使用的各种法律、规章。各成员方政府之间或政府机构之间签署的影响国际贸易政策的现行协定和条约，也应予以公布。但WTO规则也规定了透明度原则的例外条款，允许成员方对会违反公共利益的资料和某些机密不予公开。

四、WTO的法律框架

在GATT第八轮乌拉圭回合谈判中，成员方达成了一揽子协议，这些协议的核心是《关于建立世界贸易组织的协议》以及4个附件。附件1是《货物贸易多边协定》、《服务贸易总协定》和《与贸易有关的知识产权协定》；附件2是《关于争端解决规则与程序的谅解》；附件3是《贸易政策审议机制》；附件4是4个诸边贸易协定。这些协议构成了WTO法律框架的重要内容，也是WTO管理世界贸易秩序、监督各国贸易政策的法律依据（见图5-2）。

（一）《关于建立世界贸易组织的协议》

《关于建立世界贸易组织的协议》（Agreement Establishing the World Trade Organization）是WTO的基本法。它确立了WTO作为国际经济组织的法律地位，规定了WTO的宗旨、职能、组织结构、预算、决策过程、成员方资格、加入、生效等。

第五章 世界贸易组织

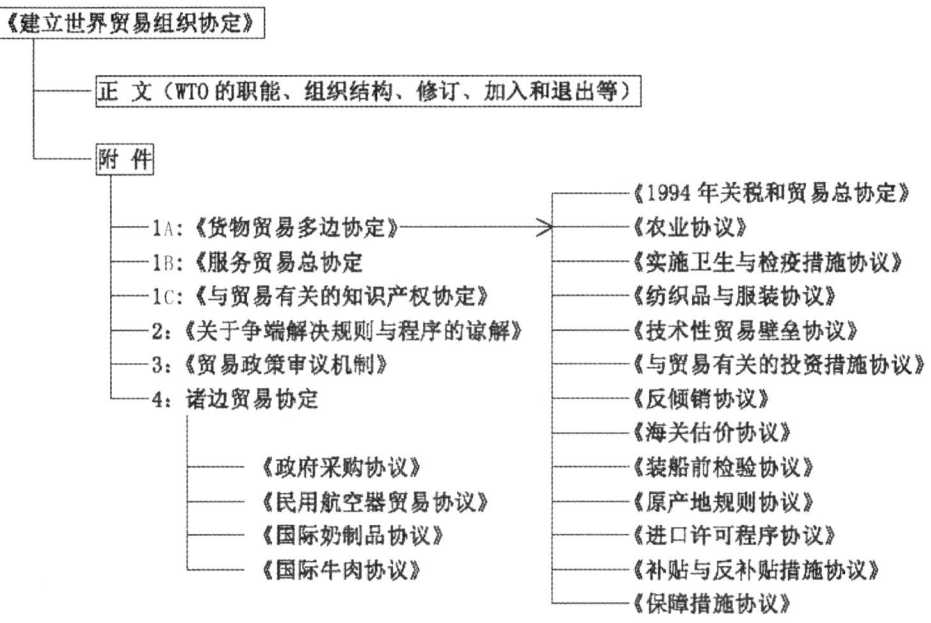

图 5-2　WTO法律框架图

（二）《货物贸易多边协定》

《货物贸易多边协定》（Multilateral Agreements on Trade in Goods）被归在附件1A中，包含下列4组协议：

1.《1994关税贸易总协定》

《1994关税贸易总协定》即GATT 1994，乌拉圭回合谈判中在GATT 1947基础上进行修改后，纳入WTO法律体系。它继承了GATT 1947的整体，还包括就有关具体条款达成的谅解。

2.《农产品协议》和《纺织品和服装协议》

《农产品协议》规范了长期游离于关贸总协定之外的农产品贸易，大幅度削减了农产品贸易的关税水平，并对农业补贴措施加以限制。《农产品协议》建立农产品自由贸易体制的措施有两点：一是将农产品的关税约束在一定的水平，并且让各成员方承诺按照一定的百分比对这些关税进行减让；二是将非关税措施关税化。协议要求成员取消数量限制和随意性许可证等非关税措施，并建立了一套规则，计算出这些措施的关税等量，然后将计算出的关税等量加到已有的固定关税上。这些关税不得随意提高。协定还要求减少补贴的使用。

《纺织品与服装协议》的主要目标是将纺织品贸易纳入WTO管辖的总体系之下，降低纺织品和服装贸易的关税以及配额管理等数量限制措施，实行贸易自由化。到2005年1月1日的10年期限到期之时，除非能依据保障措施协定项下的保障条款说明设限的合理性，任何成员都不能再对纺织品的进口实施限制。《纺织品和服装协议》有益于发展中国家的纺织品进入西方发达国家市场，促进发展中国家纺织和服装业的发展。

3.《技术性贸易壁垒协议》《实施卫生与植物措施协议》《与贸易有关的投资措施协议》《进口许可证程序协议》《海关估价协议》《装运前检验协议》《原产地规则协议》

《技术性贸易壁垒协议》规范了各成员的技术标准措施。要求成员在实行强制性产品标准时，应以科学资料和证据为基础。技术标准应是可预见的和可操作的，并尽可能与通用的国际标准保持一致，不应对国际贸易造成不必要的障碍。

《实施卫生与植物措施协议》承认各成员方有权对进出口商品采取动植物检疫措施，但这些措施应限制在保护人类、动植物的健康所必要限度之内，不应在成员之间有歧视；并且鼓励各成员在制定国内措施时以现有的国际标准为基础。协议还明确规定了危险评定和确定适当保护水平的程序，希望各成员接受其他成员相等的检疫措施。

《与贸易有关的投资措施协议》要求成员方将其与贸易有关的投资措施中容易引起贸易限制或扭曲的规定通知货物贸易理事会，并要求发达国家在2年内、发展中国家在5年内、最不发达国家在7年内取消这些规定。

《进口许可证程序协议》要求成员客观实施和公平地管理许可证制度。有关进口许可证的规定应在生效前21天通知各方，简化申请表格和手续。进口许可证程序在实施和分配中不应对进口商形成额外的限制，申请应尽快给予办理，配额分配不应具有歧视性等。

《海关估价协议》规定了海关估价的具体方法，建立了简单、公平的标准，要求各成员使国内立法与协定协调一致，确保这些规则在实际操作中保持统一性。还要求成员方的海关估价应以进口商品或类似商品的"实际价格"估价。"实际价格"是指在特定时间和地点，处于充分竞争的正常贸易条件下进口商品或类似商品的售价。

《装运前检验协议》要求进口商政府应确保所进行的检验活动遵守非歧视原则，即对外国商品的标准和程序，在待遇上不得低于本国商品；确保数量和质量的检验根据购销双方在购货合同中确定的标准进行；确保检验的透明度；将检验的内容作为商业秘密；确保检验的货物不受到不合理的延误。

《原产地规则协议》要求成员方应保证原产地规则是客观可理解的和可预见的，原产地规则本身不得对国际贸易形成限制、扭曲或破坏性影响，成员方应以连续、统一、公正和合理的原则执行其原产地规则。

4.《反倾销协议》、《补贴与反补贴协议》和《保障措施协议》

《反倾销协议》规定了反倾销的规则和程序，主要是对倾销的确定，损害的确定，国内产业的定义，反倾销的发起，随后进行调查、证据、临时措施，价格承诺，反倾销税的征收，追溯效力，反倾销税和价格承诺的期限、复审、公告和裁定的说明，司法审查，反倾销措施委员会，磋商和争端解决条款等事项。

《补贴与反补贴协议》完善了GATT 1947中有关补贴与反补贴的条款，对补贴有了明确的定义，区分了禁止的补贴、可诉讼的补贴与不可诉讼的补贴，对反补贴调查及反补贴措施的运用的程序和争议解决等作出了明确规定。

《保障措施协定》是对关贸总协定第19条实施规则的细化说明，规定了保障措施实施的条件和程序，对启动保障措施的条件，调查，严重损害或严重损害威胁的确定，保障措施的实施，临时保障措施，保障措施的期限、审议、通知，磋商、监督、争议解决等作了详细规定。

（三）《服务贸易总协定》和《与贸易有关的知识产权协定》

《服务贸易总协定》和《与贸易有关的知识产权协定》都是首次被纳入国际贸易政策的法律体系，它们分别被归在附件1B和附件1C。

1.《服务贸易总协定》

随着国际服务贸易的迅速发展，旨在建立一个服务贸易原则和规则的多边框架，以期在透明和逐步自由化的条件下扩大服务贸易。《服务贸易总协定》（General Agreement on Trade in Service，GATS）适用于各成员为促进服务贸易所采取的措施，其中也包括基于商业目的所提供服务的政府措施。

市场准入和国民待遇是GATS中最重要的条款。但与GATT不同，GATS没有将市场准入和国民待遇作为各成员方必须履行的普遍义务,而是要求各成员在平等协商的基础上按大多数成员方的市场开放程度通过谈判达成协议,根据协议在不同行业中实行不同程度的国民待遇。

2.《与贸易有关的知识产权协定》

反映了乌拉圭回合谈判中以美国为首的发达国家的利益。《与贸易有关的知识产权协定》(Trade-Related Aspects of Intellectual Property Rights,TRIPs)的主旨是要加强著作权、商标权、专利权、工业设计以及有关外观设计等知识产权的保护,减少知识产权保护不充分对国际贸易带来的消极影响。

(四)《关于争端解决规则与程序的谅解》

WTO的争端解决机制是在GATT相关条款的基础上进一步完善发展起来的。《关于争端解决规则与程序的谅解》(Dispute Settlement Understanding)归类在《关于建立世界贸易组织的协议》附件2下,是有关WTO争端解决机制的法律文件,适用于WTO所管辖的各个领域。

(五)《贸易政策审议机制》

附件3下面的《贸易政策审议机制》(Trade Policy Review Mechanism)对WTO体系下关于定期审议成员方贸易政策的程序、审查内容等作了具体的规定,为的是审议各成员方在贸易实践中的具体做法是否符合WTO的相关规则,通过公开各成员方的贸易政策,促使WTO各成员方严格遵守WTO规则,提高各成员方贸易政策的透明度。

五、世界贸易组织争端解决机制

按照WTO争端解决机制,成员之间贸易争端的解决方法有协商、斡旋、调解、调停、专家小组、上诉复审和交叉报复。

(一)协商

协商解决争端是世界贸易组织成员解决贸易争端的主要方法。争端发生后,要求协商的申请应通知争端解决机构(DSB)及有关理事会和委员会。接到协商申请的成员自收到申请之日起,10日内应作出答复,并在30日内(紧急情况下10日内)进行协商,60日内(紧急情况下20日内)解决争端。收到申请方在规定的日期内未作出答复,或未进行协商或双方未能解决争端,则申请协商一方可要求成立专家小组。

(二) 斡旋、调解和调停

在解决争端的60日期限内,进行斡旋、调解和调停,是争端双方自愿执行的程序,可由任何一方提出,随时开始,随时结束。

斡旋是由第三方为争端当事者提供有利于进行接触和谈判的条件,并提出自己的建议或转达各方意见,促使双方进行协商谈判或重开谈判,斡旋者自己不介入谈判的一种解决国际争端的方式。

调解是指当事方将争端提交由若干成员方组成的委员会,委员会在调查的基础上提出解决争端的建议,该建议不具有法律拘束力,因此,争端方没有必须接受的义务。

调停是第三方不但为争端当事方提供谈判或重开谈判的便利,而且提出作为谈判基础的条件并亲自主持谈判,提出建议,促使争端双方达成解决争端的协议。如果争端双方一致认为斡旋、调解和调停不能解决争端,则可提出设立专家组的要求。

(三) 专家组

当协商、斡旋、调解和调停均不能解决争端时,一方向DSB提交设立专家组的申请。专家小组通常由秘书处任命3名至5名在国际贸易领域有丰富知识和经验的专家,其职责是按照专家组的工作程序和严格的时限对将要处理的申诉案件的事实、法律的适用及一致性作出客观的评估,并向DSB提出调查结果报告及有关解决争端的建议。从报告提交DSB起60日内,由DSB会议通过此报告。如争端一方提出上诉,则报告不予通过。

(四) 上诉机构

当争端一方对专家组的报告持有异议并将上诉决定通知DSB,或DSB一致反对采纳专家小组的报告时,则由DSB设立的常设上诉机构处理对该案件的上诉。

常设上诉机构由广泛代表世界贸易组织成员的7名公认的,具有法律、国际贸易和专门知识的权威人士组成,任期4年。该机构不隶属于任何政府。

上诉只能由争端方提起,且上诉事由仅限于专家组报告中论及的法律问题及该小组所作的法律解释。上诉机构的报告应自上诉决定通知之日起60日内作出,特殊情况下最长不得超过90日可以确认、修改或反对专家组的调查结果和结论。如上诉机构报告被DSB采纳,则争端各方应无条件接受。

(五) 补偿和交叉报复

当专家组或上诉机构的建议或报告未被DSB采纳或执行时,在自愿的基础上,争端各方可就补偿办法达成一致协议。如在合理期限后20日内不能达成令人满意的一致,则援引争端解决程序的一方可要求DSB授权其中止履行对有关协议的减让和其他义务。除非DSB一致拒绝该项要求。

根据《谅解协议》的规定,申诉方在中止履行减让和其他义务时,应遵循以下原则和程序:原则上申诉方应中止履行与产生违反、抵消或损害的同一协议中同一部门的减让或其他义务;如不奏效,则中止履行同一协议内其他部门中的减让或其他义务;如仍不奏效,则中止其他协议中的减让或其他义务。

按照上述顺序,经DSB批准,允许进行交叉报复,除非有关协定中禁止中止履行减让和其他义务。交叉报复领域包括货物贸易、服务贸易及与贸易有关的知识产权领域。中止履行减让和其他义务的水平应与利益被损害或抵消的水平相当。

如有关成员对减让水平提出异议,或指控实施中止减让方未遵守上述原则和程序,则由原专家组或总干事指定的仲裁员进行仲裁。仲裁员裁定的事项不涉及审查被中止履行的减让和其他义务的性质,只裁定:① 减让水平是否与被抵消或损害的水平相当;② 中止履行减让义务是否遵循了上述原则和程序;③ 有关协定是否允许中止履行减让及其他义务。

(六) 仲裁

作为可供选择的解决成员之间贸易争端的另一种办法,即由争端双方达成一致的仲裁协议,直接将案件提交仲裁,并将结果通知DSB和有关协定的理事会和委员会。

第三节 WTO与中国

一、中国"复关"谈判

中国是GATT 1947的23个原始缔约方之一。新中国成立以后,由于国民党政府无法在中国大陆实施其在关贸总协定多边贸易谈判中所承诺的减让,也不愿意

第五章 世界贸易组织

将其他国家对中国作出的关税减让给大陆享受，同时，美国也不愿意新中国按国际法规定自动继承旧中国在关贸总协定的席位，因此，要求当时继续占据关贸总协定席位的台湾当局退出关贸总协定。出于以上种种原因，1950年3月6日，台湾当局照会联合国秘书长，决定退出。

新中国成立及以后的相当长一段时间，我国与关贸总协定的正式关系中断，直到实行改革开放后，我国政府才与关贸总协定开始接触。1982年11月，中国政府获得观察员身份并首次派团列席关贸总协定会议。1986年7月10日，中国政府正式提出关于恢复中国关贸总协定缔约国地位的申请，此后，中国经历了长达8年多的"复关"历程。

中国提出"复关"申请后，1987年2月13日，中国政府按规定向关贸总协定递交了《中国对外贸易制度备忘录》，并通过总协定秘书处向各缔约方提交了这份备忘录。在这份备忘录中，全面介绍了我国经济体制改革、对外开放政策、外贸体制改革、海关关税制度、商品检验制度、进出口许可证制度、外汇管理制度等。当年3月4日，关贸总协定理事会设立了中国工作组，开始进行恢复中国总协定缔约国地位的谈判，简称复关谈判。

在谈判中，我国坚持了以下3项原则：① 以恢复我国的总协定地位为前提，不存在"加入"和"重新加入"问题；② 中国愿以关税减让作为条件加入关贸总协定，而非承担具体进口义务；③ 中国是一个低收入发展中国家，应享受发展中国家待遇。

到1994年12月关贸总协定中国工作组第十九次会议，中国仍未能与其他缔约方达成复关协议。中国如能在1995年底以前完成复关谈判，中国仍将作为世界贸易组织的创始成员。然而，由于美欧等发达成员不切实际的要价，复关谈判未能在规定时间内完成。1995年12月，关贸总协定大会宣告关贸总协定结束历史使命；关贸总协定中国工作组更名为中国加入世界贸易组织工作组，恢复中国关贸总协定缔约方地位的谈判转成了加入世界贸易组织的谈判。

（二）中国"复关"谈判中的焦点问题

1. 发展中国家身份

中国人均国民生产总值世界排名一直在100名之后，属低收入国家。国际货币基金组织和世界银行都视中国为发展中国家。实际上，关贸总协定以往也是按照发展中国家来对待中国的。因而，美欧要求中国应"基本按发达国家条件入关"是中国不能接受的。

2. 对中国经济贸易制度的审查过于苛刻

美国、欧共体及其他一些工业化国家对我国的经济改革持保留态度，认为我国的外贸政策和制度的实施在全国范围内缺乏统一性；外贸体制的管理缺乏透明度；进出口贸易措施随意性大，缺乏合理性和可预见性等。

3. 对中国市场准入方面的要价过高

中国自20世纪90年代初开始大幅度削减了关税和非关税壁垒，但美欧等成员仍然坚持苛刻要价，超越了我国的承受能力，从而使复关谈判陷入僵局。

4. 美国等发达国家的复杂心态

从政治上看，由于苏联解体、东欧剧变，中国牌分量下降；从经济上看，改革开放使中国经济总规模迅速扩大，西方国家一方面担心中国在复关后更加快速地强大起来；另一方面又不愿失去中国这样一个大市场。因此，将中国长期阻挡在关贸总协定之外，并不符合它们的长远利益，但是它们又希望乘中国复关之际获得更多的"入门费"。

二、中国"入世"谈判

世界贸易组织成立后，中国于1995年6月3日成为其观察员，同年7月11日，中国正式提出加入世界贸易组织的申请。1996年3月22日，中国政府代表团赴日内瓦出席世界贸易组织中国工作组第一次会议，谈判恢复。

中国加入世界贸易组织的所有法律文件于2001年9月17日在日内瓦获得通过，中国长达15年的"复关"、"入世"谈判宣告完成。

2001年11月10日，世界贸易组织第四次部长级会议在卡塔尔首都多哈以全体协商一致的方式，审议并通过了中国加入世贸组织的决定，随后中国政府代表签署中国加入世贸组织议定书，并向世贸组织秘书处递交中国加入世贸组织批准书。30天后，即2001年12月11日，中国正式成为世界贸易组织成员。

经济全球化是大势所趋，中国加入世界贸易组织也是为了在新世纪的全球经济大潮中占据更有利的位置，掌握更坚实的主动权，获得更大的发展。

中国入世可以进一步融入国际经济社会，更好地利用国际资源和国际市场

第五章 世界贸易组织

优化资源配置，发展社会主义市场经济，推动改革进一步深化。在经济全球化进程中，只有建立起与国际通行规则相适应同时又符合本国实际情况的经济贸易管理体制，才能更好地发展本国经济，更好地开展与世界各国的经济技术合作。

三、中国加入WTO后的基本权利和义务

（一）基本权利

货物、服务和知识产权在WTO其他成员方境内享受无条件、多方、永久和稳定的最惠国待遇和国民待遇；

对大多数发达成员出口的工业品和半制成品享受普惠制待遇；

享受给予发展中成员的大多数优惠或过渡期安排；

享受WTO其他成员开放或扩大货物、服务市场准入的利益；

利用WTO的争端解决机制，公平、客观、合理地解决与其他成员的贸易摩擦，营造良好的经济贸易发展环境；

参加多边贸易体制的活动和国际贸易规则的制定；

利用WTO各项规则，保护本国产业，促进本国经济贸易发展。

（二）基本义务

在货物、服务、知识产权等方面，按照WTO规定，给予其他成员最惠国待遇和国民待遇；

按照WTO相关协议规定，逐步降低关税，规范非关税措施，逐步扩大货物、服务的市场准入程度；

根据WTO规定，进一步规范并加强知识产权保护；

根据WTO争端解决机制与其他成员公正地解决贸易摩擦，不能搞单边报复；

提高经济贸易政策、法规的透明度；

规范货物贸易中的投资措施；

按在世界出口中所占的比例交纳一定的会费。

本章小结

世界贸易组织是国际贸易领域最大的国际经济组织，涉及当今国际贸易中的货物、服务、知识产权、投资等各个领域，对世界各国的经济发展起着非常重

要的影响。世界贸易组织由关贸总协定演化来。在《关于建立世界贸易组织的协定》中，涉及了WTO的宗旨、主要职能、组织机构、法律框架和WTO的决策、加入与退出程序。

世界贸易组织的法律框架由《关于建立世界贸易组织的协定》及其4个附件组成。其是具有法人资格的国际组织；管辖范围广泛；组织体制完整统一；建立有完善的争端解决机制和贸易政策评审机制并加强了全球经济决策的协调。世界贸易组织在进行决策时，主要遵循"协商一致"原则，在无法协商一致的情况下才进行投票表决。

我国经历了"复关"与"入世"的漫长谈判进程，在2001年正式成为世界贸易组织的成员。在加入世界贸易组织后，我国依法享有世界贸易组织赋予成员方的各项权利，同时我国也应积极履行世界贸易组织规定的各项义务。

本章思考题

1. WTO的基本原则有哪些？
2. 试述WTO成立的背景，以及WTO与GATT之间的关系。
3. 简述最惠国待遇制度和国民待遇制度的含义。
4. 简述WTO的法律框架。
5. GATT 1947对国际贸易的发展有哪些促进作用？它的主要缺陷有哪些？
6. 简述WTO争端解决机制的运作程序。
7. 综述我国加入WTO后的深远意义、所享有的权利和要履行的义务。

本章参考文献

1. 石广生主编：《世界贸易组织基本知识》，人民出版社2001年版。
2. 石广生主编：《乌拉圭回合多边贸易谈判结果：法律文本》，人民出版社2002年版。
3. 石广生主编：《中国加入世界贸易组织法律文件导读》，人民出版社2001年版。
4. 张向晨：《发展中国家与WTO的政治经济关系》，法律出版社2001年版。
5. 张玉卿、李成刚：《WTO与保障措施争端》，上海人民出版社2001年版。

实务篇

第六章 国际贸易的基本流程和适用的法律

本章学习目标

1. 了解：国际贸易基本流程，了解国际贸易的3个法律层面。
2. 熟悉：国际贸易基本流程中的每个环节及具体内容，熟悉相关的国际国际贸易法律规范。
3. 掌握：国际贸易中常用的国际公约和国际惯例。

本章核心概念

国际贸易流程　合同适用法　国际贸易条约　国际惯例

第一节　国际贸易操作的基本程序

国际贸易的业务操作环节很多，各个环节之间均有密切的、内在的联系。无论是出口贸易，还是进口贸易，每一笔交易就它们的基本业务程序而言，可概括为以下几个阶段：交易前准备阶段；交易磋商和合同订立阶段；合同履行阶段；业务善后阶段，如图6-1所示。

整个国际贸易流程中出口方和进口方需要相互配合才能共同完成，也就是说在贸易流程的各个环节中出口方和进口方具有各自需要完成的任务。

图6-1 国际贸易基本流程

一、出口贸易的基本业务程序

出口贸易是将国内商品卖给国外买主,换取外汇的做法。

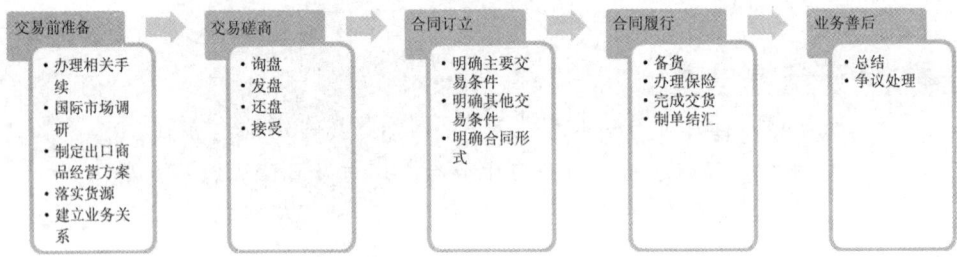

图6-2 出口贸易流程

从具体操作看,贸易基本流程中针对出口方的具体内容如图6-2所示。

(一)交易前的准备

在出口贸易中,针对国外商人和错综复杂的国际市场情况,一定要充分做好各项前期准备工作。这些准备工作主要包括:

1. 办理相关手续

办理相关手续是指出口交易前出口企业要获得进出口经营权、办理海关登记注册、办理出口许可证等相关手续。我国《对外贸易法》(2004)规定,自然人、法人和其他组织依法登记后,可以从事货物和技术的进出口贸易。未获进出口经营权或无该项商品进出口经营权的企业,如需进出口,必须委托有该商品进出口经营权的企业代理进出口。需要向海关办理报关手续的企事业单位,还应向当地海关提出书面申请,经海关审核并办理注册登记手续,才可以直接向海关办理进出境货物的报关手续。

2. 国际市场调研

国际市场调研是指出口商所进行的以国外客户的信息为中心的调查研究活

第六章 国际贸易的基本流程和适用的法律

动。国际市场调研的具体内容主要包括关于市场的调研和关于客户的调研。对商品市场的调研，主要是调查研究有关商品的供需情况及相关商品的品种、质量、包装、成本、价格、主要的供需国别（地区）及其发展状况、有关产品的销售渠道、广告宣传、计价货币和售前售后服务等。关于客户的调研，主要是调查已经或有可能经营本企业出口产品的客户或潜在客户的资信情况、经营范围、经营能力以及客户与我国贸易往来的情况等，以便于根据企业自身的特点有区别地选择和利用客户。

3. 制定出口商品经营方案

外贸企业在对国际市场调查研究的基础上，对所经营的出口商品制定的经营方案是根据国家的方针政策和本企业的经营意图针对目标市场的需求、影响市场销售的不可控的宏观因素，对该出口商品在一定时期内所作出的全面业务安排，以最有效地利用本身的人力、物力资源，趋利避害、扬长避短。

4. 落实货源

组织货源是出口交易前的必要工作。对生产企业就是要制定好出口商品的生产计划，生产适合于目前国际市场需要的产品，扩大出口货源。对专业外贸公司而言，则要制定收购计划，结合国外市场的要求，如质量、规格、花色、型号、品种、包装和需求量等要求，与国内生产企业签订购销合同。

5. 建立业务关系

根据国际市场调研的结果制定营销策略，出口方即可选定目标市场，并在目标市场上寻找潜在的进口商作为交易对象，与之建立业务关系。寻找客户主要有以下3类方法：网络搜寻法、资料分析法和利用现实平台法。

为了做到知己知彼、减少交易风险，在建立业务关系的过程中必须对客户的资金、信誉、经营商品的品种及地区范围、从业人员的人数、技术水平及拥有的业务设施、经营管理水平、提供售后服务和市场情报能力等进行综合分析，选择经营作风好、有经营能力的客户作为企业的基本客户并与之建立良好业务关系。

（二）交易磋商

外贸企业在与选定的国外客户建立业务关系以后，即可就出口交易的具体内容与对方进行实质性谈判，这就是交易磋商。磋商的内容主要是买卖货物的各种交易条件。交易磋商既可通过交换书信、数据电文（包括电报、电传、传真、EDI和电子邮件）等书面形式进行，也可以通过电话、当面谈判的口头形式进行。交易磋商一般要经过询盘、发盘、还盘、接受等环节，要达成交易、订立合同的基本程序是：一方向另一方发盘和另一方对该发盘作出接受。

（三）合同订立

按照《联合国国际货物销售合同公约》的解释，除另有约定外，国际货物买卖合同于对发盘的接受生效时即告订立，并且合同的形式可以是书面的，也可以是口头的。在实际业务中，为了明确责任，便于履行，双方当事人应该对已经达成的协议做一个确认。明确采用的合同形式，对于口头合同要特别慎重。国际贸易中大多数合同采用的是书面形式，书面合同又有一定的格式，有正式合同和简化的确认书。确定了合同形式后，买卖双方应该将交易磋商达成的交易条件按合同形式进行整理。根据《联合国国际货物销售合同公约》，合同中的交易条件有主要条件和一般条件之分，有关货物价格、付款、货物质量和数量、交货地点和时间、一方当事人对另一方当事人的赔偿责任范围或解决争端等条件，均视为实质性的条件也就是主要交易条件（《联合国国际货物销售合同公约》第19条，第3款），其他条款视为一般交易条件，所有这些条款都应在合同中得到反映，从而使交易得以完成。

（四）合同履行

合同签订后，买卖双方按合同规定在享有各自权利的同时必须承担各自的义务。在履行出口合同时，出口商必须遵循重合同、守信用的基本原则，严格按合同规定履行其应尽的义务。出口合同履行程序的繁简取决于所使用的贸易术语和付款方式等。但是，一般都需要经过以下程序：

1. 备货

备货包括组织货源（生产或采购），商检，包装；组织调运即将组织好的出口货物运往选定的出口地（港口、车站、机场、物流仓库等）；仓储保管，当货物运到出口地不能马上出运时，应妥善保管。

2. 办理保险

保险在合同履行中也是一个重要环节，站在出口方的角度，办理保险主要基于两种情况，一种是作为价格术语中的义务，另一种是转嫁自身需承担的风

第六章　国际贸易的基本流程和适用的法律

险。不管出于哪种情况，出口方都应该在需要的时候及时办理保险。

3. 完成交货

交货是出口方履行合同义务的重要内容，由于卖方的交货义务如何完成取决于合同采用的价格术语，不同价格术语规定了运输安排义务由合同的哪一方完成。所以，出口方需要根据双方采用的价格术语，自己办理运输后交货，或在买方办理运输后交货并办理好报关。

4. 制单结汇

不论采用哪种支付方式，买卖双方都要发生单据的交接，尤其是在象征性交货的情况下，卖方交单意味着交货，而买方也是凭单据付款。所以出口单据是卖方收汇的基础，也是履行合同的必要手段。进出口贸易合同签订后，在合同履行过程中的每一个环节都有相应的单据需要缮制、组合及运行。出口方在完成交货后须将认真缮制完成的单据交至银行，通过银行按不同方式向买方收款。

（五）业务善后

合同履行完毕后，出口方基本完成了合同义务。如果买方收货后，经过检验没有异议则双方合同圆满结束。但是如果合同履行过程中出现问题，特别是买方对货物提出异议，则双方就将进入争议处理阶段，一旦出口方受到索赔要求就需要根据合同相关约定认真应对。

二、进口贸易的基本业务程序

进口贸易的业务程序与出口程序基本相同，也分为交易前准备、交易磋商和合同订立、合同履行以及业务善后几个阶段（见图6-3）。但是由于在贸易中的角色不同，各阶段的某些业务内容有所不同，本节侧重介绍不同的地方。

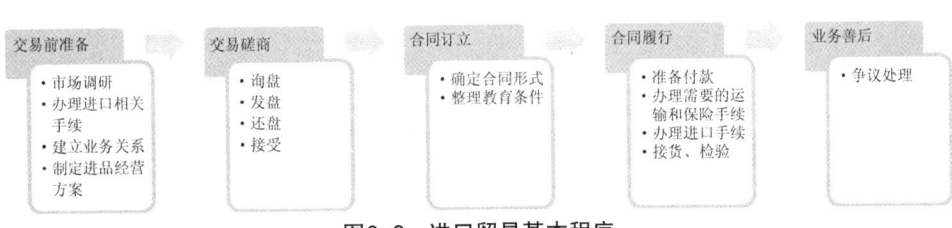

图6-3　进口贸易基本程序

（一）交易前准备

与出口商相似，进口商在准备进口商品前的准备工作是非常必要的。进口的准备工作也有具体的内容，涉及以下几个方面：

1. 市场调研

进口商在交易前对国内外市场进行充分的调研，能充分了解不同市场的情况确保进口交易的顺利进行。市场调研包括：① 国内市场调研，主要是调研国内市场上某拟进口产品的需求情况和用户信息，该产品相关的国内政策和管理规定。② 国际市场调研，主要调研供应国（地区）的政治稳定性、经济发展水平、法律环境等情况和供应商的供应能力，即其商品质量的可靠性、正常供货的可靠性、价格的可靠性、售后服务的可靠性；还有对拟购商品的国际市场价格走势及具体产品情况的调研。

2. 办理进口相关手续

在大多数国家中，进口商须办理许多必要的手续，如取得进出口经营权、办理海关注册登记手续、申请进口许可证、申请进口配额、申请外汇账户等。

3. 建立业务关系

进口商在通过各种途径从各个方面对国外供应商进行全面了解后，可从中选择最合适、成交可能性最大的客户，并与之建立业务关系。寻找潜在供应商有以下三种通用的方法：一是直接发布采购信息法；二是介绍法；三是网络搜寻法。

4. 制定进口经营方案

进口商在进行市场调研和成本核算的基础上为进口交易制定相应的经营方案和实施措施。包括交易对象的选择，进口商品品质和数量的确定，进口的时间、进口价格、支付方式及贸易方式的掌握等。

（二）交易磋商

交易磋商是在进出口双方之间进行的，需要双方共同完成。所以，进口交易磋商的方式、程序与出口交易磋商基本相同。

（三）合同订立

需要明确采用何种合同形式，口头合同或书面合同形式，书面又是哪一种格式。

（四）合同履行

进口合同的履行涉及进口商、银行、检验检疫机构、海关、运输、保险、

第六章　国际贸易的基本流程和适用的法律

有关政府机构等相关部门。

1. 准备付款

买方履行合同从准备付款开始，付款是进口商的重要义务，进口商需要准备好资金找到合适的银行，按照合同约定的付款方式办理好有关准备手续。

2. 办理需要的运输和保险手续

根据买卖双方在合同中采用的价格术语，对于需要由买方办理运输和保险的合同，买方需要及时按合同规定联系好运输工具，办理好保险，然后通知卖方按时交货。

3. 办理进口手续

卖方交货后，买方在货物到达之前需要办理好一切进口手续，等待接货。办理这些进口手续的单据在大多数支付方式下需要买方向银行付款后赎得，所以买方在银行收到卖方寄来的单据后需及时审单付款换取单据。进口商在付款赎单之后，便着手准备报关与接货。

4. 接货、检验

进口货物到达目的港后，买方就可以凭单向承运人提货了。提货后，一般根据合同约定买方有权对货物进行再检验，以决定是否接受。

（五）业务善后

进口商提货后，如果发现货物品质、数量、包装等与合同规定不符，应及时获取商品检验部门开具的商检证书、残损证明以及货物的发票、装箱单、提单副本，在合理期限内向责任方提出索赔。索赔时要根据损失的原因分清索赔的对象，依据不同情况向责任方（卖方、船方、保险方）提出赔偿，索赔时要注意提供相关证据并及时采取有关措施控制损失的扩大。

第二节　国际贸易法律规范

为保证国际贸易能够顺利进行，使国际贸易得到法律的承认与保护，国际贸易业务必须符合法律规范。但由于国际贸易的当事人一般身处不同的国家或地区，具有不同的法律和制度，因此，国际贸易所适用的法律法规有较大的不同。概括起来，国际贸易所适用的法律法规主要有：国内法、国际条约、国际贸易惯例几个层面。

一、国际贸易三大法律层面

（一）国内法

1. 国内法的概念

国内法（Domestic Law）是指由某一国家制定或认可，并在本国主权管辖内生效的法律。国内法包括宪法、民法、诉讼法等。国内法的主体一般是公民、社会组织和国家机关，国家只能在特定法律关系中成为主体。

2. 国内法与国际贸易合同

国际贸易活动需要符合法律规范，但是在国际上并没有统一的能够让各国都采纳的法律在国际贸易中起到法律依据的作用，所以在签订国际贸易合同时，想要寻找法律依据的，一般会选用某国的国内法，也叫合同适用法。

3. 合同适用法

合同适用法是指在签订贸易合同时双方当事人认同的可以作为合同法律依据的某些法律。一旦选定了贸易合同的适用法，国际贸易活动必须符合相关法律规定。合同适用法的认定包括以下几个方面：

（1）合同阐明。由于从事国际贸易的当事人处于不同的国度，各国又具有不同的法律制度，所以合同适用法的选定需要当事人双方通过平等协商来确定，并在合同中明示。

（2）按照国际私法推定。对于贸易合同中没有明确法律选择的，适用与合同有最密切关系的国家的法律。

（3）根据交易情况推断。对合同没有阐明，又没有与合同关系最密切的国家，对合同适用法可根据合同采用的文字、选定的支付货币、使用的单据、指定的仲裁地等来推断。

案例 6-1：一家设在上海的中国外贸公司与一家设在东京的日本企业在广交会上签订了一项买卖合同，贸易条件是上海港船上交货，合同未规定处理争议所

第六章 国际贸易的基本流程和适用的法律

适用的法律,在履行合同的过程中发生纠纷需要提请仲裁,试问如何认定该合同的适用法?

案例分析:

由于该合同的缔约地(广州)和履行交货的地点(上海)均在中国,按一般的国际私法规则,可以认为与该合同有最密切联系的国家是中国,应当适用中国的法律,也就是说,在一定情况下,国际货物销售合同应当符合合同选择的或根据国际私法规则适用的其一国家的国内法。

我国国内法所涉及的有关国际贸易的主要法律

(1)适用于国际货物贸易的国内法:《中华人民共和国合同法》,自1999年10月1日起施行。

(2)适用于国际货物运输与保险的国内法:《中国人民共和国海商法》,自1993年7月1日起施行。

(3)适用于国际货款收付的国内法:《中华人民共和国票据法》,自1996年1月1日起施行。

(4)适用于国际商事仲裁的国内法:《中华人民共和国仲裁法》,自1995年9月1日起施行。

(5)适用于对外贸易管理的国内法:《中华人民共和国对外贸易法》,自2004年7月1日起施行;《中华人民共和国海关法》,自1987年7月1日起施行;《中华人民共和国进出口商品检验》,自2002年10月1日起施行。

(二)国际条约

1. 国际贸易条约的含义及作用

国际贸易条约(International Trade Treaty),是两个或两个以上的国家之间、国家与国际组织之间,以及国际组织之间依据国际经济法所缔结的,以条约、公约、协定和协议等名称出现的,以调整国际贸易关系为内容的一切有法律拘束力的文件。一般地,国际贸易条约作为国际经济法的渊源,其拘束力仅以其缔约国为限。国际贸易条约可以是双边的,也可以是多边的;前者是指仅有两个缔约方的国际贸易条约,后者是指有3个或3个以上缔约方的国际贸易条约,多边条约有时又称公约。

国际条约依法缔结生效后，即对缔约各国当事方具有拘束力，必须由当事各方善意地履行。这在国际法上称为"条约必须遵守"的基本原则，即缔结条约以后，缔约国各方必须按照条约规定，行使自己的权利，履行自己的义务，不得违反。因此，国际条约是国际贸易所应遵守的重要法律之一。

2. 国际贸易条约种类

国际贸易条约按照内容不同，可分为以下几种类型：

（1）通商航海条约（Treaty of Commerce and Navigation）。通商航海条约又称友好通商条约，即狭义的贸易条约，是指全面规定缔约国之间经济、贸易关系的条约。它的内容涉及缔约国经济和贸易关系的各个方面，包括关税的征收、海关手续、船舶航行、港口的使用、双方公民与企业在对方国家所享受的待遇、知识产权的保护、进口商品征收国内税、过境、铁路、争端仲裁、移民等。

（2）贸易协定（Trade Agreement）。贸易协定是缔约国间为调整和发展相互间经济贸易关系而签订的书面协议。与贸易条约相比，所涉及的面相对较窄，贸易协定的内容通常包括：贸易额、双方出口货单、作价办法、使用的货币、支付方式、关税优惠等。

（3）贸易议定书（Trade Protocol）。贸易议定书是缔约国就发展贸易关系中某项具体问题所达成的书面协议。这种议定书往往是作为贸易协定的补充、解释或修改而签订的，内容较为简单，用来规定有关贸易方面的专门技术问题或个别贸易协定中的某些条款，有时也用来规定延长贸易条约或协定的有效期。在签订长期贸易协定时，关于年度贸易的具体事项，往往通过议定书的方式加以规定。

（4）支付协定（Payment Agreement）。支付协定大多为双边协定，是规定两国间关于贸易和其他方面债权债务结算方法的书面协议。其主要内容包括：清算机构的确定、清算账户的设立、清算项目与范围、清算货币、清算办法、差额结算办法等。

（5）国际商品协定（International Commodity Agreement）。国际商品协定是某项商品的主要生产国（出口国）和消费国（进口国）就该项商品的购销、价格等问题，经过协商达成的政府间多边协定。其主要目的在于稳定该项商品的价格和供销，消除短期和中期的价格波动。

第六章 国际贸易的基本流程和适用的法律

3. 主要国际贸易条约

（1）关于国际货物买卖。《联合国国际货物销售合同公约》（维也纳，1980年）。

（2）关于国际货物运输。《统一提单的若干法律规则的国际公约》（海牙规则，1924年），《有关修改统一提单若干法律规则的国际公约议定书》（维斯比规则，1968年），《联合国海上货物运输公约》（汉堡规则，1978年），《修改华沙公约的议定书》（海牙议定书，1955年），《铁路货物运输国际公约》（国际货约，1970年），《国际铁路货物运输协定》（国际货协，1951年），《联合国国际多式联运公约》（1980年）。

（3）关于国际支付。《汇票、本票统一公约》（日内瓦，1930年），《统一支票法公约》（日内瓦，1931年）。《联合国国际汇票与国际本票公约》（日内瓦，1988年）。

（4）关于贸易争端解决。《关于承认和执行外国仲裁裁决的公约》（纽约，1958年），《关于争端解决规则和程序的谅解》（马拉喀什，1994年）。

（5）关于知识产权。《保护工业产权的巴黎公约》（巴黎，1967年），《与贸易有关的知识产权协议》（马拉喀什，1995年）。

（三）国际贸易惯例

1. 国际贸易惯例的含义

国际贸易惯例一般是指在国际贸易业务中，经过反复实践形成的，并经过国际组织加以解释和编纂的一些行为规范和习惯做法。

构成国际贸易惯例一般应具备以下3个条件：在一定范围内，经长期反复实践而形成的某种商业方法、通例或行为规范；内容必须是明确肯定的，并被许多国家和地区所认可；在一定范围内众所周知的，对该行业具有普遍约束力。

2. 国际贸易惯例的作用

国际贸易惯例可以简化进出口交易的相关手续，节省费用开支，缩短商务谈判的时间，从而在国际贸易的发展方面发挥着重要的作用，有利于买卖合同的顺利磋商和订立，通过理解和掌握国际贸易惯例，当事人可以援引国际贸易惯例来处理，可以帮助解决履行合同中的争议与纠纷。通过国际贸易惯例的运用，有利于国际贸易中的各个环节相互衔接，解决银行、船公司、保险公司、海关、商检等机构开展业务和处理进出口业务实践中所遇到的各种问题。

3. 国际贸易惯例的适用

国际贸易惯例是在国际贸易长期实践的基础上逐渐形成和发展起来的准则，是国际贸易法律的重要渊源之一。应该指出，国际贸易惯例与法律是有本质不同的，惯例的适用是以当事人的意思自治为基础的，因此，国际贸易惯例对国际贸易双方当事人来说不具有强制性的约束力。

国际贸易惯例本身并不是法律，贸易双方当事人有权在合同中达成不同于惯例规定的贸易条件。在下列情况中，国际贸易惯例对当事人有约束力：第一，当事人在合同中明确表示选用某项国际惯例的；第二，当事人没有排除对其已知道或应该知道的某项惯例的适用，而该惯例在国际贸易中为同类合同的当事人所广泛知道并经常遵守，则应视为当事人已默示地同意采用该项惯例。

目前，有些国家在立法中明文规定了国际惯例的效力。在我国的一些商业法律中，对国际贸易惯例的适用均作了相应的规定。例如，《民法通则》和《海商法》都规定：中华人民共和国法律或中华人民共和国缔结或参加的国际条约没有规定的，可以适用国际惯例。《联合国国际货物销售合同公约》中，惯例的约束力也得到了充分的肯定，采用国际贸易惯例已经成为国际上的一种趋势。

4. 主要国际贸易惯例

（1）国际贸易术语方面。《国际贸易术语解释通则》（2010年），《美国对外贸易定义修订本》（1941年），《华沙—牛津规则》（1932年）。

（2）国际货运保险。《伦敦保险协会货物保险条款》（ICC，1981年），《中国保险条款》（CIC，1981年），《约克—安特卫普规则》（2004年）。

（3）国际贸易结算。《托收统一规则》（URC 522，1996年），《跟单信用证统一惯例》（UCP600，2006年），《国际备用信用证统一惯例》（ISP98）。

（四）国际条约、国内立法和国际惯例的法律效力

国内立法、国际条约和国际惯例的关系，在不同法律制度下有不同的规定。国内法是某一国家制定或认可，并在本国主权管辖内生效的法律。但是在签订贸易合同时，如果双方当事人将某一国内法选定为该合同适用法时，国内法对该贸易合同双方当事人具有约束力。

第六章 国际贸易的基本流程和适用的法律

一般来说，对国际条约的缔约国而言，国际条约是具有法律约束力的，必须根据生效情况严格遵守。对自动生效的国际条约，一经该国批准，自动产生效力；对于非自动生效的国际条约，经该国立法机关制定了有关实施该条约的法律后，才对其公民具有约束力。

国际惯例具有民间的非官方性质，因此不需要国家立法机关的批准。国际惯例多与当事人约定有关，而不与国内法或国际条约相关。

在国际贸易活动中，各方当事人必须遵守国家对外缔结的国际贸易领域的国际条约和协定。而国际贸易惯例本身不是法律，它对合同当事人不具有强制性，但买卖双方如在合同中约定采用某种惯例，则该项惯例就具有强制性，买卖双方都应受其约束。不同于国际条约和协定，国际惯例是非官方的习惯性做法。国际惯例的适用不需要一国国家立法机关的批准，而是取决于当事人之间的约定。在当事人的约定与其采用的国际惯例矛盾时，法院根据当事人的约定予以解决。

如果国际货物销售合同中有与国际贸易惯例相抵触的约定，依据法律优先于惯例的原则，在履行合同和处理争议时，应以买卖当事人签订的货物销售合同约定为准。

二、国际贸易常用的公约和惯例

国际贸易活动中涉及的国际条约和惯例有很多，限于篇幅，这里仅介绍与本课程关系极为密切的《联合国国际货物销售合同公约》、《国际贸易术语解释通则》和《跟单信用证统一惯例》。

（一）《联合国国际货物销售合同公约》

1.《联合国国际货物销售合同公约》的简单背景

《联合国国际货物销售合同公约》（以下简称《销售合同公约》）是由联合国国际贸易法委员会主持制定的，1980年在维也纳举行的外交会议上获得通过。根据联合国大会的授权，联合国国际货物销售合同会议于1980年3月10日~4月11日在奥地利维也纳举行（维也纳会议），共62个国家的代表出席，在这次会议上通过了该公约。《销售合同公约》于1988年1月1日正式生效。截至2010年8月，核准和参加该公约的共有76个国家。

2. 《销售合同公约》的基本内容

《销售合同公约》主要内容包括：

（1）公约的基本原则。建立国际经济新秩序的原则、平等互利原则与兼顾不同社会、经济和法律制度的原则。这些基本原则是执行、解释和修订公约的依据，也是处理国际货物买卖关系和发展国际贸易关系的准绳。

（2）适用范围。第一，公约只适用于国际货物买卖合同，即营业地在不同国家的双方当事人之间所订立的货物买卖合同。第二，公约适用于当事人在缔约国内有营业地的合同，但如果根据适用于"合同"的冲突规范，该"合同"应适用某一缔约国的法律，在这种情况下也应适用《销售合同公约》，而不管合同当事人在该缔约国有无营业所。对此规定，缔约国在批准或者加入时可以声明保留。第三，双方当事人可以在合同中明确规定不适用该公约。

（3）合同的订立。包括合同的形式、发盘（要约）与接受（承诺）的法律效力。

（4）买方和卖方的权利义务。第一，卖方责任主要表现为3项义务：交付货物，移交一切与货物有关的单据，移转货物的所有权。第二，买方的责任主要表现为两项义务：支付货物价款，收取货物。第三，详细规定卖方和买方违反合同时的补救办法。第四，规定了风险转移的几种情况。第五，明确了根本违反合同和预期违反合同的含义以及当这种情况发生时，当事人双方所应履行的义务。第六，对免责根据的条件作了明确的规定。

3. 中国与《销售合同公约》

我国于1980年在联合国维也纳外交会议上签署了《销售合同公约》，并于1986年递交了核准书，《销售合同公约》于1988年1月1日起在我国生效。考虑到与当时我国《涉外经济合同法》存在的冲突情况，1986年12月11日我国在提交核准书时，提出了两项保留意见：不同意扩大《销售合同公约》的适用范围，只同意《销售合同公约》适用于缔约国的当事人之间签订的合同；不同意用书面以外的其他形式订立、修改和终止合同。

1999年，我国公布了新《合同法》，同时废止了《涉外经济合同法》。新《合同法》对合同形式不再作要求，合同可以以各种方式成立，该规定已与《销售合同公约》第11条的内容一致。2013年初，经认真研究并广泛征求意见，我国

第六章 国际贸易的基本流程和适用的法律

政府根据《缔结条约程序法》及《销售合同公约》的相关规定，撤回了对《销售合同公约》第11条及与第11条内容有关规定所作的声明，该撤回已正式生效。本次撤回声明有效解决了国内法与《销售合同公约》之间的冲突，使两者对于合同形式的规定及适用趋于统一，为我国进一步发展对外贸易减少了法律障碍，有利于我国积极融入国际社会，充分参与经济全球化进程。

案例 6-2：2012年12月，中国天津A公司与某国设在中国广州的外商独资企业B公司在大连签订一份货物买卖合同，合同规定，由B公司向A公司出售一批移动电信设备，总金额为200万美元，交货地点在A公司设在沈阳的仓库。合同进一步规定，双方当事人如因在合同履行过程中发生争议，可进行友好协商解决；如协商未果，则自愿提交中国国际经济贸易仲裁委员会深圳分会仲裁，其结果为终局性的，对双方均产生约束力，并明确双方所适用的法律为《销售合同公约》。试分析，双方当事人对上述合同条款所作出的法律适用方面的选择是否恰当？

案例分析：

《销售合同公约》规定，如果合同双方当事人的营业地是处于不同的国家，而且这些国家都是该公约的缔约国，该公约就适用于他们之间订立的货物买卖合同，即该公约适用于营业地处于不同的缔约国的当事人之间订立的买卖合同。该公约又规定，只要双方当事人的营业地是处于不同的国家，即使他们的营业地所在国不是公约的缔约国，但如果按照国际私法的规则导致适用某一缔约国的法律，则该公约亦将适用于这些当事人之间订立的国际货物买卖合同。在本案中，中国天津A公司与某国设在中国广州的外商独资企业B公司在大连签订的货物买卖合同不是国际货物买卖合同，因此，双方规定所适用的法律为《销售合同公约》有不妥之处。

（二）《国际贸易术语解释通则》

1. 《国际贸易术语解释通则》的简要背景

贸易术语（Trade Terms）是在国际贸易的长期实践中逐渐形成的简单概念，以英文字母缩写来说明货物的价格构成，以及买卖双方有关费用、风险和责任的划分，确定卖方交货和买方接货方面的权利和义务。

由于各国法律对这方面的解释不尽相同，各主要港口也各有若干涉及买卖双方责任划分的传统规定，某些商品行业还有一些特定的解释规定，从而引起对贸易术语的不同解释。进而不同的术语解释又容易引起贸易纠纷，影响国际贸易的进行。为了避免分歧，减少争议，促进国际贸易的发展，国际上有些学术组织或商业团体尝试了对不同的贸易术语作出解释或规定。在长期实践中，这些解释已为许多国家和商业团体所熟悉、承认和采用，并且逐渐形成国际贸易惯例。

各国商人在进行涉外买卖合同时，使用的贸易术语适合不同国家，因此有一个准确的贸易术语解释是很有必要的。《国际贸易术语解释通则》（International Rules for the Interpretation of Trade Terms，缩写INCOTERMS，以下简称《通则》）就是国际商会为统一各种贸易术语的不同解释于1936年整理制定的出版物。

国际商会（ICC）

国际商会以贸易为促进和平、繁荣的强大力量，推行一种开放的国际贸易、投资体系和市场经济。由于国际商会的成员公司和协会本身从事于国际商业活动，因此它所制定用以规范国际商业合作的规章，如：《托收统一规则》、《跟单信用证统一惯例》、《国际商会2000国际贸易术语解释通则》等被广泛地应用于国际贸易中，并成为国际贸易不可缺少的一部分。国际商会属下的国际仲裁法庭是全球最高的仲裁机构，它未解决国际贸易争议起着重大的作用。

国际商会是为世界商业服务的非政府间组织，是联合国等政府间组织的咨询机构。国际商会于1919年在美国发起，1920年正式成立，其总部设在法国巴黎。国际商会的基本目的是为开放的世界经济服务，坚信国际商业交流将导致更大的繁荣和国家之间的和平。到2012年底，国际商会的会员已扩展到100多个国家之中，由数万个具有国际影响的商业组织和企业组成，已在59个国家中成立了国家委员会或理事会，组织和协调国家范围内的商业活动。

第六章 国际贸易的基本流程和适用的法律

2.《通则》的发展过程

为适应国际贸易实践发展的需要，国际商会先后于1953年、1967年、1976年、1980年和1990年等进行过多次修订和补充。

1999年，国际商会广泛征求世界各国从事国际贸易的各方面人士和有关专家的意见，通过调查、研究和讨论，又对《通则》进行了全面的回顾与总结。为使贸易术语更进一步适应世界上无关税区的发展、交易中使用电子讯息的增多以及运输方式的变化，国际商会再次对《通则》进行修订，并于1999年7月公布《2000年国际贸易术语解释通则》（简称《INCOTERMS 2000》或《2000年通则》），于2000年1月1日起生效。2010年9月27日，国际商会进一步推出《2010年国际贸易术语解释通则》（INCOTERMS 2010），与INCOTERMS2000并用，新版本于2011年1月1日正式生效。

3.《通则》的结构安排

《通则》为不同贸易术语安排了一套解释方案，给每个贸易术语规定了明确的概念和买卖双方的义务，为了便于理解，通过分组将所有术语进行归类。《INCOTERMS 2000》将所有的术语依照卖方的责任和风险的不同分为4个基本组，第一组为"E组"，第二组"F组"，第三组"C组"，第四组"D组"，每组术语具有相同的首字母。《INCOTERMS 2010》则是按照每个术语对应的运输方式将全部术语分成二组，一组为"水运组"，另一组为"非水运组"。

由于《通则》经过多次修订，存在不同版本，如果当事人愿意采用《通则》，应在合同中特别注明采用的《通则》版本。例如，"本合同受《INCOTERMS 2000》管辖"，或者"本合同中的国际贸易术语采用《INCOTERMS 2010》的解释"。

（三）《跟单信用证统一惯例》

1.《跟单信用证统一惯例》背景介绍

《跟单信用证统一惯例》（Uniform Customs and Practice for Documentary Credits，简称UCP），是国际银行界、律师界、学术界自觉遵守的"法律"，国际商会为明确信用证有关当事人的权利、责任、付款的定义和术语，减少因解释不同而引起各有关当事人之间的争议和纠纷，调和各有关当事人之间的矛盾，于1930年拟订一套《商业跟单信用证统一惯例》（Uniform Customs and Practice for

Commercial Documentary Credits），并于1933年正式公布。目前，它已被世界上各国银行普遍接受和使用，并成为一种公认的国际惯例，至今已被170多个国家的银行所采用。

2.《跟单信用证统一惯例》的发展

多年来，160多个国家和地区的国际商会和不断扩充的国际商会委员会持续为UCP的完善而努力工作着。随着时代发展的步伐加快，科学技术的进步突飞猛进，国际商会分别在1951年、1962年、1974年、1978年、1983年、1993年对UCP进行了多次修订，均被各国银行和贸易界所广泛采用。《跟单信用证统一惯例（1993年修订本）》第500号出版物使用十余年后，从2007年7月起，被《跟单信用证统一惯例（2007年修订本）》第600号出版物所代替，简称为《UCP600》。

3.《跟单信用证统一惯例》的结构内容

《跟单信用证统一惯例》（UCP 600）共39条，包括总则和定义、信用证的形式和通知、责任与义务、单据、杂项规定、可转让信用证和款项让渡等7个部分。各条款规定了各当事方的责任范畴。

本章小结

出口贸易的基本流程在通常情况下可分为：交易前的准备工作阶段，交易磋商和签订合同阶段，以及出口合同履行阶段和善后几大环节。与出口交易类似，进口贸易的基本流程阶段和出口基本相同，但在具体内容上，与出口交易又有所不同。

为保证国际贸易能够顺利进行，使国际贸易得到法律的承认与保护，国际贸易业务必须符合法律规范。概括起来，国际贸易所适用的法律法规主要有：国内法、国际条约、国际贸易惯例等。国内法在本国主权管辖内生效的法律其在国际贸易合同中可以用作合同适用法。与国际条约相比而言，国内法所涉及的有关国际贸易的范围较广，包括规范国际货物买卖、国际贸易运输、国际贸易保险、国际货款的收付、对外贸易管理、国际贸易仲裁等内容。国际条约可划分为双边条约和多边条约。目前，国际商事中的主要国际条约包括国际货物买卖、国际货物运输、国际支付、对外贸易管理、贸易争端解决、国际投资以及知识产权等多方面，其中《联合国国际货物销售合同公约》是当今关于国际货物买卖的最重要

第六章 国际贸易的基本流程和适用的法律

的国际公约。随着国际经济与贸易的快速发展,国际贸易惯例的作用越来越明显。但国际贸易惯例与法律是有本质不同的。国际贸易惯例本身不是法律,其适用是以当事人的意思自治为基础的。目前,在国际贸易领域常见的国际贸易惯例有国际贸易术语方面、国际货款的收付方面及运输与保险方面等。

本章思考题

1. 进出口贸易的基本流程由哪些环节组成?
2. 国际贸易法律规法有哪些层面构成?
3. 什么是贸易合同适用法?其作用如何?
4. 国际贸易条约、国际惯例、国内法在国际贸易中的关系如何?
5. 如何在国际贸易中正确运用国际惯例?
6. 我国上海的一家外贸公司与设在汉堡的一家德国企业在北京签订了一项贸易合同,交易条件为FOB上海,合同未规定处理争议所适用的法律,但在履行合同时双方发生纠纷。试问,这种情况,该合同应适用哪国法律?

本章参考文献

1. 冷柏军主编:《国际贸易实务》,北京大学出版社2009年版。
2. 张晓明主编:《国际贸易实务与操作》,高等教育出版社2008年版.
3. 杨恺钧、吕佳:《国际贸易惯例与公约教程》,复旦大学出版社2009年版。
4. 姚新超:《国际贸易惯例与规则实务》,对外经贸大学出版社2008年版。
5. 袁其刚、张照玉、张伟:《国际贸易惯例规则教程——理论与实务》,北京大学出版社2012年版。

第七章　国际贸易商品

本章学习目标
1. 了解：规定商品品质、数量和包装的基本概念。
2. 熟悉：商品的品质、数量以及包装的合同内容。
3. 掌握：商品品质、数量和包装的合同条款制定。

本章核心概念
商品品质　样品　数量　机动幅度　包装　运输标志

第一节　商品的品质

一、商品的品名、品质

（一）商品的品名

品名即商品的名称。在国际货物买卖合同中，交易商品的品名，是不可缺少的主要交易条件之一。合同中的品名条款一般比较简单，通常都是在"商品名称"或"品名"（Name of Commodity）的标题下，列明交易双方成交商品的名称；也可不加标题，只在合同的开头部分，列明交易双方交易的商品，例如东北大豆销售合同。

品名的规定，除了取决于交易双方的偏好之外，还取决于成交商品的品种和特点。有的商品，只要列明商品的名称即可，但有的商品，往往具有不同的品种、等级和型号。为了明确起见，也可以把有关具体品种、等级或型号的概括性

第七章 国际贸易商品

描述包括进去，作进一步限定，例如东北A级大豆销售合同。此外，甚至还可以把商品的品质规格也包括进去。这种情况下，它就不单是品名条款，而是品名条款与品质条款的合并。

国际货物买卖合同中的商品品名，必须明确、具体，在规定品名条款时，必须订明交易标的物的具体名称，避免空泛、笼统或含糊的规定，以确切地反映商品的用途、性能和特点，便于合同的履行。另外，商品品名尽可能使用国际上通用的名称。国际上为了便于统计征税，对商品有共同的分类标准。一般来说，商品品名应当和海关合作理事会制定的《商品名称及编码协调制度》（简称HS）规定的商品名称相对应。

（二）商品的品质

商品的品质（Quality of Goods）是指商品的内在素质和外观形态的综合。具体来说，前者包括商品的物理性能、机械性能、化学成分和生物特征等自然属性；后者包括商品的外观、色泽、款式、气味等。

品质的优劣直接影响商品的使用价值和价格，即使是同一种商品，在品质方面也可能因自然条件、技术和工艺水平以及原材料的使用等因素的影响造成商品的种种差异。因此，买卖双方在商订合同时，必须就品质条件作出明确规定。

合同中的品质条件是构成商品说明的重要组成部分，是买卖双方交接货物的依据。品质条款是合同中不可或缺的基本条款之一。《联合国国际货物销售合同公约》规定，卖方交付货物，必须符合约定的质量。如卖方交货不符合约定的品质条件，买方有权要求损害赔偿，也可要求修理或交付替代货物，甚至拒收货物和撤销合同。

二、品质的表达方法

（一）用文字说明表示商品品质（Sale by Description）

凭文字说明表示商品品质的方法，具体包括下列几种：

1. 凭规格买卖

商品规格（Specification of Goods）是指一些足以反映商品品质的主要指标，如化学成分、含量、纯度、性能、容量、长短、粗细等。买卖双方洽谈交易时，对于适于凭规格买卖（Sale by Specification）的商品，应在合同中写明具体规格来说明商品的基本品质状况。

用规格表示商品品质的方法适用于大多数商品，买卖双方可以根据需要在合同中明确规定标的商品的品质。因此，在国际贸易中，广泛采用以商品规格来表示商品品质。

2. 凭等级买卖

商品的等级（Grade of Goods）是指同一类商品，按照规格上的差异，从而把同类商品分为品质优劣各不相同的若干等级。

用商品的等级表示品质的方法，可以简化对商品品质的文字描述，易于比较商品品质的优劣。凭等级买卖表示品质的方法通常还可以和凭规格买卖的方法一起使用，明确每一个等级的商品具体的规格。

3. 凭标准买卖

商品的标准是指由专门机构规定的商品的规格和等级。商品的标准，有的由国家或有关政府主管部门规定，也有的由同业公会、交易所或国际性的工商组织规定。

标准除了有国际标准化组织规定的国际性标准ISO，国际电工委员会IEC制定的IEC标准之外，各国也都有自己的国家标准。例如，美国为ANSI，德国为DIN，日本为JIS，英国为BS，我国为GB等。国际贸易中采用的各种标准，有些具有法律上的约束力，品质不符合标准要求的商品，不许进口或出口。但也有些标准不具有法律上的约束力，仅供交易双方参考使用，买卖双方磋商交易时，可以商定对品质的具体要求。

另外，在使用标准来规定商品品质的时候，需要注明所采用的标准的版本。各国和国际组织对制定的标准会经常进行修改和变动。即使是同一种商品，不同年份的版本制定的标准不同，对品质的规定也往往不同。因此，在采用国外标准时，应载明所采用标准的年份和版本，以免引起争议。

在国际贸易中，对于某些品质变化较大而难以规定统一标准的农副产品，往往采用"良好平均品质"（Fair Average Quality，FAQ）这一术语来表示其品质。所谓"良好平均品质"，是指一定时期内某地出口货物的平均品质水平，一般是指中等货。

第七章　国际贸易商品

4. 凭说明书和图样买卖

在国际贸易中，结构复杂、对材料和设计要求非常严格的机器、电器和仪表等技术密集型产品的品质，通常是以说明书并附以图样、照片、设计、图纸、分析表及各种数据来说明其具体性能和结构特点。这种方法就是凭说明书和图样买卖（Sale by Descriptions and illustrations）。

凭说明书和图样买卖时，合同中除列入说明书的具体内容外，往往需订立卖方品质保证条款和技术服务条款。例如规定："卖方须在一定期限内保证其商品的质量符合说明书所规定的指标，如在保证期内发现品质低于规定，或部件的工艺质量不良，或因材料内部隐患而产生缺陷，买方有权提出索赔，卖方有义务消除缺陷或更换有缺陷的商品或材料，并承担由此引起的各项费用。"

5. 凭商标或品牌买卖

商标（Trade Mark）是指生产商对其所生产或出售的商品赋予的标志。品牌（Brand Name）是指生产商给其制造或销售的商品所冠的名称。

许多名牌产品都具有较好的品质。商标或品牌本身就是一种品质象征。人们在交易中就可以只凭商标或品牌进行买卖，毋需对品质提出详细要求。凭商标或品牌的买卖，一般只适用于一些品质稳定的工业制成品或经过科学加工的初级产品。另外，如果使用商标或品牌买卖商品，在接受客户订货并按规定刷印其提供的品牌时，应注意该项品牌是否合法，以免出口到国外触犯当地的商标法或者他人知识产权。

6. 凭产地名称买卖

有些产品，因产区的自然条件、传统加工工艺等因素的影响，在品质方面具有其他产区的产品所不具有的独特风格和特色，对于这类产品，一般可用产地名称（Name of Origin）来表示商品的品质。

凭产地名称买卖的方法通常和品牌或者规格一起结合使用，规定合同中交易的标的商品的品质。

（二）用样品表示商品品质（Sale by Sample）

样品通常是指从一批商品中抽出来足以反映和代表整批商品质量的少量实物。国际贸易中，以样品表示商品品质，并以此作为交货依据的，称为凭样品买卖。

按样品提供者的不同，样品可分为卖方样品、买方样品和对等样品。卖方样品（Seller's Sample）是由卖方提供的样品，以卖方样品达成的交易称为"凭卖方样品成交"；买方样品（Buyer's Sample）是由买方提供的样品，如果卖方愿意按买方提供的样品成交，则称为"凭买方样品成交"；如果卖方可根据买方提供的样品，加工复制出一个类似的样品交买方确认，这种经确认后的样品，称为"对等样品"（Counter Sample）或"回样"，也称之为"确认样品"（Confirming Sample），"对等样品"是卖方在"凭买方样品成交"中常用的方法。

采用凭样品买卖时，卖方应当注意，交货品质必须与样品完全一致。买方对与样品不符的货物，可以拒收或提出赔偿要求。因此，卖方应在对交货品质有把握时采用此法，而且应严格按样品标准交货。

采用凭样成交而对品质无绝对把握时，卖方可以在合同条款中作出灵活的规定。例如，"品质与样品大致相同"（Quality shall be about equal to the sample）或"品质与样品近似"（Quality is nearly same as the sample）。当然，此项条款只限于品质稍有不符的情况，如果交货品质与样品差距较大时，买方仍有权拒收货物。而对于不作为交货依据的样品一定要说明是"参考样品"以避免引起买方的误解。

三、合同中的品质条款

（一）品质条款内容

品质条款内容包括基本品质和机动品质。

1. 基本品质

在国际货物买卖合同中，品质条款是重要的基本条款之一。在品质条款中，基本品质部分要写明商品的名称和具体品质规定。不同的商品，采用的表示品质的方法也不同。应当根据商品的特性，选择采用文字说明还是用样品来规定品质，或者两者兼用。

2. 机动品质

机动品质是指经交易双方商定，允许卖方交货的品质与合同要求的品质略有不同，只要没有超出机动幅度的范围，买方就无权拒收。

为了避免在交货品质上引起纠纷，在制定品质条款时，应力求明确、具

第七章 国际贸易商品

体,不宜采用诸如"大约"、"左右"、"合理误差"之类的含糊字眼。但是,也不宜把品质条件订得过死,给履行交货义务带来困难,可以有一定的灵活性,以方便合同的履行。

品质条款中考虑到对某些商品的品质特点,可规定一定的品质机动幅度以避免因交货品质与买卖合同稍有不符而造成违约,保证合同顺利履行。一般而言,有下列一些办法:

(1)规定交货品质与样品大体相等。在凭样品买卖的情况下,交易双方容易在交货品质与样品是否一致的问题上产生争议。为了避免争议和便于履行合同,卖方可要求在品质条款中加订"交货品质与样品大体相等"(Quality to be considered and being about equal to the sample)之类的条文。

(2)规定品质机动幅度。允许卖方所交货物的品质指标可以波动的幅度。某些初级产品(如农副产品等)的质量不甚稳定,为了交易的顺利进行,在规定其品质指标的同时,可规定一定的品质机动幅度,即规定一定的范围,规定一定的差异,或者规定一定的极限,对所交货物的品质给予机动的幅度。例如,釉米的碎粒最高为35%,水分最高为15%,杂质最高为1%。卖方交货只要没有超出上述极限,买方就无权拒收。对在品质机动幅度内的品质差异,一般依然按照合同单价计价,但是如果商品品质指标变动会给商品品质造成较大影响,也可根据交货品质情况调整价格,按交货实际品质规定予以增价或减价。例如,在大豆出口合同中规定:"水分每增减1%(±1%),则合同价格减增1%(±1%)。"

(3)采用品质公差(Quality Tolerance)。品质公差是指国际上公认的产品品质的误差。在工业制成品生产过程中,产品的质量指标出现一定的误差有时是难以避免的,这种公认的误差,即使合同没有规定,只要卖方交货品质在公差范围内,也不能视作违约。但为了明确起见,还是应在合同品质条款中订明一定幅度的公差。如果成交商品的品质在品质公差范围内,买方不得拒收或要求调整价格。

(二)品质条款实例

(1)Sample NT002 Plush Toy Bear Size 24.

(2)Bright Brand Infant Milk Powder.

(3)"Golden Star" Brand Color Television Set,Model:SC374 PAL/BG

System, 220V 50Hz 2 round pin plug, with remote control.

案例 7-1：我国某出口公司向英国出口一批大豆，合同规定："水分最高为14%，杂质不超过2.5%。"在成交前，该出口公司曾向买方寄过样品，订约后该出口公司又电告买方成交货物与样品相似，当货物运至英国后买方提出货物与样品不符，并出示了当地检验机构的检验证书，证明货物的品质比样品低7%，但未提出品质不符合合同的品质规定。买方以此要求该出口公司赔偿其15 000英磅的损失。请问：该出口公司是否该赔？本案给我们什么启示？

案例分析：

该出口公司没有充分的理由拒绝赔偿。因为卖方行为已经构成双重保证。在国际贸易中，凡是既凭样品买卖，又凭说明买卖时，卖方所交货物必须既符合样品要求，同时又符合说明要求，否则，买方有权利拒收货物。本案中，合同规定水分最高为14%，杂质不超过2.5%。以此来看，双方是凭说明进行买卖，我方所交货物只要符合合同规定就算履行义务。但是，我方在成交前向对方寄送过样品，并且没有注明"参考样品"字样，签约后又电告对方所出运货物与样品相似，买方有理由认为这样业务既凭样品又凭说明进行交易。因而买方检验货物与样品不符，有权索赔。

第二节 商品的数量

商品的数量也是国际货物买卖合同中不可缺少的主要条件之一。商品数量是双方对成交商品的数量约定，也是双方在交割货物，处理因货物数量造成的纠纷时的法律依据。数量一经约定，卖方所交货物的数量就必须和合同规定相符合，否则买方有权提出索赔。

《销售合同公约》第35条规定，按约定的数量交付货物是卖方的一项基本义务。如卖方交货数量大于约定的数量，买方可以拒收多交的部分，也可以收取多交部分中的一部分或全部，但应按合同价格付款。如卖方交货数量少于约定的数量，卖方应在规定的交货期届满前补交，但不得使买方遭受不合理的不便或承

第七章 国际贸易商品

担不合理的开支,即使如此,买方也有保留要求损害赔偿的权利。由于交易双方约定的数量是交接货物的依据,因此,正确掌握成交数量和订好合同中的数量条件,具有十分重要的意义。

一、数量的计量

(一)国际贸易中常用的度量衡制度

度量衡制度是确定计量单位的制度。为了确定商品的数量,首先要明确采用的度量衡制度。世界各国的度量衡制度不同,致使计量单位上存在差异。在国际贸易中,通常采用公制(the Metric System)、英制(the British System)、美制(the U.S. System)和国际标准计量组织在公制基础上颁布的国际单位制(the International System of Units)。不同的度量衡制度下,即使是同一计量单位,所表示的数量也是不同的。例如,实行公制的国家一般采用公吨。每公吨为1 000公斤;实行英制的国家一般采用长吨,每长吨为1 016公斤;实行美制的国家一般采用短吨,每短吨为907公斤。同是一加仑,美制下,一加仑约为3.8升;而英制下,一加仑实际约为4.5升。由此可见,了解各不同度量衡制度下各计量单位的含量及其计算方法具有十分重要的意义。

(二)计量单位

国际贸易中使用的计量单位很多,不同类型的商品,应当采用不同的计量单位。

1. 重量单位(Weight)

按重量计量是在交易商品,确定交易数量时最为广泛使用的一种。按重量计量的单位有公吨(metric ton)、长吨(long ton)、短吨(short ton)、公斤(kilogram)、克(gram)、盎司(ounce)等。

2. 个数单位(Number)

大多数工业制成品,尤其是日用消费品、轻工业品、机械产品以及一部分土特产品,则一般按个数进行买卖。按个数计量单位有件(piece)、双(pair)、套(set)、打(dozen)、卷(roll)、令(ream)、罗(gross)以及袋(bag)和包(bale)等。

3. 长度单位(Length)

金属绳索、丝绸、布匹等类商品,通常采用米(meter)、英尺(foot)、码(yard)等长度单位来计量。

4. 面积单位（Area）

玻璃板、地毯、皮革等商品的交易，一般习惯于以面积作为计量单位，常见的有平方米（square meter）、平方英尺（square foot）、平方码（square yard）等。

5. 体积单位（Volume）

按体积成交的商品有限，主要用于木材、天然气和化学气体等。属于这方面的计量单位，有立方米（cubic meter）、立方英尺（cubic foot）、立方码（cubic yard）等。

6. 容积单位（Capacity）

谷物和流体货物，往往按容积计量。其中，美国以蒲式耳（bushel）作为各种谷物的计量单位，但每蒲式耳所代表的重量，则因谷物不同而有差异。例如，每蒲式耳亚麻籽为56磅，燕麦为32磅，大豆和小麦为60磅。公升（liter）、加仑（gallon）则用于酒类、油类商品。

（三）重量计量方法

在国际贸易中，按重量计量的商品很多。根据一般商业习惯，通常计算重量的方法有下列几种：

1. 毛重

商品本身重量加包装的重量称为毛重（Gross Weight）。一般来说，只有低值商品才会采用以毛重计重的办法。

2. 净重

净重（Net Weight）是指商品本身的重量，即除去其包装物后的实际重量。这是国际贸易中最常见的计重方法。如果以商品的实际净重计重，则必须从商品毛重中除去包装的重量，也就是"皮重"。对于如何计算包装重量，主要有：

（1）按实际皮重（Actual Tare或Real Tare）。计算实际皮重即指包装的实际重量，它是指对包装逐件衡量后所得的总和。

（2）按平均皮重（Average Tare）计算。如果商品所使用的包装比较统一，重量相差不大，就可以从全部商品中抽出一定的件数，称出皮重，然后求出平均重，再乘以总件数，即可求得总的皮重。

（3）按习惯皮重（Customary Tare）计算。有些商品使用的行业公认的包装材料和规格，那么在计算其皮重时，按习惯上公认的皮重乘以总件数即可。

（4）按约定皮重（Computed Tare）计算。采用买卖双方事先约定的包装重量作为计算的基础。价值较低的商品，可以采用"以毛作净"（Gross for Net）的办法计重，即以毛重当作净重计价。

3. 公量

含水量不稳定的商品，它们的重量也很不稳定。为了准确计算这类商品的重量，国际上通常采用按公量（Conditioned Weight）计算的办法，即以商品的干净重（指烘去商品水分后的重量）加上国际公定回潮率与干净重的乘积所得出的重量，即为公量。其计算公式是：

公量 =［商品净重÷(1+实际回潮率)］×(1+公定回潮率)
　　 = 商品干净量×(1+公定回潮率)

4. 理论重量

理论重量（Theoretical Weight）是指从商品的规格中推算出的重量。由件重量乘以件数得出总重量，主要用于某些有固定和统一规格的货物，其形状规则，密度均匀，每一件的重量大致相同，如钢板、马口铁等。但是这种计重方法只是理论上的重量，往往并不是货物的实际重量，因此，只能作为计重时的参考。

5. 法定重量

法定重量（Legal Weight）是由商品重量加上直接接触商品的包装得到的重量。海关在征收从量税时，商品的重量是以法定重量计算的。

二、数量条款

（一）数量条款内容

买卖合同中的数量条款，主要由商品的基本数量、计量单位和机动数量构成。

1. 基本数量

规定数量条款时，应当明确具体，计量单位也要正确。一般不宜采用大约（about）、近似（circa）、左右（approximate）等模糊的字眼来说明。

2. 机动数量

对于一些难以准确地按约定数量交货的商品，例如一些大宗农副商品，为了使交货数量具有一定的灵活性，方便履行合同，买卖双方可在合同中约定数量机动部分。

数量机动的表示有明确表示，即采用溢短装条款明确规定数量机动幅度，这时数量机动幅度的大小通常以百分比表示，例如"1 000公吨小麦，卖方可溢短装5%"。有些合同会用"约"、"大约"等不明确的方式来表示，这种表示一般没有具体的幅度，所以容易引起纠纷，只有在信用证支付方式下，根据《UCP600》才可将"约"、"大约"解释成上下10%的机动幅度。另外，对于非个数计量单位下的货物，即使货物数量没有任何机动表示，《UCP600》认为卖方所交货物也可有上下5%的数量差异。

数量上的机动幅度在一定条件下关系到买卖双方的利益。在按合同价格计价的条件下，交货时市场价格下跌，多装对卖方有利；如果市场价格上升，多装却对买方有利。为了防止有权选择多装或少装的一方当事人利用行市的变化，有意多装或少装以获取额外的好处，也可在合同中规定，多装或少装的部分，不按合同价格计价，而按装船时或货到时的市价计算，以体现公平合理的原则。

（二）数量条款实例

（1）500 m/t，5% more or less at seller's option.

（2）Quality shall be subject to a variation of 3% more or less at seller's option.

第三节　商品的包装

包装是货物的盛载体。除少数商品难以包装或根本没有包装的必要而采取裸装（Nude Pack）或散装（In Bulk）的方式外，其他绝大多数商品都需要有适当的包装，不但可以美化商品，促进销售，更重要的是还可以保护商品，便于运输，易于保管、清点和陈列。

一、包装的种类

按照包装在流通过程中所起作用的不同，可分为运输包装（即外包装）和销售包装（即内包装）两种类型。

（一）运输包装

运输包装是以运输储运为主要目的的包装。运输包装可降低运输流通过程对商品造成损坏，保障商品的安全，方便储运装卸，加速交接点验、计数和分拨。运输包装包括单件包装和集合包装。

（二）销售包装

销售包装是直接接触商品并随商品进入零售网点和消费者或用户见面的包装。销售包装能起到美化商品、宣传商品的作用。销售包装种类繁多，能适应商品市场竞争和满足多层次消费的需求。

二、包装的标志

包装的标志是为了方便货物的装卸、运输、仓储、检验和交接，以及提醒人们操作时注意，防止发生错发错运和损坏货物与伤害人身的事故。运输包装上的标志，按其用途可分为运输标志（Shipping Mark）、指示性标志（Indicative Mark）和警告性标志（Warning Mark）3种。

（一）运输标志

运输标志又称唛头，是在运输包装上制作用来帮助有关人员识别货物的标志。

运输标志通常由一个简单的几何图形和一些字母、数字及简单的文字组成。联合国欧洲经济委员会简化国际贸易程序工作组，在国际标准化组织和国际货物装卸协调协会的支持下，制定了一套运输标志向各国推荐使用。其主要内容包括：收货人名称的英文缩写或简称；参考号，例如合同、发票或者运单号码；目的地；件号，包括顺序号和总件数。

（二）指示性标志

指示性标志是提示人们在装卸、运输和保管过程中需要注意的事项。一般都是以简单醒目的图形和文字在包装上标出。例如常见的"小心轻放"、"易碎物品"、"怕雨"、"禁止堆码"等。

（三）警告性标志

警告性标志用来警告有关注意安全的标志。警告性标志又称危险货物包装标志，凡在运输包装内装有爆炸品、易燃物品、有毒物品、腐蚀物品、氧化剂和放射性物资等危险货物时，都必须在运输包装上标打用于各种危险品的标志，以示警告，使装卸、运输和保管人员按货物特性采取相应的防护措施，以保护物资和人身的安全。根据我国国家技术监督局发布的《危险货物包装标志》规定，危险品的运输包装上必须按规定打上相应标志。

（四）条形码标志

条形码标志代表商品生产国别或地区、生产厂家、品种规格和售价等信息的标志。商品包装上的条形码（Product Code）是由一组带有数字的黑白及粗细间隔不等的平行条纹所组成，它是利用光电扫描阅读设备为计算机输入数据的特殊的代码语言。条形码的信息能确定品名、品种、数量、生产日期、制造厂商、产地等，并据此在数据库中查询其单价，进行货款结算，打出购货清单。

国际上通用的包装条形码有两种：一种是由美国、加拿大组织的统一编码委员会编制的UPC码（Universal Product Code）；另一种是由欧洲物品编码协会编制的EAN码（European Article Number）。国际物品编码协会分配给我国的国别号为"690"，凡标有"690"条形码的商品，即表示是中国出产的商品。

部分国家和地区条形码（EAN）前缀：

美国：00～13；法国：30～37；爱尔兰：539；德国：400～440；日本：45～49；中国台湾：471；中国香港：489；英国：50；中国：690～695；韩国：880；意大利：80～83；澳大利亚：93；新西兰：94。

三、中性包装和定牌生产

（一）中性包装

中性包装是指在出口商品包装的内外，都没有原产地和出口厂商的标记。中性包装包括无牌中性包装和定牌中性包装两种。无牌中性包装是指包装上既无生产地名和厂商名称，又无商标、品牌；定牌中性包装是指包装上仅有买方指定的商标或品牌，但无生产地名和出口厂商的名称。

采用中性包装，是为了打破某些进口国家与地区的关税和非关税壁垒以及适应交易的特殊需要（如转口销售等）。在买方的要求下，可酌情采用。但需要注意知识产权问题，如今各国的贸易政策中，都加强了对产品的监管，要求进口商品须在包装中表明产地。因此，国际贸易中采用中性包装的做法正逐渐减少。

（二）定牌生产

定牌是指卖方按买方要求在其出售的商品或包装上标明买方指定的商标或

品牌,这种做法叫定牌生产。许多国家的超级市场、大百货公司和专业商店,对其经营出售的商品,都要在商品上或包装上标有本商店使用的商标或品牌。

定牌生产的产生是经济全球化的结果。为了降低产品成本,发达国家的经营者把一部分劳动力密集型的传统产业转移到发展中国家生产,通过采用定牌生产的方法购买这些产品,再回到其国内市场上销售。定牌商品有的商品上标明产地,有的则不标明产地和生产厂商。不标明产地和生产厂商的定牌商品又叫作定牌中性包装。

案例 7-2:2002年世界杯期间,日本一进口商为了促销运动饮料,向中国出口商订购一批T恤,要求以红色为底色,并印刷"韩日世界杯"字样,此外不需印制任何标识,以世界杯期间作为促销手段随饮料销售赠送给现场球迷,合同规定2002年5月20日为最后装运期,我方组织生产后于5月25日将货物按质量装运出港,并备齐所有单据向银行议付货款。然而,货到时,由于日本队止步于16强,日方估计到可能的挤压损失,以单证不符为由拒绝赎单,在多次协商无效的情况下,我方只能将货物运回在国内销售以减少损失,但是货物途经海关时,海关认为由于"韩日世界杯"字样以及英文标识的知识产权为国际足联所有,而我方外贸公司不能出具真实有效的商业使用权证明文件,因此,海关以侵犯知识产权为由扣留并销毁了这一批T恤。请分析海关的处理是否正确。

案例分析:

海关处置是正确的。这实际上是一个定牌中性包装问题。在国际贸易中,对于中性包装,尤其是定牌中性包装,在按照买方的要求注明有关商标、牌号外,还应注明因此而产生的侵权行为或知识产权纠纷由买方承担一切责任和费用。

四、包装条款的规定

(一)条款内容

包装条款中一般涉及包装材料、包装方式、包装规格、包装标志和包装费用的负担等内容。在国际货物销售合同中买卖双方必须在合同订明具体的包装条件。

在约定包装时,对包装的规定要明确具体,避免使用类似于"海运包装"(Seaworthy Packing)的字句,还要明确包装费用由哪一方负担。

在选择商品包装的时候,需要考虑商品的特性和要使用的运输方式。例如,小麦怕潮湿,玻璃制品容易破碎,铸铁制品易生锈,这就要求运输包装相应具有防潮、防震、防锈等良好的性能。另外,不同运输方式对运输包装的要求不同,例如海运包装要求牢固,并能够较好地防止挤压和碰撞;而航空运输包装,要求轻便而且体积不宜过大。最后,选择商品包装还应考虑运输包装成本。运输包装重量与体积的大小直接影响商品运输成本。因此,在选用包装材料时,在保证包装牢固的前提下,应选用轻便、价廉而又结实的包装材料,尽可能地降低包装成本,节省运费。

(二)包装条款实例

(1) In wooden cases containing 30 pcs of 40 yds each.

(2) In iron drums of 25 kgs net each.

(3) In international standard tea boxes, 24boxes on a pallet, 10 pallets in a (FCL) container.

案例 7-3:甲方与乙方订立了一份CIF合同,甲方出售200箱番茄酱罐头给乙方。合同规定"每箱装24罐*100克",即每箱装24罐,每罐100克。但卖方在出货时,却装了200箱,每箱24罐,每罐200克,货物重量比合同多了1倍。问:卖方有这种做法有问题吗?

案例分析:

卖方行为有问题。因为根据《销售合同公约》的规定,包装条款是合同的主要条款之一,卖方应该遵照执行。在本案例中,卖方违反了合同的规定,将会遭到买方异议。

本章小结

商品的品质、数量、包装是国际货物销售合同中必不可少的主要条件。

商品的品质条款包括商品的品名、品质和机动品质。表示商品品质的方法有用文字表述和用样品表示两大类。用文字表示商品的品质又有通过规格、等级、标准、说明书和图样、商标或品牌、产地等方法。

数量条件是买卖双方交接货物的依据。商品的数量条款包括基本数量和机

第七章　国际贸易商品

动数量。

包装不仅起到保护商品和美化商品的作用，而且包装本身还是货物说明的组成部分。运输包装主要在于保护商品，防止在储存、运输和装卸过程中发生货损货差。包装条款包括包装种类和包装方式。

本章思考题

1. 在国际货物买卖合同中列明标的物的意义何在？
2. 约定品质条款应注意哪些事项？
3. 表示品质的方法多种多样，应如何结合商品特点合理选择和运用？
4. 明确出口商品包装和订好包装条款有何重要意义？
5. 何谓"中性包装"？在国际贸易中为什么会出现中性包装？
6. 为什么在运输包装上要刷写有关标志？
7. 国内某公司出口至俄罗斯黄豆一批，合同的数量条款规定：每袋净重100公斤，共1 000袋，合计100公吨。货抵俄罗斯后，经检验，黄豆每袋仅重96公斤，1 000袋合计96公吨。适值黄豆价格下跌，俄罗斯客户以单货不符为由提出降价5%的要求，否则拒收。请问买方的要求是否合理，为什么？
8. 日本A商在我国某地采取定牌来料加工某电器产品。成品返销日本市场后，日本另一B电器生产厂商控告A冒用他的牌子。事后查明B厂商上述牌子在日本和我国均办妥商标注册。在上述情况下，A商应承担什么责任？我国厂家有何教训？
9. 我国某公司出口冰冻黄花鱼一批20公吨，每公吨400美元FOB上海。合同规定数量可以有10%的增减，国外来证规定：总金额8 000美元，数量约20公吨，我方装出22公吨，当持8 800美元的汇票到银行议付时却遭到议付行的拒付。试分析议付行拒付的原因。

本章参考文献

1. 韩玉军：《国际贸易实务》，中国人民大学出版社2006年版。
2. 黎孝先：《国际贸易实务》，对外经济贸易大学出版社2007年版。
3. 冷柏军主编：《国际贸易实务》，北京大学出版社2009年版。
4. 彭福永：《国际贸易实务教程》，上海财经大学出版社2004年版。

第八章　商品的价格

本章学习目标

1. 了解：国际货物买卖中商品价格的构成；了解贸易术语的作用与解释惯例。
2. 熟悉：《INCOTERMS》中贸易术语的组别划分与含义。
3. 掌握：《INCOTERMS》中常用贸易术语的基本含义和使用。

本章核心概念

贸易术语　国际贸易惯例　INCOTERMS

第一节　国际贸易术语

一、国际贸易术语的含义及其作用

（一）贸易术语的概念

国际贸易术语是在长期的国际贸易实践中产生的，用简短的缩写（通常是3个英文字母的缩写）说明货物交接过程中对应的风险、责任和费用划分，表明商品的价格构成的专门用语。

在国际贸易中，交易双方所处不同国家，货物的运输距离长，货物从出口地到进口地要经过多道关卡，办许多手续，因此，货物遭遇自然灾害或意外事故而导致损坏或灭失的风险也比国内贸易要大得多。卖方在什么地方，以什么方式交货？货物运输过程中在什么时点，由谁承担货物发生损坏或灭失的风险？由谁

第八章　商品的价格

负责办理货物的运输、保险以及通关过境的手续？谁承担办理上述事项时所需的各种费用？最终卖方需要向买方提供哪些单据以获取货款？这些都是在国际贸易的实际操作过程中，当事人在洽商交易、订立合同时，必然要考虑的几个重要问题。因此，国际贸易术语是国际贸易发展的产物，它的出现又促进了国际贸易的发展。

（二）贸易术语的作用

在长期的国际贸易实践中，为了方便货物交易，当事人便可以采用贸易术语来说明货物交易过程中买卖双方有关手续、风险和费用的责任划分以及货物成交价格的构成，贸易术语在国际贸易中有着重要的作用：

1. 便于买卖双方洽商交易和订立合同

由于每种贸易术语都有其特定的含义，而且国际惯例对各种贸易术语也作了统一的解释与规定，这些解释与规定，在国际上被广为接受。因此，买卖双方只需商定按何种贸易术语成交，即可明确彼此在交接货物方面所应承担的责任、费用和风险，这就简化了交易手续，缩短了洽商交易的时间，从而有利于买卖双方迅速达成交易和订立合同。

2. 便于买卖双方核算价格和成本

由于贸易术语表明了价格构成，所以买卖双方确定成交价格时，就考虑到了该贸易术语包含哪些费用，如运费、保险费、装卸费、关税等。这就有利于买卖双方进行比价和加强成本核算。

3. 便于解决合同履行中的争议

买卖双方商订合同时，如对合同条款考虑欠周，使某些事项规定不明确或不完备，致使履约当中产生的争议不能依据合同的规定解决时，可以依据国际惯例援引贸易术语中的解释来处理。因为贸易术语的解释惯例，已被国际贸易界从业人员和法律界人士广泛接受，从而成为了国际贸易中公认的行为规范的准则。

二、与国际贸易术语有关的国际惯例

贸易术语是在国际贸易的实践活动中逐渐形成的。不同国家和地区在使用相同或者类似贸易术语时，有着各种不同的解释和做法。这样一来，往往会引起当事人之间的误解、争议和诉讼，既浪费了交易双方当事人的时间和金钱，也影响了国际贸易的发展。为了解决这一问题,国际商会、国际法协会等国际组织以及一些有影响力的商业团体经过长期的努力,分别制定了解释国际贸易术语的规则,这些规则在国际上被广泛采用,因而成为一般的国际贸易惯例。

与国际贸易术语有关的国际惯例主要有3个:《1932年华沙—牛津规则》、《1941年美国对外贸易定义修订本》和《国际贸易术语解释通则》。

(一)《1932年华沙—牛津规则》

《华沙—牛津规则》(Warsaw-Oxford Rules 1932)是国际法协会专门为解释CIF买卖合同而制定的。这一规则对于CIF买卖合同的性质、买卖双方所承担的风险、责任和费用的划分以及货物所有权转移的方式等问题都作了详细解释。

(二)《1941年美国对外贸易定义修订本》

《美国对外贸易定义修订本》(Revised American Foreign Trade Definitions l941)经美国商会、美国进口商协会和全国对外贸易协会所组成的联合委员会通过,由全国对外贸易协会予以公布。《美国对外贸易定义》中所解释的贸易术语共有6种,分别为:

(1) Ex(Point of Origin)(产地交货);

(2) FOB(Free on Board)(在运输工具上交货);

(3) FAS(Free Along Side)(在运输工具旁边交货);

(4) C&F(Cost and Freight)(成本加运费);

(5) CIF(Cost,Insurance and Freight)(成本加保险费、运费);

(6) Ex Dock(Named Port of Importation)(目的港码头交货)。

《美国对外贸易定义》主要在美洲国家采用,由于它对贸易术语的解释,特别是对FOB术语的解释与国际商会制定的《国际贸易术语解释通则》有明显的差异,所以,在同美洲国家进行货物买卖交易时应加以注意,要与对方明确采用的术语的含义是哪个国际惯例下的解释。

(三)《国际贸易术语解释通则》

《国际贸易术语解释通则》英文全称为International Rules for the Interpretation of Trade Terms,缩写形式为INCOTERMS,它是国际商会(ICC)为了统一对贸易术语的解释而制定的。

最早的《国际贸易术语解释通则》产生于l936年。为了适应国际贸易业务发

第八章 商品的价格

展的需要，国际商会先后进行过多次修改和补充；从《1990年通则》开始，国际商会每隔10年对《国际贸易术语解释通则》作出修订；最新版的《国际贸易术语解释通则》是2011年1月1日正式生效的《2010年通则》。

1. 《2000年国际贸易术语解释通则》

由于使用范围非常广泛，目前国际贸易实践普遍使用的仍然是《2000年通则》。

在内容和结构方面，《INCOTERMS 2000》包含13种术语，并仍将这13种术语按不同类别分为E、F、C、D 4个组。E组只包括EXW 1种贸易术语。这是在商品产地交货的贸易术语。F组包含有FCA、FAS和FOB 3种术语，按这些术语成交，卖方须将货物交给买方指定的承运人，从交货地至目的地的运费由买方负担。C组包括CFR、CIF、CPT、CIP 4种术语。采用这些术语时，卖方要订立运输合同，但不承担从装运地启运后所发生的货物损坏或灭失的风险及额外费用。D组中包括5种术语，它们是DAF、DES、DEQ、DDU和DDP。按照这些术语达成交易，卖方必须承担将货物运往指定的进口国交货地点的一切风险、责任和费用。具体分组列表如下（表8-1）：

表8-1 《2000年通则》分组释义

分组	国际贸易术语	汉语释义
E组（产地交货）	EXW（Ex Works）	工厂交货
F组（出口国交货，国际运费未付）	FCA（Free Carrier） FAS（Free Alongside Ship） FOB（Free on Board）	货交承运人 装运港船边交货 装运港船上交货
C组（出口国交货，国际运费已付）	CFR（Cost and Freight） CIF（Cost, Insurance, and Freight） CPT（Carriage Paid To） CIP（Carriage and Insurance Paid To）	成本加运费 成本加保险费、运费 运费付至 运费、保险费、付至
D组（进口国交货）	DAF（Delivered At Frontier） DES（Delivered Ex Ship） DEQ（Delivered Ex Quay） DDU（Delivered Duty Unpaid） DDP（Delivered Duty Paid）	边境交货 目的港船上交货 目的港码头交货 未完税交货 完税后交货

2. 《2010年国际贸易术语解释通则》

基于实践中的使用情况,《INCOTERMS 2010》将贸易术语由13种调整为11种。取消了《INCOTERMS 2000》中D组的4个术语:DAF（边境交货）、DES（目的港船上交货）、DEQ（目的港码头交货）和DDU（未完税交货）。将以上4种术语归并为两个新的术语:DAT（运输终端交货）和DAP（目的地交货）。

另外,最新版的《INCOTERMS 2010》区别于《INCOTERMS 2000》的另外一个显著特点是不再采用《INCOTERMS 2000》下E、F、C、D的分组方式,而是根据术语适用的运输方式将11种术语分为两个大类,见下表（表8-2）：

表8-2 《2010年通则》分组释义

国际贸易术语	汉语释义
适用于任何运输方式或多种运输方式的术语	
EXW	工厂交货
FCA	货交承运人
CPT	运费付至
CIP	运费、保险费、付至
DAT	运输终端交货
DAP	目的地交货
DDP	完税后交货
适用于海运和内河水运的术语	
FAS	装运港船边交货
FOB	装运港船上交货
CFR	成本加运费
CIF	成本、保险费加运费

近年来,国际商会编撰的《国际贸易术语解释通则》在世界范围内的影响越来越大。国际商会根据实际中的运用情况,在进行修订时一方面力图贴近实际需要,另一方面尽量保持《通则》的相对稳定性。

另外,《通则》和其他国际贸易惯例一样,并不具有强制性约束力。双方当事人可以采用,也可以约定不采用。双方当事人只有在合同中约定采用某种贸易惯例,这种惯例才会对当事人产生法律约束力。

第八章 商品的价格

值得指出的是，由于《通则》经过多次修订，存在不同版本，如果当事人愿意采用《通则》，应在合同中特别注明采用的《通则》版本。

三、INCOTERMS对贸易术语的解释

（一）常用贸易术语

国际商会的《2010年国际贸易术语解释通则》中一共包含11种贸易术语，其中使用最多的是装运港交货的3种术语：FOB、CFR、CIF。除此之外，随着集装箱运输的高速发展和广泛使用，货交承运人的3种术语FCA、CPT和CIP也被越来越多地使用。这3种术语适合于各种运输方式。

1. FOB

FOB即Free on Board（…named port of shipment）：装运港船上交货（……指定装运港）。

卖方负责在装运港将货物交到买方指定的船上，并承担货物装船越过船舷为止的一切费用和风险。

按照FOB术语成交，要求卖方必须在合同约定的装运期内，领取出口许可证或其他官方证件，并负责办理出口手续，按港口的惯常方式，在指定的装运港将货物装上买方指派的船只，并及时通知买方。卖方必须承担货物被置于装运港船上为止，遭受灭失或损坏的一切风险，以及与货物有关的一切费用。卖方还要自费提供证明其已按规定完成交货义务的证件，如果该证件并非运输单据，在买方要求下，并由买方承担风险和费用的情况下，卖方可给予协助以取得提单或其他运输单据。

买方则负责租船订舱，支付运费，并在合同规定的期间到达装运港接运货物，还需通知卖方装船日期以及船名。买方必须承担货物被置于装运港船上时起遭受灭失或者损坏的一切风险以及与货物有关的一切费用。

货物在装船时越过船舷，风险即由卖方转移至买方。

在按FOB条件成交时，卖方要负责支付货物装上船之前的一切费用。但是有关装船的各项费与所使用的船舶类型有很大关系。如果采用班轮运输，船方管装管卸，装卸费计入班轮运费之中，自然由负责

租船的买方承担；而采用程租船运输，船方一般不负担装卸费用，这就必须明确装船的各项费用应由谁负担。为了说明装船费用的负担问题，双方往往在FOB术语后加列附加条件，这就形成了FOB的变形。FOB共有四个变形：

（1）FOB Liner Terms（FOB班轮条件）：装船费用由买方负担。

（2）FOB Under Tackle（FOB吊钩下交货）：卖方负责将货物交至买方指定的船只吊钩所及之处，吊装费用由买方负担。

（3）FOB Stowed（FOB理舱费在内）：卖方负担将货物装入船舱并承担包括理船费在内的装船费用。理舱费是指货物入舱后进行安置和整理的费用。

（4）FOB Trimmed（FOB平舱费在内）：卖方负担将货物装入船舱并承担包括平舱费在内的装船费用。平舱费是指对入舱的散装货物平整所产生的费用。

以上有关FOB的解释都是按照国际商会的《INCOTERMS》作出的，然而不同的国家和不同的惯例对FOB的解释并不完全统一。它们之间的差异在有关交货的地点、风险划分界限以及卖方承担的责任义务等方面的规定上都可体现出来。在我国同美国、加拿大等国家从事的进出口业务中，采用FOB成交时，应对有关问题在合同中具体订明，以免因解释上的分歧而引起争议。

美国的《1941年美国对外贸易定义修订本》中，将FOB概括为6种，分别是：

（1）FOB（named inland carrier at named inland point of departure）：指定内陆发货地点的指定内陆运输工具上交货。

（2）FOB（named inland carrier at named inland point of departure）freight prepaid to（named point of exportation）：指定内陆发货地点的指定内陆运输工具上交货，运费预付到指定的出口地点。

（3）FOB（named inland carrier at named inland point of departure）freight allowed to（named point）：指定内陆发货地点的指定内陆运输工具上交货，减除至指定地点的运费。

（4）FOB（named inland carrier at named inland point of exportation）：指定出口地点的指定内陆运输工具上交货。

第八章　商品的价格

（5）FOB Vessel（named port of shipment）：船上交货（指定装运港）。

（6）FOB（named inland point in country of importation）：指定进口国内陆地点交货。

前3种是在出口国内陆指定地点的内陆运输工具上交货，第4种是在出口地点的内陆运输工具上交货，第5种是在装运港船上交货，第6种是在进口国指定内陆地点交货。

2. CFR术语

CFR即Cost and Freight（…named Port of destination）：成本加运费（……指定目的港）。

CFR术语要求卖方负责根据合同规定安排将货物装上运往指定目的港的船只，支付运费，并承担货物装船越过船舷为止的费用与风险。

采用CFR术语成交，卖方承担的基本义务是，在合同规定的装运港和规定的期限内，将货物装上船，并及时通知买方。货物在装船时越过船舷，风险即由卖方转移至买方。除此之外，卖方要自负风险和费用，取得出口许可证或其他官方证件，并负责办理货物出口手续。以上与FOB条件下卖方承担的义务是相同的。不同于FOB的是，在CFR条件下，与船方订立运输契约的责任和费用由卖方承担。卖方要负责租船定舱，支付到指定目的港的运费，包括装船费用以及定期班轮公司可能在订约时收取的卸货费用。但从装运港至目的港的货运保险，仍由买方负责办理，保险费由买方负担。

CFR术语下，买方的基本义务有：接受卖方提供的有关单据，受领货物，并按合同规定支付货款。承担货物在装运港越过船舷以后的一切风险。自负风险和费用，取得进口许可证或其他官方证件，并且办理货物进口所需的海关手续，支付关税及其他有关费用。

CFR在货物装船、风险转移、办理进出口手续和接单付款方面，买卖双方的义务和FOB是相同的。CFR与FOB的不同之处在于，卖方负责租船订舱并且承担运费。

按照CFR条件达成的交易，卖方需要特别注意的问题是，货物装船后必须及时向买方发出装船通知，以便买方办理投保手续。如果卖方未向买方发出装船通知，致使买方未能办理货物保险，那么如果货物在运输途中遭受损失或灭失，由于卖方未发出通知而使买方漏保，那么卖方就需要承担相应责任。不能以风险在船舷转移为由免除责任。由此可见，尽管在FOB和CIF条件下，卖方装船后也应向买方发出通知，但CFR条件下的装船通知，具有更为重要的意义。

> **拓展阅读**
>
> 按照CFR条件成交，货到目的港后的卸货费由谁负责也是一个需要考虑并加以明确的问题。如果使用班轮运输，由于装卸费用已打入班轮运费中，故在卸货费由谁负担上不会引起争议，而大宗商品一般采用租船运输，在租船运输情况下，卸货费用由谁负担呢？由于各国和地区有不同的习惯做法，为避免在卸货费用负担上引起争议，便产生了CFR的变形。业务中常见的变形有以下几种：
>
> （1）CFR Liner Terms（CFR班轮条件）：指卸货费按班轮做法处理，即买方不负担卸货费。
>
> （2）CFR Landed（CFR卸至码头）：由卖方承担卸货费，包括可能涉及的驳船费在内。
>
> （3）CFR Ex Tackle（CFR吊钩下交货）：指卖方负责将货物从船舱吊起一直卸到吊钩所及之处（码头上或驳船上）的费用，船舶不能靠岸时，驳船费用由买方负责。
>
> （4）CFR Ex Ship's Hold（CFR舱底交货）：船到目的港在船上办理交接后，由买方自行启舱，并负担货物由舱底卸至码头的费用。

3. CIF

CIF即Cost Insurance and Freight（…named port of destination）：成本加保险费、运费（……指定目的港）。

卖方负责根据合同规定安排将货物装上运往指定目的港的船舶，支付运费，办保险，承担货物装船越过船舷为止的费用和风险。

采用CIF术语成交时，卖方的基本义务是，负责按通常条件租船订舱，支付到目的港的运费，并在规定的装运港和规定的期限内将货物装上船，装船后及时

第八章 商品的价格

通知买方。卖方还要负责办理从装运港到目的港的货运保险，支付保险费。

买方的基本义务接受卖方提供的有关单据，受领货物，并按合同规定支付货款；承担货物在装运港越过船舷之后的一切风险；自负风险和费用，取得进口许可证或其他官方证件，并且办理货物进口所需的海关手续。

按CIF条件成交时，卖方仍是在装运港完成交货，买卖双方承担的风险转移点和FOB以及CFR一致，都是以装运港船舷为划分界限。即卖方承担装运港货物越过船舷以前的风险，货物越过船舷之后，风险由卖方转移到买方。CIF术语中的"I"表示Insurance，即保险，从价格构成来讲，这是指保险费，就是说卖方的报价中包括了保险费，从卖方的责任讲，CIF术语条件成交的话，卖方除了负责租船订舱外，还须负责办理从装运港至目的港的货运保险，保险费也由卖方负担。

按CIF术语成交，在签订买卖合同时，在合同的保险条款中，应当明确规定保险险别、保险金额等内容。卖方须按照合同里约定的保险险别和保险金额办理投保。但是，如果在签订的同时，没有对保险险别等问题作出具体规定，那么根据有关惯例对CIF术语的解释，卖方只需投保最低的险别。

CIF具有与CFR相同的运输费用情况，因此，其变形也与CFR相同：

（1）CIF Liner Terms（CFR班轮条件）：指卸货费按班轮做法处理，即买方不负担卸货费。

（2）CIF Landed（CFR卸至码头）：由卖方承担卸货费，包括可能涉及的驳船费在内。

（3）CIF Ex Tackle（CFR吊钩下交货）：指卖方负责将货物从船舱吊起一直卸到吊钩所及之处（码头上或驳船上）的费用，船舶不能靠岸时，驳船费用由买方负责。

（4）CIF Ex Ship's Hold（CFR舱底交货）：船到目的港在船上办理交接后，由买方自行启舱，并负担货物由舱底卸至码头的费用。

案例8-1：2012年某出口公司，对加拿大魁北克某进口商出口500吨核桃仁，合同规定价格为每吨4 800加元，CIF魁北克，装运期不得晚于10月31日，不得分批和转运并规定货物应于11月30日前到达目的地，否则买方有权拒收，支付方式为90天远期信用证。对方于9月25日开来信用证。出口公司于10月5日装船完毕，但船到加拿大东岸时已是11月25日，此时魁北克已开始结冰。承运人担心船舶驶往魁北克后出不来，便根据自由转船条款指示船长将货物全部卸在哈利法克斯，然后从该港改装火车运往魁北克。待这批核桃仁运到魁北克已是12月2日。于是进口商以货物晚到为由拒绝提货，提出降价20%以弥补其损失。几经交涉，最终以我方降价15%结案，出口公司共损失36万加元。问：出口公司是否需要承担这些损失？

案例分析：

出口公司应当承担。本来CIF合同是装运合同，卖方只负责在装运港将货物装上船，越过船舷之后的一切风险、责任和费用均由买方承担。本案中的合同已非真正的CIF合同，因为在合同中规定了货物到达目的港的时限，从而改变了合同的性质，使装运合同变成了到达合同，即卖方须承担货物不能按期到达目的港的风险。所以在CIF合同中添加到货期等限制性条款将改变合同性质，特别是像核桃仁等季节性很强的商品，进口方往往要求限定到货时间，卖方在对货轮在途时间估算不足，对对方情况没有了解清楚的状态下，不能随便添加限制性交货条件。

4. FCA

FCA即Free Carrier（…named place）：货交承运人（……指定地点）。

卖方在约定的时间内，在指定交货地点将经出口清关的货物交给买方指定的承运人，即完成任务。货交承运人之后的风险、责任和费用都由买方承担。

FCA是在FOB的基础上发展起来的，所以两个术语中买卖双方要承担的责任和义务基本相同。主要区别是：FOB只适用于海洋运输，而FCA适用于各种运输方式，特别是现代集装箱运输和多式联运更适合采用FCA术语成交。除此之外，FOB的交货地点是装运港船上，而FCA术语下卖方的交货地点是买卖双方约定的出口国国境内任何一处。

采用FCA术语时，卖方义务包括：在合同规定的时间、地点，将合同规定的货物置于买方指定的承运人控制下，并及时通知买方；承担将货物交给承运人控

第八章　商品的价格

制之前的一切费用和风险；自负风险和费用，取得出口许可证或其他官方批准证件，并办理货物出口所需的一切海关手续；提交商业发票或具有同等作用的电子信息，并自费提供通常的交货凭证。

而买方义务则是：签订从指定地点承运货物的合同，支付有关的运费，并将承运人名称及有关情况及时通知卖方；根据买卖合同的规定受领货物并支付货款；承担受领货物之后所发生的一切费用和风险；自负风险和费用，取得进口许可证或其他官方证件，并且办理货物进口所需的海关手续。

在FCA条件下，通常是由买方安排承运人，与其订立运输合同，并将承运人的情况通知卖方。该承运人可以是拥有运输工具的实际承运人，也可以是运输代理人或其他人。按照《INCOTERMS2010》的解释，FCA术语成交下，交货地点的选择直接影响装卸货物的责任划分问题。FCA条件成交下，交货地点可以是以下两种情况：一是在卖方所在地时，由卖方将货物装上买方指定的承运人的运输工具上；二是在买方指定地时，由卖方在货物运到指定地时在货物未卸下运输工具的情况下，将货物置于买方指定的承运人的控制下。如果在约定地点没有明确具体的交货点，或者有几个交货点可供选择，卖方可以从中选择完成交货义务最适宜的交货点。

5. CPT术语

CPT即Carriage Paid to（…named place of destination）：运费付至（……指定目的地）。

由卖方安排运输，支付运费，并按合同规定的时间，将货物交给约定地点的承运人（多式联运情况下交给第一承运人）处置之下，即完成交货。交货后，卖方应及时通知买方，以便买方办理货运保险。卖方承担的风险，在承运人控制货物后转移给买方。

CPT与CFR买卖双方的义务划分基本相似。主要区别在于适用的运输方式不同，交货地点和风险划分点也不相同。CFR适用于水上运输方式，交货地点在装运港，风险划分点在船舷；CPT适用于各种运输方式，交货地点因运输方式的不同而由双方约定，风险划分以货交承运人为界。

采用CPT术语成交时，卖方承担的基本义务是：安排货物运输，订立将货物运往指定目的地的运输合同，并支付运费；在合同规定的时间、地点，将合同规定的货物置于承运人控制之下，并及时通知买方；承担将货物交给承运人控制之前的风险；自负风险和费用，取得出口许可证或其他官方批准证件，并办理货物出口所需的一切海关手续，支付关税及其他有关费用；提交商业发票，向买方提供在约定目的地提货所需的通常的运输单据，或具有同等作用的电子信息。

买方义务承担的基本义务有：接受卖方提供的有关单据，受领货物，并按合同规定支付货款；承担自货物在约定交货地点交给承运人控制之后的风险；自负风险和费用，取得进口许可证或其他官方证件，并办理货物进口所需的海关手续，支付关税及其他有关费用。

在CPT条件下，卖方交货的地点，可以是在出口国的内陆，也可以在其他地方，如边境地区的港口或车站等。

6. CIP

CIP即Carriage and Insurance Paid to（…named place of destination）：运费保险费付至（…指定目的地）。

卖方安排运输和保险，支付运费和保险费，在合同规定的装运期内将货物交给承运人或第一承运人的处置之下，即完成交货义务。卖方交货后要及时通知买方。对货物承担的风险于交货时在交货地点转移给买方。

CIP与CIF买卖双方的义务划分基本相似。主要区别在于适用的运输方式不同，交货地点和风险划分点也不相同。CIF适用于水上运输方式，交货地点在装运港，风险划分点在船舷；CIP适用于各种运输方式，交货地点因运输方式的不同而由双方约定，风险划分以货交承运人为界。

采用CIP术语时，卖方承担基本责任和义务有：安排货物运输，订立将货物运往指定目的地的运输合同，并支付运费；负责办理货物运输保险，并且承担保险费用；在合同规定的时间、地点，将合同规定的货物置于承运人控制之下，并及时通知买方；承担将货物交给承运人控制之前的风险；自负风险和费用，取得出口许可证或其他官方批准证件，并办理货物出口所需的一切海关手续，支付关税及其他有关费用；提交商业发票，保险单据，向买方提供在约定目的地提货所需的通常的运输单据，或具有同等作用的电子信息。

买方的基本义务是：接受卖方提供的有关单据，受领货物，并按合同规定支付货款；承担自货物在约定交货地点交给承运人控制之后的风险；自负风险和

第八章 商品的价格

费用，取得进口许可证或其他官方证件，并办理货物进口所需的海关手续，支付关税及其他有关费用。

按CIP术语成交的合同，卖方要负责办理货运保险，并支付保险费。一般情况下，卖方要按双方协商确定的险别投保，而如果双方未在合同中规定应投保的险别，则由卖方按惯例投保最低的险别，保险金额一般是在合同价格的基础上加成10%。即CIP术语条件成交时，默认的卖方办理保险的原则是：最低责任险别，最低保险加成。

案例8-2：我方按CIP南京条件进口10公吨化肥，货物经海上运输抵达上海港后转为公路运输运至南京。我方受领货物后，卖方要求我方除了支付货款外还要支付上海至南京的公路运费。问卖方的要求是否合理？

案例分析：

卖方要求不合理。CIP南京表示卖方安排运输、支付运费直至货物到达南京，因此上海至南京的公路运费应包含在卖方的运费中，卖方要求我方支付公路运费不合理。

（二）其他贸易术语

1. EXW

EXW即Ex Works（…named place）：工厂交货（……指定地点）。

卖方要在规定的时间和交货地点将货物准备好，由买方自己安排运输工具到交货地点接收货物，并且自己承担一切风险、责任和费用，将货物从交货地点运到目的地。买方还需自行办理货物出入境所需的手续，支付相应费用。卖方只须提供商业发票或具有同等作用的电子信息。

由此可见，采用EXW条件成交时，卖方承担的风险、责任以及费用都是最少的。与之相对应的是买方承担的风险、责任以及费用是所有贸易术语中最大的。

EXW术语不是国际贸易中的常用术语，但是在使用EXW术语时，应当注意的是：若买方无法做到直接或间接办理货物的出境手续时，则不应采用这一贸易术语成交。在这种情况下，可以采用与之相似的FCA术语成交。

2. FAS

FAS即Free Alongside Ship（…named port of shipment）：船边交货（……指定装运港）。

卖方要在约定的时间内将合同规定的货物交到指定的装运港买方所指派的船只的船边，在船边完成交货义务。装船的责任和费用则由买方承担。买卖双方负担的风险和费用均以船边为划分点。

FAS术语与FOB的不同点在于买卖双方交货地点不同，因而费用承担、风险转移点也不同。

3. DAT

DAT即Delivered at Terminal（…named terminal of destination）：指定目的地/港集散站交货（指定目的地）。

卖方需将货物运至指定目的港或者目的地的货物集散站，将货物从抵达目的港/目的地的运输工具上卸下，交给买方处置时，即完成交货。卖方承担货物交由买方处置前的一切风险和费用。

DAT是《INCOTERMS2010》里面新增加的两个术语之一。DAT条件下货物集散站的含义是任何运输方式的货站，例如，港口、仓库、堆场，或者公路、铁路、空运货站。这也表明，DAT术语适用于任何一种运输方式。

4. DAP

DAP即Delivered at Place（……named place of destination）：目的地交货（……指定目的地）。

卖方需将货物运至指定目的地，将还在运输工具上可供卸载的货物交由买方处置时，即完成交货。卖方承担货物交由买方处置前的一切风险和费用。

DAP也是《INCOTERMS 2010》里面新增加的一个术语，它简称为目的地交货，是ICC在制定《INCOTERMS 2010》时，把《INCOTERMS 2000》里的DAF、DES和DDU术语合并而成的术语。

DAT和DAP都是由卖方承担运输责任把货物运送到指定目的港/地的货物集散地交货。DAP术语下卖方的责任比DAT下卖方的责任更进一步，需要将到达集散地的货物直接运送至进口国国境内指定的任一交货点交给买方，才能完成其承担的责任。

5. DDP

DDP即Delivered Duty Paid（…named place of destination）：完税后交货（……指定目的地）。

卖方需将货物运输至进口国国境内的指定地点，处于运输工具上的货物交由买方处置之下，即完成交货。卖方承担货物交给买方之前的一切风险、责任和费用，还需负责办理货物进入进口国的报关手续，并承担相应费用。

DDP与DAP有所不同，DAP术语下，卖方虽然也是负责将货物运送至进口国国境内指定的目的地，但是进口手续的办理，以及关税的缴纳却是买方的义务。而与卖方承担义务最少的EXW相反，DDP是所有贸易术语中卖方承担义务最多的贸易术语。

第二节　商品的定价

确定进出口商品价格，规定合同中的价格条款，是交易双方最为关心的一个重要问题。在国际贸易实务中，采用合理的作价办法，选用有利的计价货币，计算好佣金和折扣，做好成本核算，是订好合同中的价格条款的保证。

一、商品定价的原则

（一）考虑价格的影响因素

影响出口商品价格的因素有很多，除了受国际市场供求关系变化的影响之外，影响出口商报价的因素主要还有：商品的质量和档次、运输距离、季节性需求的变化、成交数量以及支付条件和汇率变动的风险等。这些因素最终都会影响到买卖双方约定的成交价格。

（二）计价货币的选择

计价货币是指合同中规定用来计算价格的货币。买卖双方在价格条款中需明确使用何种货币作为计价货币。通常选用的计价货币可以是出口国货币或者进口国货币，也可以是双方同意的第三国货币。

值得指出的是,可兑换货币的价值,随汇率的变动而变动,因此,需要慎重选择合适的计价货币,减少由于汇率变动而带来的风险。一般而言,买卖双方愿意选择汇率稳定的货币作为计价货币。但在汇率不稳定的情况下,出口方会倾向于选用"硬币",即币值坚挺的货币;而进口方则更倾向于选用币值疲软的"软币"。若计价货币对一方不利,受损一方可以采取保值措施。例如,根据该种货币可能的变动幅度,相应调整对外报价;或者订立保值条款,力争把其所承担的汇率风险降低。

(三)佣金和折扣的运用

在合同价格条款中,有时还会涉及佣金(Commission)和折扣(Discount)。

1. 佣金

佣金是买方或者卖方付给中间代理人介绍交易的服务酬金。

我国的外贸专业公司,在代理国内企业进出口业务时,通常由双方签订合同规定代理佣金比率。在货物销售合同的价格条款中,价格里明确规定佣金的百分比的佣金,叫作"明佣"。不标明佣金的百分比,有关佣金的问题由双方当事人另行约定,这种暗中约定佣金的做法,叫作"暗佣"。

佣金在价格条款中反映出来时,通常以英文缩写字母C表示。例如:"每公吨200美元CIFC2%伦敦"(US＄200 per M／T CIF London including 2％ commission)。

2. 折扣

折扣是指卖方按原价给予买方一定百分比的减让。

卖方使用折扣方式减让价格,而不直接降低报价,可以向买方直接表明其给予买方价格上的优惠,促进卖方的销售。在国际贸易中,折扣通常在合同价格条款中直接用文字明确表示出来。例如:"CIF伦敦每公吨200美元,折扣3％"(US＄200 per Metric ton CIF London including 3％ discount)。

二、常用贸易术语的价格构成

不同的贸易术语代表了买卖双方所承担的不同义务、风险和费用。交易双方选择不同的贸易术语成交,对商品的报价是有差异的。如果卖方按FOB报价,但是买方要求改按CIF或CFR报价,这就涉及价格的换算问题。所以,应当了解贸易术语的价格构成及其换算方法。

（一）FOB、CFR、CIF贸易术语

FOB、CFR、CIF是仅适用于海上运输或者内河运输方式的贸易术语。它们的价格构成分别为：

FOB价格 = 生产成本价 + 国内流通费用 + 净利润

CFR价格 = 生产成本价 + 国内流通费用 + 国际运费 + 净利润

　　　　 = FOB价格 + 国际运费

CIF价格 = 生产成本价 + 国内流通费用 + 国际运费 + 国际运输保险费 + 净利润

　　　　 = FOB价格 + 国际运费 + 国际运输保险费

　　　　 = CFR价格 + 国际运输保险费

（二）FCA、CPT、CIP贸易术语

FCA、CPT、CIP是适用于各种运输方式的贸易术语。它们的价格构成分别和FOB、CFR、CIF类似：

FCA价格 = 生产成本价 + 国内流通费用 + 净利润

CPT价格 = 生产成本价 + 国内流通费用 + 国际运费 + 净利润

　　　　 = FCA价格 + 国际运费

CIP价格 = 生产成本价 + 国内流通费用 + 国际运费 + 国际运输保险费 + 净利润

　　　　 = FCA价格 + 国际运费 + 国际运输保险费

　　　　 = CPT价格 + 国际运输保险费

第三节　合同中的价格条款

一、价格条款的内容

合同中的价格条款，一般包括商品的单价和总值两项基本内容。除此之外，还应包含商品单价的作价办法以及与单价有关的佣金与折扣。商品的单价通常由4个部分组成：单位价格金额、计量单位、计价货币以及所用的贸易术语。例如："每箱80美元，CIF伦敦，含2%佣金"（USD80 per case CIFC2 London）。在规定价格条款时，单价中涉及的计量单位、计价货币、装卸地名称，必须书写正

确、清楚。

二、价格条款实例

（1）US$80CIF KOBE per case

（2）US$80CIFC2 KOBE per case

（3）US$80CIF KOBE per case less 2%

本章小结

贸易术语来源于国际贸易惯例，它是在长期贸易实践基础上发展起来的。目前国际上较有权威性的惯例主要有：《1932年华沙—牛津规则》、《1941年美国对外贸易定义修订本》及《国际贸易术语解释通则INCOTERMS》。《INCOTERMS》是在当今国际贸易中影响最为深远的国际规则，《INCOTERMS 2000》将贸易术语分为"E、F、C、D"4个组，共13种术语，包括EXW、FCA、FAS、FOB、CFR、CIF、CPT、CIP、DAF、DES、DEQ、DDU和DDP。《INCOTERMS 2010》是2010年修订的最新版本，《INCOTERMS 2010》取消了《INCOTERMS 2000》中的4种术语：DAT（边境交货）、DES（目的港船上交货）、DEQ（目的港码头交货）和DDU（未完税交货），新增了DAT（目的地/港集散站交货）和DAP（目的地交货），把《INCOTERMS 2000》中规定的13种术语修订成11种术语。在国际贸易的实践中常用的贸易术语有6个：FOB（装运港船上交货）、CFR（成本加运费）、CIF（成本加运费、保险费）、FCA（货交承运人）、CPT（运费付至）、CIP（运费、保险费付至）。

国际货物买卖合同中的价格条款，包括商品的单价和总价。商品的单价一般包含计量单位、单位价格金额、计价货币和贸易术语。

本章思考题

1. 什么是国际贸易术语？国际贸易术语是如何产生的？它的作用是什么？

2. 国际贸易惯例与法律有何联系与区别？如合同内容与惯例有冲突以什么为准？

3. 和国际贸易术语有关的国际惯例都有哪些？

第八章 商品的价格

4. 简述FOB术语的合义及卖方完成交货的条件。

5. FOB术语与FCA术语有何共同点和区别？

6. 《INCOTERMS 2010》对FCA条件下卖方交货的地点、风险划分的界限及买卖双方各自承担的责任和费用问题是如何规定的？

7. CFR术语与FOB术语的异同点是什么？

8. 按照CFR术语成交时，买卖双方各应承担哪些基本义务？

9. 请指出CPT、CIP和FCA这3种术语之间的联系与区别？

10. 我某公司按CIF条件向欧洲某国进口商出口一批草编制品。由我方向中国人民保险公司投保一切险，并采用信用证方式支付。我出口公司在规定的期限、指定的装运港装船完毕，船公司签发了提单，然后在中国银行议付了款项。第二天，出口公司接到客户来电，称装货海轮在海上失火，草编制品全部烧毁。要求我公司出面向保险公司提出索赔，否则要求我公司退回全部货款。问：对方是否有理？

本章参考文献

1. 陈宪、应诚敏、韦金鸾：《国际贸易理论与实务》，高等教育出版社2012年版。

2. 黎孝先：《国际贸易实务》，对外经济贸易大学出版社2007年版。

3. 张婧：《国际贸易理论与实务》，清华大学出版社2009年版。

第九章　国际货物运输

本章学习目标

1. 了解：国际货物运输的主要形式。
2. 熟悉：海洋运输的相关知识和运输单据的含义和作用。
3. 掌握：合同装运条款的内容，特别是分批装运和转运条款。

本章核心概念

海洋运输　班轮运输　租船运输　铁路　运输　国际铁路联运　航空运单　公路运输　集装箱运输　整箱货　拼箱货　联合运输　大陆桥运输　国际多式联运　装运时间　交货时间　装运港　目的港　分批装运　转运

第一节　运输方式

国际贸易中的货物需要从一个地方被运至另一个地方，没有运输国际贸易就不能进行。国际货物运输有多种方式（见图9-1）。在国际贸易运输中，如何选择运输方式是一个重要的问题，它关系到货物的安全、费用的高低和今后业务的开展。

第九章　国际货物运输

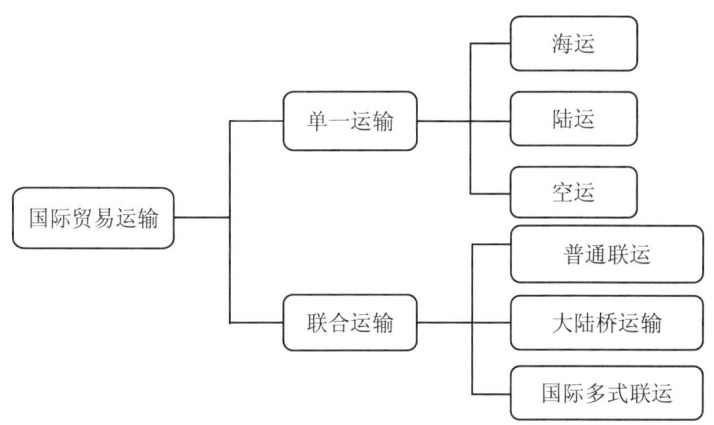

图9-1　国际贸易运输方式分类

一、海洋运输

（一）海洋运输的定义

海洋运输（Ocean Transportation，简称海运），是指利用船舶在国内和国外港口之间通过一定的航线和航班运送货物的一种运输方式。

海上货物运输是最主要、最重要的运输方式，海上航线纵横交错，将世界各国连接起来。从历史上看，国际贸易主要是从航海贸易发展起来的，许多有关国际贸易的现行法律和惯例也是在总结航海贸易长期实践经验的基础上产生出来的。

（二）海洋运输的主要特点

1. 运输量大

国际货物运输是在全世界范围内进行的商品交换，地理位置和地理条件决定了海上货物运输是国际货物运输的主要手段。船舶向大型化发展，集装箱船的大量运用使得船舶的运载能力远远大于火车、汽车和飞机。

2. 运费低廉

船舶的航道天然构成，船舶运量大，港口设备一般均为政府修建，船舶经久耐用且节省燃料，所以货物的单位运输成本相对低廉，这就为低值大宗货物的运输提供了有利的竞争条件。

3. 对货物的适应性强

海上货物运输方式基本上适应各类大宗货物的运输，更方便大件货物运输,如大型机械装置、车辆等超重大货物,其他运输方式是无法装运的,而船舶一般都可以装运。

4. 运输的速度慢

由于商船的体积大,水流的阻力大,加之装卸时间长等其他各种因素的影响,所以海运的运输速度比其他运输方式慢。

5. 受气候影响较大

船舶海上航行受自然气候和季节性影响较大,海洋环境复杂,气象多变,随时都有遇上人力难以抗衡的海洋自然灾害袭击的可能,遇险的可能性比陆地要大。

(三)海洋运输的经营方式

为了适应不同货物和不同贸易合同对运输的需要,合理地利用远洋船舶的运输能力,并获得最佳的营运经济效益,当前国际上普遍采用的海洋运输船舶的营运方式可分为两大类,即班轮运输和租船运输。

1. 班轮运输

(1)班轮运输的定义。班轮运输(Liner Transport)指沿固定的航线,停靠固定的港口,按事先公布的固定船期运输货物,按事先公布的费率收取运费的船舶营运方式。

(2)班轮运输的特点。班轮运输的特点主要包括:① 班轮运输有固定的船期、航线、停靠港口和相对固定的运费率;② 班轮运费中包含了装卸费,故班轮的港口装卸由船方负责;③ 提单条款是班轮运输的法律依据;④ 班轮承运货物的数量比较灵活,货主可以按需订舱,特别适合于一般件杂货和集装箱货物的运输;⑤ 班轮公司在班轮停靠的码头都有自己的专用码头,货运质量有保证;⑥ 班轮运输货物一般为小额贸易货物,或以集装箱作为运输单元,提单是班轮主要的运输单证。

(3)班轮货物运输业务流程。班轮公司会在所经营的班轮航线上争取货源,托运人或其代理人有托运货物可向班轮公司或其代理人(即承运人)申请货物运输;班轮公司在综合考虑各种货物的性质、包装、重量及尺码等因素后,需要做好船货平衡来确定某一船舶在某一航次所装货物的种类和数量;托运人根据班轮公司的安排将其托运的货物送至指定收货地点,由班轮公司进行装船作业;

货物到达目的港后，班轮公司负责将货物从船上卸下，交给收货人并办理货物的交货手续。以上流程如图9-2所示。

揽货、订舱 → 船货平衡 → 收货、装船 → 卸船、交货

图9-2　班轮运输流程

2. 租船运输

（1）租船运输的定义。租船运输（Charter transportation）指承租人按一定原则向出租人租赁船舶用于运输货物的做法。

（2）租船特点：① 租船无固定航线、无固定停靠港口、无固定船期和收费标准；② 租船的船期、航线、停靠港口以租船合同为依据；③ 租船费用由合同约定；④ 运价一般与货量无关；⑤ 采用租船运输的货物主要是低价值的大宗货物，例如煤炭、矿砂、粮食、化肥、水泥、木材、石油等；⑥ 一般都是整船装运，运量大，运价比较低，并且运价随市场行情的变化波动。

（3）租船方式。租船方式主要有航次租船、定期租船和光船租船3种：

第一，航次租船（Voyage Charter）。航次租船又称为定程租船，是以航程为基础的租船方式，由船方按租船合同规定的航程完成货物运输服务，并负责船舶的经营管理以及船舶在航行中的一切开支费用，租船人按约定支付运费。航次租船的合同中会确定货物装卸的责任并规定装卸期限或装卸率，计算滞期费和速遣费。

第二，定期租船（Time Charter）。定期租船简称期租，是以租赁期限为基础的租船方式。在租期内，租船人按约定支付租金以取得船舶的使用权，同时负责船舶的调度和经营管理。期租的租船人可以根据货运需要选择航线、挂靠港口，有船舶调度权并负责船舶的营运，支付船用燃料、各项港口费用、捐税、货物装卸等费用。期租合同不规定滞期速遣条款。

第三，光船租船（Bare Boat Charter）。光船租船也是一种期租船，不同的是船东只把空船交给租方使用，由租方自行配备船员，负责船舶的经营管理和航行各项事宜。

(四)海运提单

1. 提单的定义

提单(Bill of Lading)是由船长、承运人或其代理人签发,证明收到特定的货物,并许诺将货物运至特定目的地交付收货人的凭证。

2. 提单的作用

提单的主要作用有:① 提单是承运人出具的货物收据(Receipt for the Goods);② 提单是物权凭证(Document of Title);③ 提单是关于运输的契约或契约依据(Transportation Contract)。

3. 提单的种类

提单按不同的分类方法有不同的种类。

(1)按货是否已装船划分:① 已装船提单(on board B/L),是指船舶公司已将货物装在指定的船舶上后签发的提单。② 备运提单(received for shipment B/L),是指船舶公司已收到指定货物,在等待装运货物期间签发的提单。

(2)按提单抬头划分:① 记名提单(straight B/L),是指在提单的抬头上注明指定的收货人,这种提单只能由提单上注明的收货人提货,不能转让。② 指示提单(order B/L),又称空白提单,指在提单的抬头栏注明"凭指定"、"凭××人指定"。这种提单可以运用背书转让给第三人,是可以流通的货运提单。③ 不记名提单(open B/L),是指提单上的收货人栏不指明收货人,只注明提单持有人(Bearer)字样,这种提单无须背书就能流通,风险比较大,实际业务中很少使用。

(3)按提单有无不良批注划分:① 清洁提单(clean B/L),是指未被批注有关货物受损或包装不良的提单。② 不清洁提单(foul B/L),是指有注明货物表面状况受损或包装不良等批注的提单。

(4)按运输方式不同划分:① 直运提单(direct B/L),是指中途不经换船直接运达指定港口的提单。② 转运提单(transhipment B/L),是指货物需在中途卸货交另一艘船舶继续运输才能到达目的港的提单。③ 联运提单(through B/L),是指经两种或两种以上的运输方式运送货物,由第一程承运人签发的,包括全程并能在目的港(地)提货的运单。联运提单的签发人只对第一程运输负责。

(5)按提单格式划分:① 全式提单(long form B/L),又称繁式提单,是

第九章 国际货物运输

指在提单的背面详细注明承运人和托运人之间各自的权利、义务条款的提单。
② 略式提单（short form B/L），又称简式提单，指只注明承运货物的基本情况和托运人的名称、地址、收货人等基本情况的提单。

二、陆上运输

（一）铁路运输

1. 铁路运输概述

在国际货物运输中，铁路运输（Rail Transport）是仅次于海洋运输的主要运输方式，特别是第二次世界大战后，各国大力发展铁路运输，并加强了这方面的国际合作，使之日益成为国际货物运输的一个重要方式。在欧洲大陆和亚洲，国际货物多式联运中的陆桥运输开展后，铁路运输的作用越来越重要，已成为加快运输速度、降低运输成本必不可少的手段。

2. 铁路运输的特点

铁路运输是现代化运输业的主要运输方式之一，与其他运输方式相比较，具有以下主要特点：

（1）铁路运输的准确性和连续性强。铁路运输几乎不受气候影响，一年四季可以不分昼夜地进行定期的、有规律的、准确的运转。

（2）铁路运输速度比较快。铁路货运每昼夜可达几百公里，远远高于海上运输。

（3）运输量比较大。铁路一列货物列车一般能运送3 000~5 000吨货物，远远高于航空运输和汽车运输。

（4）铁路运输成本较低。铁路运输费用仅比海运费用高，相比其他运输方式都比较低。

（5）铁路运输安全可靠，风险远比海上运输小。

（6）初期投资大。铁路运输需要铺设轨道、建造桥梁和隧道，建路工程艰巨复杂，需要消耗大量钢材、木材，占用土地，其初期投资会超过其他运输方式。

（7）办理铁路货运手续比海洋运输简单，而且发货人和收货人可以在就近的始发站（装运站）和目的站办理托运和提货手续。

3. 国际铁路联运

国际铁路联运（International Railway Through Goods Traffic）始于19世纪中期，1890年欧洲国家在瑞士首都伯尔尼签订了《国际铁路运送规则》并于1893年开始生效。

（1）国际铁路联运的定义。国际铁路联运指使用一份运输票据，在两个及两个以上国家的铁路间运输货物，在由一国铁路向另一国铁路移交货物和车辆时，不需要收发货人参加，由各国按国际条约承担义务的运输方式。

（2）国际铁路货物联运的特点。国际铁路货物联运的特点主要包括：① 涉及面广。每运送一批货物都要涉及两个或两个以上国家国境站。② 运输条件高。要求每批货物的运输条件都要符合有关国际联运的规定。③ 办理手续要求高。运输票据及有关单证都必须符合有关规定和一些国家的正当要求。④ 使用一份铁路联运票据完成货物的跨国运输。⑤ 运输责任方面采用统一责任制。⑥ 仅使用铁路一种运输方式。

（3）国际铁路联运的主要内容。

①《国际铁路货物运送公约》。1934年欧洲国家对原《国际铁路运送规则》作修改后称为《国际铁路货物运送公约》，并于1938年9月开始实行。现在参加该公约的国家已达到30多个，在国际铁路货物运输的影响也日益扩大。

主要参加国有：奥地利、瑞士、德国、法国、意大利、比利时、荷兰、西班牙、葡萄牙、芬兰、瑞典、挪威、丹麦、希腊、卢森堡、英国、爱尔兰、列支敦士登、伊朗、伊拉克、叙利亚、黎巴嫩、突尼斯、阿尔及利亚、摩洛哥、土尔其、保加利亚、匈牙利、罗马尼亚、捷克、波兰等。

②《国际铁路货物联运协定》。《国际铁路货物联运协定》简称《国际货协》，1951年由苏联提议，起草并通过了《国际货协》和《国际客协》，1951年11月生效。最初有8个国家参加，1954年中国、朝鲜、蒙古正式参加，随后越南也参加进来。从此，国际铁路联运成为连接亚欧各国客货运输的重要纽带。

（4）国际铁路联运出口货物程序。

① 托运前的工作。在托运前必须将货物的包装和标记严格按照合同中有关条款、国际铁路联运有关条款办理。② 发运。货物按规定进站、装车加固和施封，签发运单和运单副本。③ 出口货物国境站交接。由口岸外运公司接铁路交接传递

的运送票据后,依据联运运单审核其附带的各种单证份数是否齐全,内容是否正确,遇有矛盾不符等缺陷,则根据有关单证或函电通知订正、补充。④ 报关报验。运送单证经审核无误后,将有关运送单证送各联检单位审核放行。⑤ 货物的交接。单证手续齐备的列车出境后,由交付国的工作人员会同接收国工作人员共同进行票据和货物交接,依据交接单进行对照检查。

(5) 铁路联运单据。

① 国际铁路联运运单(INTERNATIONAL Through Rail Way Bill)。该单是发货人与铁路之间缔结的运输契约,它规定了铁路与发、收货人在货物运送中的权利、义务和责任,对铁路和发、收货人都具有法律效力。② 添附文件。我国出口货物必须添附"出口货物明细单"、"出口货物报关单"以及"出口外汇核销单",另外根据规定和合同的要求还要添附"出口许可证"、品质证明书、商检证、卫生检疫证、动植物检疫证以及装箱单、磅码单、化验单、产地证及发运清单等有关单证。

4. 内地至港澳地区的铁路运输

对港澳地区的铁路运输按国内运输办理,但又和一般的国内运输有所差别。由于香港特别行政区系单独关税区,故货物在内地和香港间进出需办理进出口报关手续。对澳门地区的铁路运输是先将货物运抵广州南站再转船运至澳门。

(1) 对香港地区铁路货物运输的一般程序。

① 办理托运。由发货地的外运分公司或外贸公司向当地铁路局办理从发货地至深圳北站的国内铁路运输的托运手续,填写国内铁路运单。② 办理中转。由发货地的外运分公司或外贸公司委托深圳外运分公司办理接货、报关、查验、过轨等中转手续,以预寄单证和起运电报为依据。③ 准备接车。深圳外运分公司接到铁路到车预告后,对有关单证进行核对,并抄送香港中旅社以备接车。④ 办理过关。货车到达深圳北站后,深圳外运分公司与铁路进行票据交接,并向铁路编制过轨计划。准备过轨的货车,由深圳外运分公司向海关申报,经海关审查无误,即会同联检单位对过轨货车进行联检,通过后即可放行。⑤ 卸货。香港段由香港中旅社向港段海关报关,并在罗湖车站办理起票手续,港段铁路将过轨货车运到九龙车站交中旅社卸货。

(2) 对香港地区铁路货物运输的主要单证。

① 供港货物委托书。供港货物委托书是发货人向深圳外运分公司和香港中

旅货运有限公司委托办理货物转运、报关、接货等工作的依据，也是向发货人核算运费的凭证。② 出口货物报关单。出口货物报关单是发货人向海关申报的依据。③ 起运电报。该电报是告知口岸和驻港机构及时作好接运准备的单据，还可作为补制单据必要文件。④ 承运货物收锯。由外运公司签发的承运货物收据，托运人以此作为结汇凭证、承运货物收据既是承运人出具的货物收据，也是承运人与托运人签署的运输契约。

（二）公路运输

公路运输（Road Transportation）是利用公路进行国际货物运输的运输方式，是一种现代化的运输方式，它不仅可以直接运进或运出对外贸易货物，而且也是车站、港口和机场集散进出口货物的重要手段。

1. 公路运输的特点和作用。

（1）机动灵活、简捷方便。在短途货物集散运转上，它比铁路、航空运输具有更大的优越性，尤其在实现"门到门"的运输中，其特点更为显著。

（2）作为其他运输辅助方式。尽管其他各种运输方式各有特点和优势，但或多或少都要依赖公路运输来完成最终两端的运输任务。

（3）有一定的局限性。公路运输载重量小，不适宜装载重件、大件货物，不适宜走长途运输，车辆运行中震动较大，易造成货损货差事故，同时，运输成本费用较水运和铁路为高。

2. 我国外贸汽车运输所承担的主要任务

（1）将出口商品由产地集中到外贸仓库。

（2）将出口商品由外贸储存库运至发运点仓库。

（3）将出口商品由发运点仓库运至港口前方仓库，或直接运至港区、车站、机场。

（4）将集装箱货物由交货点通过公路运至港口装船，即承担国际多式联运的第一段运输。

（5）汽车承运经香港中转的陆海联运货物，由发货点直送深圳过境。

（6）进口货物的疏运，送货上门。

（7）边境贸易的直达货物运输。

第九章 国际货物运输

三、航空运输

在国际贸易运输中,随着全球性的航空运输网的建立和国际贸易协作的深入,航空运输在世界范围内的作用日益显著,发展更为迅速。

(一)航空运输的特点

1. 运输快捷

航空运输以快速而著称,运送速度快,在途时间短,使货物在途风险降低,因此许多贵重物品、精密仪器也往往采用航空运输的形式。

2. 可保鲜成活

航空运输最适合于鲜活易腐商品和季节性强的商品的运送,尤其对于易腐烂、变质的鲜活商品,时效性、季节性强的报刊、节令性商品、抢险、救急品的运输,这一特点显得尤为突出。

3. 安全可靠

航空运输管理制度比较完善,货物破损率低,飞机航行有一定的班期,可按时到达。

4. 可节省包装、保险、利息等费用

由于速度快,商品在途时间短,加上保管制度完善,货损货差少,包装可较其他运输方式简化,保险费用和包装费用也可降低。

5. 不受地面条件影响

航空运输利用天空这一自然通道,不受地理条件的限制。对于地面条件恶劣、交通不便的内陆地区非常合适,有利于当地资源的出口,促进当地经济的发展。

6. 航空运输有局限

航空运输舱容有限,运输费用也较其他运输方式更高,不适合低价值货物,飞行安全容易受恶劣气候影响,等等。

(二)航空货物运输方式

1. 班机运输

班机运输(Scheduled Flights)是指具有固定开航时间、航线和停靠航站的飞机运输。班机运输的特点主要有:

(1)能安全迅速地到达世界各通航地点。班机有固定航线和停靠港,定期开航,因此国际间货物流通常使用班机运输方式。

(2)收、发货人可确切掌握货物起运到达的时间。这对市场上急需的商品、鲜活易腐货物以及贵重商品的运送非常有利。

(3)航位有限。班机运输一般客货混载,因此舱位有限,不能满足大批量货物的及时出运,往往需分期分批运输。

2. 包机运输

包机运输(Chartered Carrier)是指航空公司按照约定的条件和费率,将整架飞机租给一个或若干个包机人(包机人指发货人或航空货运代理公司),专从一个或几个航空站装运货物至指定目的地。

(1)包机运输方式可分为整包机和部分包机两类。① 整包机。整包机指航空公司按照与租机人事先约定的条件及费用,将整架飞机租给包机人,从一个或几个航空港装运货物至目的地的运输方式。② 部分包机。部分包机由几家航空货运公司或发货人联合包租一架飞机装载货物。

(2)包机的优点:解决班机仓位不足的矛盾;货物全部由包机运出,节省多次发货的手续和时间;弥补没有直达航班的不足,且不用中转;减少货损、货差或丢失的现象;在空运旺季缓解航班紧张状况。

3. 集中托运

集中托运(Consolidation)是指航空货运代理公司将若干批单独发运的货物集中成一批向航空公司办理托运,填写一份总运单送至同一目的地,然后由其委托当地的代理人负责分发给各个实际收货人。该公司并另行出具分运单(House Air Way Bill)分发给各个委托人,以用于向买方交单和结算。这种托运方式,可降低运费,是航空货运代理的主要业务之一。集中托运可以采用班机或包机运输方式。

集中托运的特点主要有:

(1)节省运费。航空货运代理公司把从不同的发货人那里收集的小件货物,集中起来以后,可以使用航空公司比较合理的运价,办理空运。航空货运公司的集中托运运价一般都低于航空协会的运价,发货人也就可得到低于航空公司的运价,从而节省费用。

(2)扩大服务,提供方便。货物集中托运可到达航空公司到达地点以外的地方,延伸了航空公司的服务,方便了货主。

(3)提早结汇。发货人将货物交予航空货运代理后,即可取得货物分运单,并持分运单到银行尽早办理结汇。

4. 航空快运业务

航空快运业务(Air Express or Courier Cargo Service)是由快递公司与航空公司合作,向货主提供的快递服务。这是一种最为快捷的运输方式,特别适合于各种急需物品和文件资料。

航空货物快运业务的形式主要有:

(1)机场到机场服务。发货人在飞机始发站将货交给航空公司,然后发货人打电话通知目的地收货人到机场取货。

(2)门到门服务(也称桌到桌服务)。发货人在发货时打电话给快运公司,快运公司即刻派员到发货人办公室取货,直接送到机场航空公司。货物到达目的地机场后按要求的时间送交收货人手中。

(3)派专员送货。由快运公司派人随机同行,直至货物安全送达收货人手中。

(三)航空货物运输的程序

1. 出口程序

(1)办理托运,预定舱位。进出口公司将出口合同副本一份或空运出口货物委托书一份,寄送有关中国对外贸易运输总公司,由运输公司办理提货、报关、托运等工作。

(2)交货,报关。货物备妥后由发货人送货到指定地点,由快运公司和航空公司认真核对单证并办理报关。

(3)办理结汇。进出口公司凭中国对外贸易运输总公司的分运单或民航的运单办理结汇。

2. 进口程序

(1)委托接货。在国外发货前,进出口公司将合同副本或订单一份寄交当地中国对外贸易运输分公司,作为委托空运代理代办接货的依据。

(2)接货,报关。货物到达后,外运公司收到航空公司到货通知后,即代办海关及提货手续。

（四）航空运单

1. 航空运单的定义

航空运单（Air Way Bill）是由承运人或其授权的代理人出具的单据，它是承运人接受货物的收据，也是承运人与托运人之间缔结的运输合同。航空运单是航空运输中的一个重要的货物单据，但它不同于海运提单，它不是代表货物所有权的物权凭证。

2. 航空运单的性质和作用

航空运单（Air Way Bill）与海运提单有很大不同，却与国际铁路运单相似。其性质和作用如下：

（1）航空运单是发货人与航空承运人之间的运输合同。航空运单是发货人与航空运输承运人之间缔结的货物运输合同，在双方共同签署后产生效力，并在货物到达目的地交付给运单上所记载的收货人后失效。

（2）航空运单是承运人签发的已接收货物的证明。航空运单是货物收据，在发货人将货物发运后，承运人或其代理人就会将其中一份交给发货人（即发货人联），作为已经接收货物的证明。

（3）航空运单是承运人据以核收运费的账单。航空运单分别记载着货方应支付给承运人的费用和应支付给代理人的费用，并详细列明费用的种类、金额，因此可作为运费账单和发票。

（4）航空运单是报关单证之一。航空运单是货物进出口的报关单证之一。

（5）航空运单同时可作为保险证书。如果承运人承办保险或发货人要求承运人代办保险，则航空运单也可用来作为保险证书。

（6）航空运单是承运人内部业务的依据。航空运单随货同行，证明了货物的身份，承运人会据此对货物的运输做出相应安排。

3. 航空运单的分类

航空运单主要分为两大类：

（1）航空主运单（Master Air Way Bill，MAWB）。凡由航空运输公司签发的航空运单就称为主运单。它是航空运输公司据以办理货物运输和交付的依据，是航空公司和托运人订立的运输合同，每一批航空运输的货物都有自己相对应的航空主运单。

（2）航空分运单（House Air Way Bill，HAWB）。在集中托运的情况下，除了航空运输公司签发主运单外，由集中托运人所签发的航空运单被称作航空分运单。

> **拓展阅读**
>
> **国际贸易运输还会涉及内河、邮包和管道运输**
>
> 　　内河运输（Inlandwater Transportation）是使用船舶在陆地内的江、河、湖、川等水道上进行货物运输的运输方式，是水上运输的重要组成部分，它是连接内陆腹地与沿海地区的纽带，也是内陆腹地货物向海外运输的重要方式。在运输和集散进出口货物中起着重要的作用。中国内河运输比较发达的水系有长江、珠江、黑龙江、京杭运河和淮河，还有钱塘江、闽江、黄浦江等。
>
> 　　邮包运输（Parcel Post Transport）是托运人将货物交给邮局以邮包的方式进行运输的做法。邮包运输是一种比较简单的运输方式。按照国际贸易习惯，卖方将邮包交给邮局并取得邮包收据后，即作为完成交货任务。万国邮政联盟（Universal Postal Union）是联合国关于国际邮政事务的专门机构，宗旨是组织和改进全世界邮政服务工作，并保证国际邮政合作。
>
> 　　管道运输（Pipeline Transportation）是利用管道输送气体、液体和粉状固体的一种运输方式。管道运输是随着石油的生产和贸易而产生和发展的。管道运输多用来输送流体（货物），如原油、成品油、天然气及固体煤浆等。管道运输由于具有运量大、运输成本低、易于管理等特点而倍受青睐，呈快速发展的趋势，随着科学技术的发展，各国愈来愈重视输煤管道的研究和应用。随着运行管理的自动化，进入21世纪后，管道运输将会发挥愈来愈大的作用。

四、集装箱运输

（一）集装箱运输的定义

集装箱运输（Container Transport）是以集装箱作为运输单位，实现自动化货物运输的一种现代化的先进的运输方式。它可适用于海洋运输、铁路运输及国际多式联运等。目前已成为国际上普遍采用的一种重要的运输方式。

（二）集装箱运输的特点

集装箱运输具备很多优点：

（1）提高装卸进度，加速船舶周转。集装箱使用机械装卸，一般不受天气限制，装卸速度大大加快，减少了船舶在港的停泊时间，加速了船舶的周转。

（2）减少货损货差，提高运输质量。集装箱坚固耐用，大大地减少了货物的损坏、偷窃和污染的发生，节省了包装费用，也减少了对货物的索赔责任等。

（3）节省包装和装卸费用。用集装箱装运货物，商品的外包装可以大大简化，包装费用得以减少。

（4）简化手续，便利货运。集装箱运输发货人在发货地点一次托运货以后，不需再办理内陆运输及其他装卸搬运工作。海关、商检在发货地查验封箱完毕，运输途中即可凭原铅封放行。

（5）节约劳动力，改善劳动条件。集装箱在联运过程中不需要驳换装，大大节约了码头前沿、后方场地和仓库的装卸劳动。

（三）集装箱运输的交接方式

1. 按货物交接地点分

按货物交接地点分，集装箱运输的交接方式有9种：

（1）门到门（Door to Door）：由发货人货仓或工厂仓库至收货人的货仓或工厂仓库。

（2）门到场（Door to CY）：由发货人货仓或工厂仓库至目的地或卸箱港的堆场。

（3）门到站（Door to CFS）：由发货人货仓或工厂仓库到目的地或卸箱港的集装箱货运站。

（4）场到门（CY to Door）：由起运地或装箱港的堆场至收货人的货仓或工厂仓库。

（5）场到场（CY to CY）：由起运地或装箱港的堆场至目的地或卸箱港的堆场。

（6）场到站（CY to CFS）：由起运地或装箱港的堆场至目的地或卸箱港的集装箱货运站。

（7）站到门（CFS to Door）：由起运地或装箱港的集装箱货运站至收货人的货仓或工厂仓库。

（8）站到场（CFS to CY）：由起运地或装箱港的集装箱货运站至目的港或

卸箱港的堆场。

（9）站到站（CFS to CFS）：由起运地或装箱港的集装箱货运站至目的港或卸箱港的集装箱货运站。

2. 按货运数量的交接方式分

按货运数量的交接方式分，集装箱的货量有整箱和拼箱之分。

（1）整箱货（Full Container Load，FCL）。凡一批货运达到一个或一个以上集装箱内容积的75%及以上或集装箱负荷重量的95%及以上，即可作为整箱货。

（2）拼箱货（Less Than Container Load，LCL）。不足整箱货的容积或重量的货载，即需要两批或两批以上货物同装一箱的货载称为拼箱货。

（3）集装箱按照装箱和拆箱时是否整箱货可有如下交接方式：① FCL/FCL 或CY/C（整装整拆）；② LCL/LCL或CFS/CFS（拼装拼拆）；③ FCL/LCL 或CY/CFS（整装拼拆）；④ LCL/FCL或CFS/CY（拼装整拆）。

（四）集装箱运输程序

1. 出口业务流程

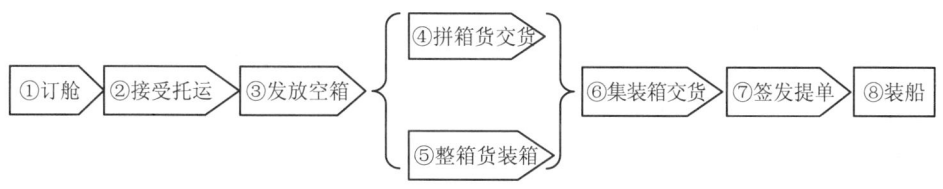

图9-3　集装箱出口流程

① 由发货人或委托货运代理人填制订舱单向船公司或代理人，或经营运输的其他人申请舱位。② 船公司或代理人首先考虑其航线、船舶、运输要求、港口条件、运输时间等方面条件，接受托运申请，着手编制订舱清单，分送集装箱码头堆场、集装箱货运站，据此办理空箱及货运交接。③ 发货人到集装箱码头堆场领取空箱（拼箱货运输则由集装箱货运站负责领取），办理交接，填制设备交接单。④ 拼箱货发货人需将货物交至集装箱货运站，并由货运站根据订舱清单负责整理装箱。⑤ 整箱货由发货人自行负责装箱并加海关封后运至集装箱堆场。⑥ 堆场根据订舱清单接收货物后在场站收据上签字，将收据交给发货人。⑦ 发货人凭

收据向负责集装箱运输的人或其代理人换取提单，然后去银行结汇。⑧船方或其代理，根据做好的装船计划，待船到港后开始装船。此流程如图9-3所示。

2. 进口业务流程

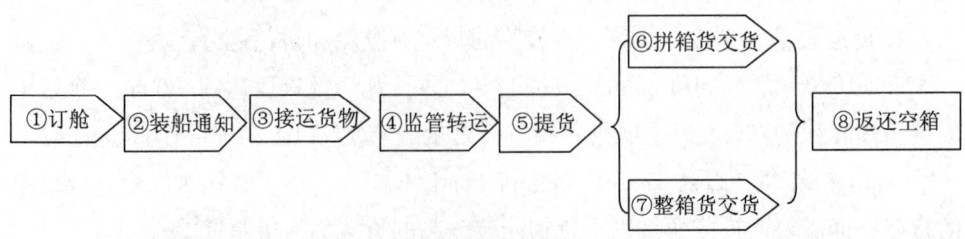

图9-4 集装箱运输进口流程

①货代与货主双方订立委托协议，货代接受收货人委托后，负有租船订舱的责任。②并有将船名、装船期限通知发货人。③在货物发出后作好接货准备，及时告知收货人，汇集单证，及时与港方联系，谨慎接卸。④进口货物入境后，入境地申报人必须向海关申报，申报必须及时，并由签发回执，交进境地海关。⑤货物到港后需经海关验收，并将该提货单交给货主，即为交货完毕。⑥也有货运代理人负责向港口装卸区办理提货，集装箱拼箱货到达时，货运代理人应注意及时提取整箱货进行拆箱，办理相关手续，向收货人发出提货通知，根据提单签发分拨提货单。⑦整箱货则负责将货物运至货主指定地点，交给货主运输。⑧集装箱运输中的整箱货通常还需要负责空箱的还箱工作。

（五）集装箱运输的单证

1. 装箱单

每一集装箱出口均须填一份装箱单（Container Load Plom-CLP，Unit Packing List-UPL）。装箱单列有装箱货物的具体货运资料及箱内积载情况，作为集装箱货运的辅助舱单，在很多国家，也用作向海关报关的单证。

2. 设备交接单

交接单（Equipment Receipt）是在装卸区内，集装箱所有者（集装箱装卸区管理员代表）与使用者（驾驶员代表）之间交接集装箱及设备的凭证。设备包括底盘车（chassis）、台车（bogie）及电动机等。

第九章　国际货物运输

3. 码头收据

码头收据（Dock Receipt）由收货人或其代理人根据船公司已制定的规定格式填制，并随货物一起运至集装箱码头堆场，证明托运的货物已收到。

五、联合运输

贸易货物的国际运输，往往不是一种运输方式所能全程完成的，有时不可避免的要有不同的运输方式配合完成。由于采用多种运输方式、多种运输工具将各个运输环节紧密联结起来，就能形成一个环环相扣、畅通无阻的运输网络。在国际货物联合运输中有普通的联合运输和比较特殊的联合运输。

（一）联合运输的概念

联合运输（Combined Transportation）就是在国际贸易中使用两种或两种以上的运输方式或通过代办中转业务，将各种运输方式紧密协调衔接起来，共同完成运输任务的做法。

（二）联合运输的意义和作用

1. 能将不同运输方式的优势集中在一起

联合运输方式不仅限于某一种运输手段，而是通过不同运输手段的合理组合实现运输的合理化。将两种或更多种运输方式的优势集中在一起，从而能比单一方式运输为顾客提供速度更快、风险更小的服务。

2. 能挖掘运输潜力，提高运输效率

通过选择和协调实现合理运输，充分利用各种运输方式，选择合理的运输路线和运输工具，以最短的路径、最少的环节、最快的速度和最少的劳动消耗，组织好商品的运输活动，有利于加速运输过程，降低成本，减少货运货差，提高运输质量。

3. 能降低成本，提高经营效率

优化匹配运输方式，合理组织货物的运输，不仅能降低运输成本，缩短运输时间，加快运输速度，还能节约能源，提高企业经营效率。

（三）联合运输的形式

1. 普通联合运输

普通联合运输可以有陆海联运、陆空联运、海空联运等。

（1）陆海联运。陆海联运是将陆运和海运用一张联运提单联系起来的联运方式。其交接方式既有门到门、门到港站，也有港站到港站、港站到门，采取这种运输方式对促进贸易成交、按时装运、提前结汇、及早到货，都极为有利。我国的陆海联运则是利用供应港澳的运输方式作为前段运输，货物到达香港后装船运至目的港。

（2）陆空联运。陆空联运是火车、飞机和卡车的联合运输方式，简称TAT（Train-Air-Truck），火车、飞机的联合运输方式简称TA（Train-Air）。我国空运出口货物通常采用陆空联运方式。

（3）海空联运。海空联运将海运与空运联合起来，能利用航空运输速度快的优点，采用这种方式，运输速度快、费用省、手续简便，可在装上第一程运输工具后即可收汇。

（4）联合运输单证。① 联运提单。联运提单是指在货物装上第一程运输工具后，承运人签发的提单。② 出口需要的单证。出口需要的单证主要有出口物资工作单、出口货物报关单、商检证、出口许可证、起运电报、承运货物收据等。③ 费用清单。货物出口后，国内承运人即可做出费用清单，用以向发货人收取运费（第二程海运运费），同时向后续承运人结算。

2. 大陆桥运输

大陆桥运输（Land Bridge Transportation）指借助横贯大陆的铁路或公路运输系统作为中间桥梁，将大陆两端的海洋连接起来形成的海陆海联运的连贯运输。

大陆桥运输的特点主要有：① 运输距离近。以陆地作为桥梁连接两端海运大大缩短了总里程，从而节省了时间。② 费用省。由于缩短了总里程从而可以相对节省运费，另外大陆桥运输一般采用集装箱，可以节省外包装材料，降低货物成本，增强出口商品在国外市场上的竞争能力。③ 手续简便。由于大陆桥运输提供门到门服务，托运人只需将货物办理一次托运，一次付费，凭一张运输票据，就可以从产地或仓库直接装箱发运，完成全部手续。④ 结汇早。进出口公司向外运公司委托后，外运公司将根据货物备妥时间及时提供空箱，并进行装箱，货物装箱完毕铅封后，外运公司将立即签发联运提单，进出口公司即可凭联运提单向银行办理结汇。⑤ 运输质量好。大陆桥运输使用集装箱，比较安全，一般由于运输原因造成的货损、货差、灭失等都很少发生，买卖双方都表示满意。

第九章 国际货物运输

大陆桥线路主要有：① 西伯利亚大陆桥。利用俄罗斯西伯利亚铁路作为陆地桥梁，把太平洋远东地区与波罗地海和黑海沿岸以及西欧大西洋口岸连接起来。② 美国陆桥。利用美国横贯东西的铁路（公路）连接太平洋和大西洋之间的连贯运输。③ 新欧亚大陆桥。"新欧亚大陆桥"是相对西伯利亚大陆桥而言。它东起太平洋西岸的连云港等中国东部沿海港口，西可达大西洋东岸荷兰的鹿特丹、比利时的安特卫普等港口，横贯亚欧两大洲中部地带。它的东端直接与东亚及东南亚诸国相连；它的中国段西端，从新疆阿拉山口站换装出境进入中亚，与哈萨克斯坦德鲁日巴站接轨，西行至阿克套，进而分北中南三线接上欧洲铁路网通往欧洲。

大陆桥运输的主要单证有国际联运运单、装箱单和联运提单。① 国际联运运单。作为大陆桥铁路运输业务中所使用的同一运送凭证。② 装箱单。即集装箱所装货物的明细单，装箱单的内容应和提单及铁路运单一致。③ 联运提单（Multimoded Transport B/L）。联运提单是货物承运人（或其代理人）在受理货物以后签发给发货人的一种书面凭证。提单签发后，又是卖方凭此向银行结汇的单据。

3. 国际多式联运

国际多式联运（International Mutimodel Transportation）是在集装箱运输的基础上产生和发展起来的一种综合性的连贯运输方式，它一般是以集装箱为媒介，把海、陆、空各种传统的单一运输方式有机地结合起来，组成一种国际间的连贯运输。

根据《国际多式联运公约》第1条第1款定义："必须至少是使用两种不同的运输方式，将货物从一国境内接管货物的地点运至另一国指定交付货物的地点。"

构成国际多式联运的条件主要包括：① 必须要有一个多式联运合同。合同明确规定多式联运经营人（承运人）和托运人之间的权利、义务、责任、豁免的合同关系和多式联运的性质。② 必须使用一份全程多式联运单证。全程多式联运单据是证明多式联运合同及证明多式联运经营人已接收货物并负责按照合同条款交付货物所签发的单据。③ 必须是至少两种不同运输方式的连贯运输。多式联运不仅需要通过两种以上运输方式而且是两种不同的运输方式的组合。④ 必须是国际间的运输。在国际多式联运方式下，货物运输必须是跨越国境的一种国际间运输。⑤必须有一个多式联运经营人。多式联运经营人是与托运人签订多式联运合同的当事人，也是签发联运单据的人，将承担自接管货物起至交付货物时的全部运输责任，以及对货物在运输途中因灭失而损坏或延迟交付所造成的损失负赔偿责任。⑥必须是全程单一运费费率。多式联运经营人必须制订一个货物自发运地至目的地的全程单一费率并以包干形式一并向货主收取。

国际多式联运单据是多式联运经营人、承运人、发货人、收货人、港方和其他有关方面进行业务活动的凭证，主要是起货物交接作用，证明其外表、数量、品质等情况。

第二节　装运条款

一、装运条款内容

（一）装运时间

1. 概念

装运时间（Time of Shipment）又称装运期。在象征性交货条件下，装运时间与交货时间（Time of Dilivery）是一致的。装运时间是买卖合同的主要交易条件，卖方必须严格按照规定时间装运货物，如果提前或延迟，均构成违约，买方有权拒收货物、解除合同，同时提出损害赔偿要求。

2. 装运时间规定方法

（1）明确规定具体装运时间。明确规定具体的期限，如"Shipment during March 2003"，或规定跨月、跨季度装运。这种规定，卖方可有一定时间进行备货和安排运输，因此，在国际贸易中应用较广。

（2）规定在收到信用证后一定时间内装运。如规定"Shipment within 30 days after receipt of L/C"。

（3）笼统规定近期装运。这种规定方法不规定具体期限，只是用"立即装运"、"尽速装运"等词语表示。由于这类词语在国际上无统一解释，为了避免不必要的纠纷，应尽量避免使用。

第九章 国际货物运输

合同中装运时间的规定应明确具体，应注意船货衔接的问题，以免造成有货无船或有船无货的局面。

案例9-1：我A公司与日本B公司签订了出口150公吨冷冻食品合同。合同规定：3~7月份平均每月装运30公吨，凭即期信用证支付，银行来证时又补充规定，装运前由港口商检局出具船边测温证书作为议付单据之一。A方3~5月交货正常，顺利结汇。但6月份的货物由于船期延误推迟到7月6日装运，为顺利议付，托运人让承运人签发了6月30日装船提单，而送交议付的测温证书签发日是7月6日，议付行也没发现。7月10日，同船又装运了30公吨货物，测温证书的签发日也是7月10日，但开证行收到单据后来电表示拒付这两笔货款。请问开证行是否有利？

案例分析

开证行的行为是正确的。因为，6月份的货物由于受益人未能按时装运而倒签了提单，这点被测温证书所证实，提单日与测温证书日期不同，造成议付的单据单单不符。根据跟单信用证统一惯例，在信用证的有效期内，其中任何一批未按时装运，信用证对该批及以后各批货物均告失效。从本案中应汲取的教训是：不论对贸易合同还是对信用证来说，按期装运都是卖方必须严格履行的义务，如遇无法按期装运，应征得买方同意，并要求修改信用证。信用证狭义付必须保证单单一致、单证一致。

（二）装运港、目的港

装运港（Port of Shipping）是指货物起始装运的港口。装运港一般由出口方提出，经进口方同意后确定。

目的港（Port of Destination）是货物最后卸货的港口。目的港由进口方提出，经出口方同意后确定。装运港和目的港可分别规定一个，也可分别规定两个或两个以上，还可以规定选择港。

在规定装运港和目的港时应注意：装运港或目的港的规定力求明确具体；不接受内陆城市为装运港或目的港；应注意装卸港的具体设施以及费用条件；应注意国外港口有无重名问题；选择港口不宜过多，并应在一条航线上等。

(三) 装运方式

装运方式是对卖方交货做法的规定，主要指约定一次交货还是多次交货，直运交货还是转运交货的问题。分批装运和转运条款直接关系到买卖双方的利益，为了明确责任和便于安排装运，交易双方是否同意转运以及有关转运的办法和转运费的负担等问题，都应在买卖合同中具体订明。

1. 分批装运

分批装运（Partial Shipment）又称分期装运（Shipment by Installment），是指一个合同项下的货物分若干期或若干次装运。

国际贸易中，如果有关各方约定需要一次交货的，卖方就不能分批装运。但是考虑到卖方交货的方便和合理性，需要灵活约定。凡数量较大或受运输、市场销售、资金等条件的限制的，都可在买卖合同中规定分批装运条款。但是一次交货并不是要求卖方必须在同一时间交货完毕，根据国际商会《跟单信用证统一惯例》（UCP）的规定："运输单据表面上已注明是使用同一运输工具装运，同一运输航次，即使运输单据上注明的装运日期不同及装货港、接受监管地或发运地点不同，只要运输单据注明是同一目的地，将不视为分批装运。"

有分批交货约定的，卖方在交货时也应该遵守约定，否则也会构成违约，根据《跟单信用证统一惯例》（UCP）的规定："如信用证规定在指定的时期内分期支款及/或分期装运，任何一期未按信用证所规定期限支款/或装运时，信用证对该期及以后各期均告失效。"对这类条款受益人应严格遵守，必须按信用证规定的时间装运货物。

案例9-2：M总公司向N进口商出口10 000公吨大米，采用可转让信用证，且规定不得分批装运。于是总公司将信用证全部转让给5家分公司。这5家分公司按照来证规定的装运期，在各自口岸通过同一条班轮按质按量装货，并在各当地银行就地议付，取得了货款。但货到目的港后，因市场发生了变化，大米价格下跌，进口商不想接受货物。于是，进口商以交货地点及装运期不同，认为货物进行了分批装运而拒付。问：进口商是否有理？

案例分析：

双方产生争议在于本案是否属于分批装运。按《UCP600》第31条b款的规定，

第九章　国际货物运输

运输单据表面上注明同一运输工具、同一航次、同一目的地的多次装运，即使其表面上注明不同的装运日期或不同的装货港、接受监管地或发运地，将不视作分批装运。因此，如果信用证禁止分批装运，只要信用证没有限制多个装运港、多套正本提单，那么，同一航次、同一艘船运输、同一目的地，即使发运日期不同，装卸港、接管地或发送地点不同，也不是分批装运。所以进口商的拒付是没有道理的。

2. 转运

转运（Transshipment）是指货物从装运港（地）到目的港（地）的运输过程中，从一个运输工具卸下，再装上同一运输方式的另一运输工具；或在不同运输方式情况下，从一种方式的运输工具卸下，再装上另一种方式的运输工具的行为。

货物中途转运，不仅延误时间、增加费用开支，而且还有可能出现货损货差，所以买方对其进口的货物，一般不愿转运，故在商订合同时，会提出订立"限制转运"的条款，不过对于没有直达船的港口，或虽有直达船而船期不定或间隔时间太长的港口，为了便利装运，也可以约定"允许转运"的条款。卖方对于约定的交货方式需要遵守，否则即是违约。对于各方事先没有约定的，卖方可以自行决定转运与否，根据《跟单信用证统一惯例》规定，"除非信用证有相反的规定，可准许转运"；还规定"即使信用证禁止转运，银行将对下列单据仍予以接受：Ⅰ.对注明将发生转运者，只要提单证实有关货物已由集装箱、拖车及/或子母船运输，并且同一提单包括海运全程运输，及/或Ⅱ.含有承运人声明保留转运权利条款者"。

（四）装运通知

装运通知（Shipping Advice）也是装运条款中一项重要内容。不论按哪种贸易术语成交，交易双方都要承担相互通知的义务。规定装运通知的目的在于明确买卖双方的责任，促使买卖双方互相配合，共同搞好车、船、货的衔接，并便于办理货物保险。因此，有必要订立装船通知内容，以利于合同的履行。

应当特别强调的是，买卖双方按CFR条件成交时，装运通知具有特殊重要的意义，所以卖方应在货物装船后，立即向买主发出装运通知。

（五）滞期费和速遣费

在国际贸易中，大宗商品的运输经常采用租船方式。在程租船运输的情况下，如果有租船人负责装、卸货物的，租船合同就会订有滞期、速遣条款。当租船人未能完成装卸作业，给船方造成经济损失的，为补偿船方由此而产生的损失，租船人须向船方支付一定的罚金（滞期费）。如果租船人在合同规定的时间内提前完成了装卸，给船方节约了船期，从而降低了费用成本而增加了收益，船方对所节约的时间要给租船人一定金额的奖励（速遣费）。这时如果租船人是买卖合同中的买方，那么其装船的速度还取决于卖方交货的情况，就应该在贸易合同中也规定滞期、速遣条款，防止因卖方交货原因导致装船延误。在实际业务中，速遣费通常为滞期费的一半。

二、装运条款实例

5月份装运，从伦敦到上海。卖方应在装运月前45天向买方发出可以装运的通知。允许分批，允许转运。

Shipment during May from London to Shanghai. The sellers shall advise the buyers 45 days before the month of shipments of the time the goods will be ready for shipment. Partial shipments and transshipment allowed.

本章小结

海洋运输是运用最广泛的一种运输方式，其经营方式有班轮运输和租船运输两种。班轮运输运费一般是由基本运费和附加费两个部分构成。租船运输包括航次租船、定期租船和光船租船。租船合同用以明确双方的经济、法律关系。

国际贸易中常用的其他运输方式还包括铁路运输、航空货物运输、集装箱运输、国际多式联运、邮包运输以及公路、内河、大陆桥、邮政和管道运输等。铁路运输可以分为国际铁路货物联运和国内铁路货物运输。国际航空运输方式有班机运输、包机运输、集中托运、航空快递业务等。目前，集装箱运输已成为国际上普遍采用的一种重要的运输方式。国际多式联运可以提高运输的组织水平，改善不同运输方式间的衔接工作，实现各种运输方式的连续运输。

在国际货物买卖合同中，买卖双方必须就交货时间、装运地和目的地、能

第九章　国际货物运输

否分批装运和转船、转运等问题在合同中作出明确规定。装运时间的规定方法主要是明确规定具体的装运时间。装运港是指货物起始装运的港口，目的港是指最终卸货的港口。在国际贸易中，装运港（地）一般由卖方提出，经买方同意后确认；目的港（地）一般由买方提出，经卖方同意后确认。分批装运是指一个合同项下的货物，分若干批或若干期装运。在大宗货物或成交数量较大的交易中，买卖双方根据交货数量、运输条件和市场等因素，可在合同中规定分批装运条款。滞期费和速遣费一般是航次租船合同中的条款。速遣费率通常为滞期费率的一半。

运输单据是承运人收到承运货物签发给出口商的证明文件，它是交接货物、处理索赔与理赔以及向银行结算货款或进行议付的重要单据。不同的运输方式使用的运输单据也各有不同，主要有海运提单、海运单、铁路运单、邮政收据、航空运单和多式联运单据等。海运提单的性质和作用可以概括为以下3个方面：货物收据、物权凭证和运输契约的证明。海运提单又可分为已装船提单与备运提单，清洁提单与不清洁提单，记名提单、不记名提单与指示提单，直运提单、转运提单与联运提单等。

本章思考题

1. 海洋运输有哪些特点？
2. 租船运输的特点有哪些？
3. 什么是国际铁路联运？
4. 国际联运的单据有哪些？
5. 航空运输的特点及主要方式是什么？
6. 集装箱运输的交接方式有哪些？
7. 什么是大陆桥运输？其特点如何？
8. 什么是国际多式联运？
9. 规定装运时间时应注意哪些问题？
10. 规定选择港口时应注意哪些问题？
11. 《UCP》关于分运和转运有何规定？
12. 大连某公司向新加坡出口苹果60公吨。国外开来信用证规定：不许分批装运，10月30日前装运。该出口公司于10月10日和15日分别在大连和烟台各装运30公吨由东方号货轮运往新加坡。承运人出具了两份提单，注明了不同的装运港和装船日期。议付时，议付银行以单证不符为由拒绝议付。请问，银行的做法是否正确？

本章参考文献

1. 程铭等：《国际贸易实务》，上海大学出版社2012年版。
2. 李莉：《国际货物运输与保险》，中国人民大学出版社2012年版。
3. 李勤昌：《国际货物运输》，东北财经大学出版社2012年版。
4. 张颖：《国际货物运输代理实务》，大连理工大学出版社2010年版。
5. 姚新超：《国际贸易运输》，对外经济贸易大学出版社2010年版。

第十章　国际贸易保险

本章学习目标

1. 了解：保险的基本原则，国际货物运输所面临的各种风险及由此可能产生的各种损失和费用。

2. 熟悉：我国货物运输保险的险别，伦敦保险协会海运货物保险条款以及出口信用保险。

3. 掌握：合理运用买卖合同中的保险条款的能力。

本章核心概念

保险利益原则　海上风险　自然灾害　意外事故　外来风险　实际全损　推定全损　施救费用　救助费用　平安险　水渍险　一切险　"仓至仓条款"

第一节　国际贸易保险概述

一、保险概述

（一）保险的定义

保险指投保人按保险标的物的投保金额、投保险别在保险合同基础上，向承保人支付保险费，取得保险单据，从而由承保人为投保人承担相应风险的行为。

目前国际上保险业务一般可以分为：财产保险、责任保险、保证保险和人身保险等。

（二）保险的一般原则

保险关系是建立在投保人与承保人的保险合同基础上的，在整个保险合同时效内双方应该遵守一定的原则。这些原则包括：

保险利益原则——只有对保险标的具有可保利益的投保人与保险人签订的保险合同才有法律效力，保险人才承担保险责任。

最大诚信原则——保险双方在签订和履行保险合同的同时，必须以最大的诚意，履行自己应尽的义务，互不欺骗和隐瞒，恪守合同的认定与承诺，否则导致保险合同无效。

补偿原则（损害赔偿原则）——在财产保险中，当保险事故发生导致被保险人经济损失时，保险公司给予被保险人经济损失赔偿，使其恢复到遭受保险事故前的经济状况。

近因原则——保险人只对承保风险与保险标的之间有直接关系的损失予以赔偿。

重复保险分摊原则——当重复保险的保险金额总和超过保险价值、被保险人因发生保险事故向数家保险公司提出索赔时，其损失赔偿必须在保险人之间进行分摊，被保险人所得赔偿总额不得超过其保险价值。

利益转让原则——保险标的的利益可以从一方转让到另一方手中。

代位原则——保险事故是由第三者行为造成的，被保险人可以向保险人请求补偿，而保险人在履行了保险赔偿责任之后，便从被保险人那里取得了以赔偿金额为限的向第三者请求赔偿的权利。

二、货物运输保险

（一）货物运输保险的定义

货运保险指投保人在货物出运前，就其一批或若干批货物估定一定的保险金额，根据投保的险别向承保人支付一定的保险费，取得保险单据，从而由承保人为其承担运输中的风险。

（二）海上货物运输保险的有关概念

1. 风险

风险（Risk）是造成损失的原因。保险业把海上货物运输的风险分成海上风

第十章 国际贸易保险

险和外来风险。

（1）海上风险（Perils of the Sea）。海上风险指船舶或货物在海上运输过程中发生的或随附海上运输所发生的风险。包括：① 自然灾害（natural calamity），指不以人的意志为转移的自然界力量所引起的灾害，主要有恶劣气候、雷电、洪水、流冰、地震、海啸等。② 意外事故（Fortuitous Accidents），指由于偶然的、难以预料的原因造成的事故，这类事故具有明显海洋事故特征，主要有：船舶搁浅、触礁、沉没、碰撞、失火、爆炸、失踪等。

（2）外来风险（Extraneous Risks）。外来风险指由于海上风险以外的其他外来原因引起的风险。分为：① 一般外来风险，如偷窃、破碎、渗漏、玷污、受潮受热、串味、生锈、钩损、短量、淡水雨淋等。② 特殊外来风险，主要是指由于军事、政治及行政法令等原因造成的风险，如战争、罢工、交货不到、拒收等。

2. 损失

海上货物运输的损失又称海损，指被保险货物因遭受海洋运输中的风险所导致的损失。海损按损失程度的不同，可分为全部损失和部分损失。

（1）全部损失（Total Loss）。全部损失指整批或不可分割的一批被保险货物在运输途中全部遭受损失。从损失的性质看，全损又可分为实际全损和推定全损两种。

实际全损（Actual Total Loss）又称绝对全损，是指保险标的物在运输途中全部灭失或等同于全部灭失。在保险业务上构成实际全损主要有以下几种：① 保险标的物全部灭失。例如，载货船舶遭遇海难后沉入海底，保险标的物实体完全灭失。② 保险标的物的物权完全丧失已无法挽回。例如，载货船舶被海盗抢劫，或船货被敌对国扣押等。虽然标的物仍然存在，但被保险人已失去标的物的物权。③ 保险标的物已丧失原有商业价值或用途。例如，水泥受海水浸泡后变硬；烟叶受潮发霉后已失去原有价值。④ 载货船舶失踪、无音讯已达相当一段时间。在国际贸易实务中，一般根据航程的远近和航行的区域来决定时间的长短。

推定全损（Constructive Total Loss）是指保险货物的实际全损已经不可避免，而进行施救、复原的费用已超过将货物运抵目的港的费用或已超出保险补偿的价值。构成被保险货物推定全损的情况有以下几种：① 保险标的物受损后，其修理费用超过货物修复后的价值。② 保险标的物受损后，其整理和继续运往目的港的费用，超过货物到达目的港的价值。③ 保险标的物的实际全损已经无法避免，为避免全损所需的施救费用，将超过获救后标的物的价值。④ 保险标的物遭受保险责任范围内的事故，使被保险人失去标的物的所有权，而收回标的物的所有权，其费用已超过收回标的物的价值。

推定全损是在一定条件下，承保人按照全部损失处理索赔的做法，所以投保人与承保人需要确立委付关系后推定全损才能成立。

所谓委付（Abandonment）是指被保险人表示愿意将保险标的的一切权利和义务转移给保险人，并要求保险人按全部损失赔偿的行为。否则，承保人将只会按照部分损失处理。

（2）部分损失（Partial Loss）。部分损失是指被保险货物的损失没有达到全部损失的程度。部分损失按其性质，可分为共同海损和单独海损。

共同海损（General Average）指载货船舶在海运遇难时，船方为了全船的共同安全，有意而合理地作出的部分牺牲或引起的特殊费用。构成共同海损的条件是：① 共同海损的危险必须是实际存在的，或者是不可避免的，而非主观臆测的。② 必须是有意识地采取合理措施所造成的损失或发生的费用。③ 必须是为船货共同安全采取的谨慎行为或措施时所作的牺牲或引起的特殊费用，并且是有效的。④ 必须是属于特殊性质的牺牲或发生的费用，并且是以脱险为目的。

共同海损行为所作出的牺牲或引起的特殊费用，都是为使船主、货主和承运方不遭受损失而支出的，因此，不管其大小如何，都应由船主、货主和承运各方按一定的比例分摊。这种分摊叫共同海损的分摊。在分摊共同海损费用时，不仅要包括未受损失的利害关系人，而且还需包括受到损失的利害关系人。

单独海损（Particular Average）是指保险标的物在海上遭受承保范围内的风险所造成的部分灭失或损害，即指除共同海损以外的部分损失。这种损失只能由标的物所有人单独负担。与共同海损相比较，单独海损的特点是：① 它不是人为有意造成的部分损失。② 它是保险标的物本身的损失。③ 单独海损由受损失的被保险人单独承担，但其可根据损失情况从保险人那里获得赔偿。

第十章 国际贸易保险

案例10-1：某货轮第三船舱内因电线走火，发生火灾，大火烧坏的货物损失计51 000美元，因救火灌水而受水损的货物计40 000美元。另因灌水救火，第三舱内灌水渗漏到第四货舱，造成第四货舱货物遭水损达20 000美元。问：该轮损失分别属于什么性质？

案例分析：

该轮三部分损失中，大火烧坏的货物损失（51 000美元）为单独海损，因为其是由风险直接造成的。而第三舱和第四舱中受水损的货（40 000 + 20 000美元）为共同海损，因为其是在船货遭遇共同危险的情况下，由船方采取人为措施而造成的损失。

3. 费用

费用指被保险货物发生损失时，为减少损失采取一定措施而产生的费用。分为：

（1）施救费用（Sue and Labor Expenses）。施救费用指保险标的在遭遇保险责任范围内的灾害事故时，被保险人或其代理人、雇佣人员和保险单受让人对保险标的所采取的各种抢救、防止或减少货损的措施而支出的合理费用。

（2）救助费用（Salvage Charges）。救助费用指保险标的遭遇保险责任范围内的灾害事故时，由保险人和被保险人以外的第三者采取了救助措施并获得成功而向其支付的报酬。

第二节　货物运输保险的险别及条款

保险条款是保险公司据以与投保人建立保险关系的依据，而保险条款中的不同险别则是保险公司可以承接的风险范围。不同的保险条款下有不同的险别，由于险别不同，保险公司所承担的责任和收取的保险费也不同。保险的险别结合了货物的种类、性质、包装情况、运输方式、风险情况、残损规律、季节变化、气候和港口情况、政治局势等因素。所以，保险险别的选择应当综合考虑各方面的因素，并明确其适用的条款及该条款的版本和承保人的责任期限。

当前在国际保险市场上有较多的保险条款，比较有影响的是英国保险协会的"协会货物条款"（Institute Cargo Clause 即ICC条款），另外还有美国条款、法国条款，北欧、德国和日本等也有各自的条款。中国人民保险公司亦订有"中国人民保险公司保险条款"，现在也称"中国保险条款"（China Insurance Clauses 即CIC条款）。签订贸易合同时，应当在保险条款中约定拟投保的险别及其所属条款。国内保险公司主要采用"中国保险条款"和"协会货物条款"。

一、中国保险条款及其险别

（一）中国保险条款简介

在我国，进出口货物运输保险最常用的保险条款是中国保险条款（以下简称CIC条款），该条款是由中国人民保险公司参照国际保险市场的习惯做法，并结合我国实际情况自行制定的，并由中国人民银行及中国保险监督委员会审批颁布。CIC保险条款按运输方式来分，有海洋、陆上、航空和邮包运输保险条款4大类，如图10-1所示。

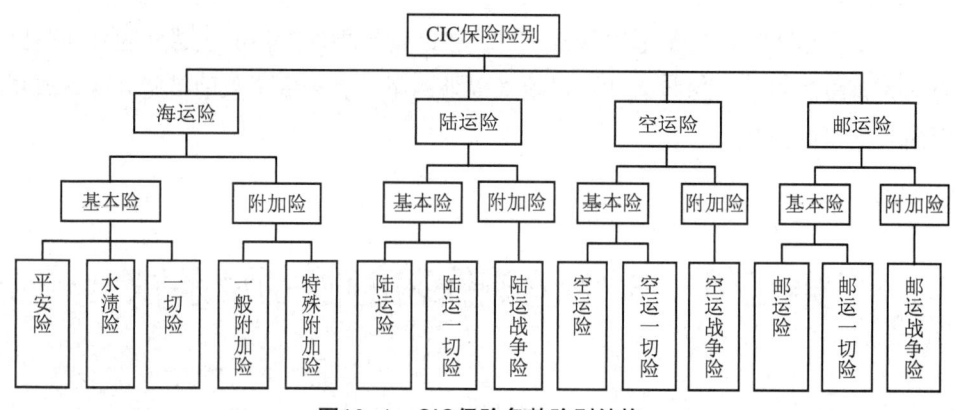

图10-1　CIC保险条款险别结构

（二）CIC条款下的海运险别

1. CIC海运基本险

（1）CIC海运基本险包括以下3种：

一是平安险（Free from Particular Average，FPA）。FPA的英文原意是"单独

第十章 国际贸易保险

海损不赔",实际上,它仅对由于自然灾害所造成的单独海损不负赔偿责任。因此,平安险的责任范围包括全损、共同海损和意外事故所引起的单独海损。即包括:① 在运输过程中,由于自然灾害造成被保险货物的实际全损或推定全损。② 由于运输工具遭遇搁浅、触礁、沉没、互撞、与流冰或其他物体碰撞以及失火、爆炸等意外事故造成的全部或部分损失。③ 运输工具发生搁浅、触礁、沉没、焚毁等意外事故的情况下,在此前后被保险货物又遭受自然灾害造成的部分损失。④ 在装卸、转运过程中,被保险货物一件或数件整件落海造成的全部或部分损失。⑤ 被保险人对遭受承保责任内危险的货物采取抢救、防止或减少货损措施支付的合理费用,但以不超过该批被救货物的保险金额为限。⑥ 运输工具遭遇自然灾害或意外事故,需要在中途港口或者在避难港口停靠,因而引起的卸货、装货、存仓以及运送货物所产生的特别费用。⑦ 共同海损的牺牲、分摊和救助费用。⑧ 运输契约订有"船舶互撞责任"条款,按该条款规定应由货方偿还船方的损失。

二是水渍险(With Average 或 With Particular Average,WA或WPA)。水渍险的责任范围,除包括上述平安险的各项责任外,还包括被保险货物由于恶劣气候、雷电、海啸、地震、洪水等自然灾害所造成的部分损失。

三是一切险(All Risks)。一切险的责任范围,除包括上述平安险和水渍险的各项责任外,还包括被保险货物在运输途中由于外来原因所致的全部或部分损失。

(2)基本险除外责任。CIC条款规定保险公司对于由下列原因所造成的损失不负赔偿责任:① 被保险人的故意行为或过失所造成的损失。② 属于发货人责任所引起的损失。③ 在保险责任开始前,被保险货物已存在品质不良或数量短差所造成的损失。④ 被保险货物的自然损耗,本质缺陷,特性以及市价跌落,运输迟延所引起的损失或费用。⑤ 保险公司海洋运输货物战争险和货物运输罢工险规定的责任范围和除外责任。

(3)基本险责任起讫。CIC保险条款的基本险的责任起讫采用国际保险业惯用的"仓至仓条款"(Warehouse to Warehouse Clause,W/W Clause)。即保险责任自被保险货物运离保险单所载明的起运地仓库或储存处所开始运输时生效,包括正常运输过程中的海上、陆上、内河和驳船运输在内,直到该项货物到达保险单所载明的目的地收货人的最后仓库或储存处所,或被保险人用作分配、分派或非正常运输的其他储存处为止。如未抵达上述仓库或储存处,则以被保险货物在最后卸载港全部卸离海轮后满60天为止。如在上述60天内被保险货物需转运到保险单所载明目的地时,则以该项货物开始转运时终止。

但是,在国际贸易实际操作中,"仓至仓"责任还需考虑投保人的投保利益和投保时间。

案例10-2:某年,我国A粮油公司与瑞士B公司签定买卖合同,向B出售黄豆12 000公吨,约定价格为FOB青岛每公吨280美元,B公司向中国人民保险公司投保了以其自己为受益人的一切险。A公司在从仓库往青岛港运输货物的途中发生了交通事故,导致货物大量毁损。A公司依据保险单中的"仓至仓"条款向中国人民保险公司提出索赔要求,保险公司不予理赔。粮油公司又请求瑞士B公司向中国人民保险公司提起索赔要求,还是不能得到理赔。问:保险公司拒绝的理由分别是什么?

案例分析:

保险公司有理。这样的结果是因为保险公司实行的保险"仓至仓"责任还需考虑索赔人的具体情况。本案例中的A公司不是保险单受益人,不具备保险利益,所以保险公司不予理赔。而瑞士B公司虽然是保险单受益人,但在从发货人仓库到青岛港这段运输时间和地理范围内,还未承接货物的风险,也不具备保险利益,因而也不能得到理赔。

2. CIC条款下的海运附加险

附加险是对基本险的补充和扩大。附加险承保的是除自然灾害和意外事故以外的各种外来原因所造成的损失。在海运保险业务中,进出口商在投保货物的上述基本险别的基础上,还可根据货物的特点和实际需要,酌情再选择若干适当的附加险别。附加险别包括一般附加险和特殊附加险。

附加险只能在投保某一种基本险的基础上才可加保。《中国保险条款》中的附加险有一般附加险和特殊附加险之分。

(1)一般附加险(General Additional Risk)。一般附加险指承保一般外来原因引起的货物损失,亦称普通附加险。一般附加险包括在一切险之中。所以若投

第十章　国际贸易保险

保了一切险，就无需另行加保一般附加险。若投保了平安险或水渍险，则可由被保险人根据货物特性和运输条件选择一种或几种附加险，与保险人协商加保。一般附加险的险别有：

碰损、破碎险（Clash and Breakage）：承保被保险货物在运输过程中因震动、碰撞、受压所造成的损失。

串味险（Taint of Odour）：承保被保险的食用物品、中药材、化妆品原料等货物在运输过程中因受其他物品影响引起的串味损失。

淡水雨淋险（Fresh Water and/or Rain Damage）：承保被保险货物因直接遭受淡水或雨淋，以及冰雪融化所造成的损失。

偷窃、提货不着险（Theft, Pilferage and Non-delivery, TPND）：承保被保险货物在运输过程中因偷窃行为所致的损失和整件提货不着等的损失。

短量险（Shortage）：承保被保险货物在运输中因外包装破裂或散装货物发生数量散失和实际重量短缺的损失，不包括正常途耗。

渗漏险（Leakage）：承保货物在运输中因容器损坏而引起的渗漏损失，或液态储藏的货物因液体的渗漏而引起的货物腐败等损失。

混杂、玷污险（Intermixture and Contamination）：承保被保险货物在运输中因混进杂质或被玷污所造成的损失。

钩损险（Hook Damage）：承保被保险货物在装卸过程中因被钩损而引起的损失，并对包装进行修补或调换所支付的费用负责赔偿。

受潮受热险（Sweat and Heating）：承保货物在运输中因气温突变或因船上通风设备失灵致使船舱内水气凝结、发潮或发热所造成的损失。

锈损险（Rust）：承保金属或金属制品在运输中发生锈损。在海上保险实务中，保险人一般不就裸装的金属材料承保锈损险。

包装破裂险（Breakage of Packing）：承保货物在途中因装运或装卸不慎，致使包装破裂所造成的短少、玷污等损失，以及需要修补包装或调换包装所支付的费用。

（2）特殊附加险（Special Additional Risk）。特殊附加险是以导致货损的某些政治行为风险作为承保对象的，它不包括在一切险范围，不论被保险人投保任何基本险，要想获取保险人对政府行为等政治风险的保险保障，必须与保险人特别约定，投保特殊附加险。否则，保险人对此不承担保险责任。特殊附加险包括以下几种类型：

战争险（War Risks）：保险人承保战争或类似战争行为导致的货物损失的特殊附加险。被保险人必须投保货运基本险之后，才能经特别约定投保战争险。根据中国人民保险公司于1981年1月1日修订的CIC海运战争险条款规定，战争险的保险责任包括：① 直接由于战争、类似战争行为和敌对行为、武装冲突或海盗行为所致的损失。② 由于上述原因所引起的捕获、拘留、扣留、禁制、扣押所造成的损失。③ 各种常规武器，包括水雷、鱼雷、炸弹所致的损失。④ 由于上述原因所引起的共同海损的牺牲、分摊和救助费用。

战争险的除外责任包括：① 由于敌对行为使用原子或热核制造的武器（如原子弹、氢弹等）所致的损失和费用；② 根据执政者、当权者，或其他武装集团的扣押、拘留引起的承保航程的丧失和挫折而提出的任何索赔。另外，战争险的责任以水上危险为限。

罢工险（Strike Risks）：是保险人承保被保险货物因罢工等人为活动造成损失的特殊附加险。CIC海运罢工险中保险人对罢工险的保险责任范围包括：① 罢工者、被迫停工工人或参加工潮暴动、民众斗争的人员的行动所造成的直接损失；② 任何人的敌意行动所造成的直接损失；③ 因上述行动或行为引起的共同海损的牺牲、分摊和救助费用。

罢工险以罢工引起的间接损失为除外责任，即在罢工期间由于劳动力短缺或不能运输所致被保险货物的损失，或因罢工引起动力或燃料缺乏使冷藏机械停止工作所致冷藏货物的损失不在保险人的责任范围。

黄曲酶素险（Aflatoxin）：承保因货物所含黄曲酶素超过进口国的限制标准，被拒绝进口、没收或强制改变用途所造成的损失。

交货不到险（Failure to Deliver）：承保任何原因下被保险货物从装上船舶时开始，不能在预定抵达目的地的日期起6个月内交货的损失。

舱面险（On Deck）：承保存放在舱面的货物被抛弃、或被风浪冲击落水的损失。

进口关税险（Import Duty）：承保被保险货物发生保险范围内的损失后，被保险人仍须按完好货价完税时的关税损失。

第十章 国际贸易保险

拒收险（Rejection）：承保货物在进口港被进口国的政府或有关当局拒绝进口或没收的损失。

货物出口到香港（包括九龙）或澳门存仓火险责任扩展条款（Fire Risk Extension Clause, FREC—for storage of cargo at destination Hongkong, including Kowloon, or Macao）：承保货物运抵香港或澳门存放于指定仓库后因火灾而造成的损失。

在实际保险业务操作中附加险不能单独投保，可在投保一种基本险的基础上，根据货运需要加保其中的一种或若干种。

（三）CIC条款下陆、空、邮货物运输保险险别

1. 陆运险别

货物在陆运过程中也可能遭受雷电、洪水、地震、火山爆发、暴风雨以及霜雪冰雹等自然灾害，火灾、爆炸、车辆碰撞、倾覆、出轨、路基坍塌、桥梁折断和道路损坏等意外事故。CIC条款为此承保的陆运险别有基本险和附加险。

（1）基本险包括：① 陆运险（Overland Transportation Risks），承保货物在运输中由于自然灾害、意外事故造成的损失和费用。② 陆运一切险（Overland Transportation All Risks），承保陆运险以及由于一般外来原因造成的损失。

（2）附加险包括陆运货物战争险（Overland Transportation Cargo War Risks By Train），承保路运途中发生战争、敌对行为以及武器等造成货物的损失。

CIC条款中陆运货物险的责任起讫也采用"仓至仓"责任条款。保险期限为60天。

2. 航空运输险别

货物空运时也会遇到雷电、火灾、爆炸、飞机遭受碰撞倾覆、坠落、失踪、战争破坏以及被保货物由于飞机遇到恶劣气候或危难事故而被抛弃等，为了转嫁上述风险，空运货物一般也都需要办理保险，以便当货物遭遇承保范围内的风险时，可以从保险公司得到补偿。

（1）基本险。基本险包括：① 航空运输险（Air Transportation Risks），承保空运途中因为自然灾害、意外事故造成货物的损失。② 航空运输一切险（Air Transportation All Risks），承保包括上述航空运输险的全部责任外，还负责赔偿被保险货物由于一般外来原因所造成的全部或部分损失。

（2）附加险。附加险主要指航空运输货物战争险，承保航空运输途中发生战争、敌对行为以及各种常规武器等造成货物的损失。

航空运输的保险责任采用的也是"仓至仓"条款，保险期限为30天。

3. 邮运险别

邮包运输通常须经海、陆、空辗转运输，在长途运送过程中遭受自然灾害、意外事故以及各种外来风险的可能性较大，寄件人为了转嫁邮包在运送当中的风险，须办理邮包运输保险，以便当货物遭遇承保范围内的风险时，可以从保险公司得到补偿。

（1）基本险。基本险包括：① 邮包险（Parcel Post Risks），承保货物在运输中由于自然灾害、意外事故造成的损失和费用。② 邮包一切险（Parcel Post All Risks），承保邮包险以及由于一般外来原因造成的损失。

（2）附加险。附加险主要指邮包战争险（Parcel Post War Risks），承保邮包在递运途中发生战争、敌对行为以及武器等造成邮包的损失。

邮运的保险责任采用的也是"仓至仓"条款，期限自邮局签发到货通知书当日午夜起算，满15天终止。

CIC保险条款下除了在不同运输方式下设有基本险和附加险外，在海运和陆运方式下还设有专门险。它们分别是：

（1）海运专门险。海运专门险主要包括：

海洋运输冷藏货物保险（Ocean Marine Insurance Frozen Products），专门适用于冷藏货物的海上货物运输保险。海上运输冷藏货物保险分为冷藏险和冷藏一切险。

海洋运输散装桐油保险（Ocean Marine Insurance Wood Oil Bulk），专门以散装桐油作为保险标的物的一种海上货物运输险种。它承保散装桐油在海上运输过程中，因遭受保险范围内的自然灾害或意外事故所造成的损失。

活牲畜家禽海上运输保险，专门承保活牲畜、家禽海上运输途中的死亡损失。

（2）陆运专门险。陆运专门险指陆运冷藏货物险（Overland Transportation Insurance-Frozen Products），承保陆运冷藏货物因灾害、事故或外来原因造成冷藏货物的损失或腐败。

二、ICC《协会货物条款》及其险别

(一) ICC条款简介

ICC条款是英国伦敦保险业协会所制订的《协会货物条款》(Institute Cargo Clause,简称ICC)。伦敦保险协会成立于1884年,是经营海上保险业务的承保人工会组织。经过不断的补充和修订,于1963年正式形成一套完整的伦敦保险协会货物保险条款,被世界上2/3的国家在海上保险业务中直接采用。1982年开始使用新的协会货物条款,对承保责任除个别险别外,均采取"列明风险法",风险损失不再划分为全损与分损,从而使各种险别的责任范围界限分明,没有交叉重叠的现象。

(二) ICC条款下的险别

新的ICC货物保险险别主要有6种:协会货物条款(A)险、协会货物条款(B)险、协会货物条款(C)险、协会战争险、协会罢工险、协会恶意损害险。

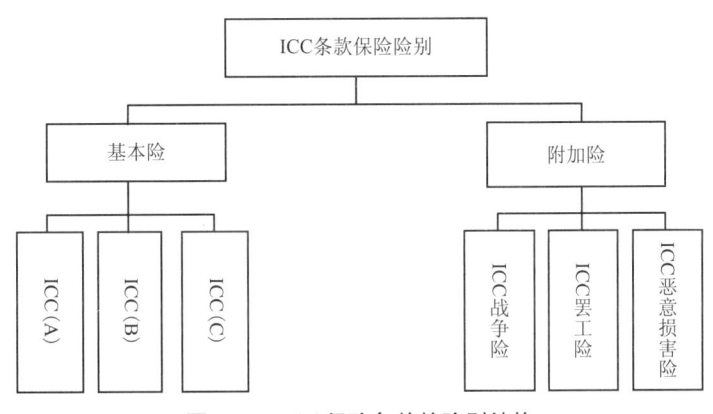

图10-2 ICC保险条款的险别结构

1. ICC(A)险——"一切风险减除外责任"

除外责任主要有:

(1) 一般除外责任:由于被保险人故意的不法行为所造成的损失或费用;自然渗漏、自然损耗或自然磨损;包装或准备的不足或不当所造成的损失或费用;内在缺陷或特性所造成的损失或费用;直接由于延迟所引起的费用或损失;由于船舶所有人、经理人、租船人经营破产或不履行债务所造成的损失或费用;

由于使用任何原子或热核武器所造成的损失或费用。

（2）不适航、不适货除外责任：保险标的在装载时，被保险人或其受雇人已经知道船舶不适航以及船舶、运输工具、集装箱等不适货。

（3）战争除外责任：由于战争、内战、敌对行为等造成的损失或费用；由于捕获、拘留、扣留（海盗行为除外）等所造成的损失或费用；由于水雷、鱼雷等造成的损失或费用。

（4）罢工除外责任：由于罢工者、被迫停工工人等所造成的损失或费用；罢工、被迫停工等造成的损失或费用等。

2. ICC（B）险——"列明风险"

凡属承保责任范围内的损失，无论是全部损失还是部分损失，保险人按损失程度均负责赔偿。承保风险有：

（1）火灾、爆炸；

（2）船舶或驳船触礁、搁浅、沉没或倾覆；

（3）陆上运输工具倾覆或出轨；

（4）船舶、驳船或运输工具同水以外的任何外界物体碰撞；

（5）在避难港卸货；

（6）地震、火山爆发、雷电；

（7）共同海损牺牲；

（8）抛货；

（9）浪击落海；

（10）海水、湖水或河水进入船舶、驳船、运输工具、集装箱、大型海运箱或贮存处所；

（11）货物在装卸时落海或跌落造成整件的全损。

3. ICC（C）险——"列明风险"

仅对"重大意外事故"所致损失负责，对非重大意外事故和自然灾害所致损失均不负责。承保风险有：

（1）火灾、爆炸；

（2）船舶或驳船触礁、搁浅、沉没或倾覆；

（3）陆上运输工具倾覆或出轨；

第十章 国际贸易保险

（4）船舶、驳船或运输工具同水以外的任何外界物体碰撞；

（5）在避难港卸货；

（6）共同海损牺牲；

（7）抛货。

4. ICC 战争险

ICC 战争险（Institute War Clauses Cargo）承保风险责任范围即为ICC（A）险除外责任中"战争除外责任"所列之损失或费用。除外责任即为ICC（A）险除外责任中"一般除外责任"和"不适航不适货除外责任"所列之损失或费用。

5. ICC 罢工险

ICC 罢工险（Institute Strike cLauses Cargo）承保责任范围即为ICC（A）险除外责任中"罢工除外责任"所列之损失或费用。除外责任与战争险相同。

6. ICC 恶意损害险

ICC 恶意损害险（Malicious Damage Clause）承保被保险人以外的其他人（如船长、船员等）的故意破坏行动所致被保险货物的灭失或损坏。不包括出于政治动机的人的行动。

以上6种险别中，ICC（A）险相当于中国保险条款中的一切险，其责任范围更为广泛，故采用承保"除外责任"之外的一切风险的方式表明其承保范围。ICC（B）险大体上相当于水渍险。ICC（C）险相当于平安险，但承保范围较小些。ICC（B）险和ICC（C）险都采用列明风险的方式表示其承保范围。6种险别中，只有恶意损害险，属于附加险别，不能单独投保，其他5种险别的结构相同，体系完整。因此，除ICC（A）、ICC（B）、ICC（C）3种险别可以单独投保外，必要时，战争险和罢工险在征得保险公司同意后，也可作为独立的险别进行投保。

拓展阅读

国际贸易中出口方为了防范运输以外的风险还会投保其他保险险种，目前，已经开办的其他险种有：

（1）出口信用险。出口信用保险是国家为了推动本国的出口贸易，保障出口企业的收汇安全而制定的一项由国家财政提供保险准备金的非赢利性的政策性保险业务，是承保被保险人（出口人）在货物出运后，因国外买方由于商业或政治上原因不付货款所遭受的损失的保险（60天以上未付）。

（2）产品责任险。产品责任险是产品生产者对其产品造成第三者人身伤害或财产损失所承担的法律责任。承保被保险人因其所制造或销售的产品质量有缺陷，致使产品使用者或他人遭受人身伤害或财产损失，依法应由其承担的经济赔偿责任。产品责任保险的投保人是一切可能对产品事故造成损害负有赔偿责任的人，包括制造商、出口商、进口商、批发商、零售商以及修理商等。

（3）卖方利益保险。卖方利益保险是中国人民保险公司所承保的货物运输保险的一种特殊险别，供我国出口企业在采用FOB或CFR条件成交出口时，为保障自己的利益而投保。出口企业投保卖方利益险，保险公司负责赔偿卖方因买方拒绝赔付受损或灭失部分货物而遭受的损失。

第三节　货运保险业务

一、投保与索赔

（一）投保业务

投保是贸易合同规定的保险责任人就合同货物向保险公司办理保险的行为。

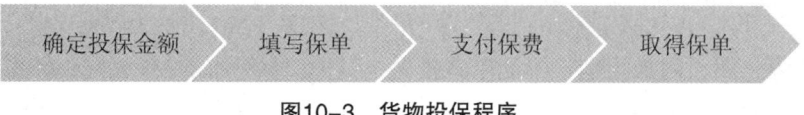

图10-3　货物投保程序

投保人首先要确定投保金额，这是计算保险费的依据。按照国际惯例，投保金额应按发票上的CIF计算。填写投保单是投保人向保险人提出投保的书面申请，内容包括被保险人的姓名、被保险货物的品名、标记、数量及包装、保险金额、运输工具名称、开航日期及起讫地点、投保险别、投保日期及签章等。保险费按投保险别的保险费率计算。交付保险费后，投保人即可取得保险单从而构成投保人与保险人之间的保险契约，在发生保险范围内的损失或灭失时，投保人便可凭保险单要求赔偿。

第十章 国际贸易保险

（二）索赔业务

索赔是指投保人或被保险人在保险事故发生后，根据保险合同条款的规定，请求保险人履行赔偿义务的行为。索赔一般由买方办理，也可视情况由卖方办理。索赔程序如图10-4所示。

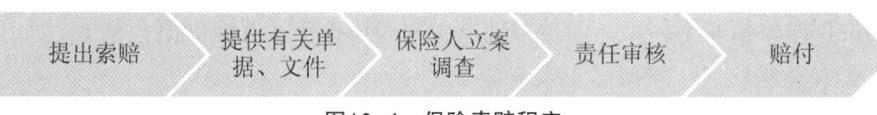

图10-4　保险索赔程序

保险事故发生后，投保人或被保险人应将事故发生的时间、地点、原因以及其他有关情况以最快的方式通知保险人，并提出索赔要求。索赔要求是有时效限制的，如果投保人或被保险人在规定的期间内不行使索赔请求权，则该请求权因时效届满而消灭。投保人或被保险人提出索赔请求后，还应采取积极措施，协助保险人的理赔工作，如提供索赔单证。索赔单证主要包括：保险单、运输单据、出险证明书等。保险人在接到出险通知后，应编号立案。对各种保险单证进行核查以及对出险现场进行查勘。责任审核是指保险人根据立案检查所获得的有关资料，确定是否承担保险责任。最后保险人应核算出赔付金额，包括实际损失和用于施救、诉讼等合理费用两部分。经核算确定给付金额后，保险人按保险合同约定或法律规定的时间予以给付。

二、保险单据

（一）保险单据的定义

保险单是指承保人向被保险人签发的，对保险标的物承担保险条款中规定的意外事故的损失和负责赔偿的契约凭证。

在国际贸易中，货物运输保险合同与转让海运提单一样，也可由被保险人背书转让。在CIF价格术语下，保险合同是卖方必须提供的主要单据之一。

（二）保险单据的种类

1. 按保险合同是否载明保险标的物的价值来分类

按保险合同是否载明保险标的物的价值来分类，保险单据有定值和不定值之分。

定值保单（Valued Policy）指保险人与被保险人双方对保险标的的价值，在投保和承保时即行约定。一旦发生保险责任内的损失，保险人即按照这个价值进行赔偿。

不定值保单（Unvalued Policy）指保险人与被保险人在承保和投保时对保险标的的保险价值并不约定，而是留到发生损失后再核定保险价值。

2. 按承保时间、空间起止来分类

按承保时间、空间起止来分类，保险单据可分为航程保单、定时保单和混合保单。

航程保单（Voyage Policy）：这种保险单的有效期限是以空间为限制的。从某起运港什么时候开始，至某目的港什么时候终止。只有在这一规定的航程内发生承保责任范围内的损失，保险人才负责。

定时保单（Time Policy）：这种保险单的有效期是肯定明确的，如自某年某月某日至某年某月某日止。

混合保单（Mixed Policy）：凡在保险单上载有"仓至仓"条款和被保险货物不能进仓可延长60天的，即为混合保单。因为它既有空间上的限制又有时间上的限制。

3. 按保险合同是否详细载明保险人和被保险人间的权利义务等条款来分类

按保险合同是否详细载明保险人和被保险人间的权利义务等条款来分类，可分为保险单和保险凭证。

保险单（Insurance Policy）是正式保险合同，是由保险公司签发的，承保一定航程内的某一批货物的风险和损失的一种保险单据。其中载明被保险货物的基本情况、保险险别、理赔地点及赔偿办法。

保险凭证（Insurance Certificate）是一种简化的保险单据。它是保险人签发给被保险人，证明货物已经投保和保险合同已经生效的文件。凭证上无保险条款，表明按照本保险人的正式保险单上所载的条款办理。保险凭证具有与保险单同等的效力，但在信用证规定提交保险单时，一般不能以保险单的简化形式替代。

4. 其他有关单据

预约保险单（Open Policy）：也叫开口保单，是预先签订的保险合同。保险公司承保被保险人一定时期内所有进出口货物使用的保险单。一般被保险人要将货物的名称、数量、保险金额、运输工具名称种类、航程起点和终点、起航日期等信息以书面形式通知保险公司。

批单（Endorsement）：用于注明更改或补充内容的凭证。保险单出立后，如需变更其内容，可由保险公司另出的凭证注明更改或补充的内容，称为批单。

联合凭证（Combined Certificate）又称承保证明（Risk Note），是我国保险公司特别使用的，比保险凭证更简化的保险单据。保险公司仅将承保险别、保险金额及保险编号加注在我国进出口公司开具的出口货物发票上，并正式签章即作为已经保险的证据。

保险声明（Insurance Declaration）。预约保险单项下的货物一经确定装船，要求被保险人立即以保险声明书的形式，将该批货物的名称、数量、保险金额、船名、起讫港口、航次、开航日期等通知保险人，银行可将保险声明书当作一项单据予以接受。

第四节 保险条款

保险条款是国际货物买卖合同的重要条款之一，它涉及买卖双方的利益。

一、条款内容

一般来说，保险条款所涉及的内容有保险责任归属、保险金额、投保险别、保险适用条款等。

（一）保险责任

保险责任归属是指在贸易合同中，约定货物运输保险将由买方还是卖方负责办理。在国际货物买卖过程中，由哪一方负责办理投保，应根据买卖双方商订的价格条件来确定。《国际贸易术语解释通则》（INCOTERMS）在解释所有贸易术语时，已经在买卖双方的义务中涵盖了保险的内容，所以在贸易合同中关于保险的责任，要与其他贸易术语的规定相一致，根据所采用的贸易术语来约定是买方还是卖方需要承担保险的责任。例如按FOB条件和CFR条件成交，保险即应由买方办理；如按CIF条件成交，保险就应由卖方办理。

（二）保险金额

保险金额简称保额，指投保人对保险标的的投保金额，是保单上确定的保险人负责损失赔偿的最高责任限额，是计算保险费的依据。保险金额一般是在货物价值的基础上再加上一定的加成来估定，保险金额的大小，决定了损失发生后，保险公司可以赔偿的最高金额。保险业务中投保人提出的保险金额需要得到保险人的认可。对于由卖方负责投保，赔付款给买方的价格术语，买卖双方应特别注意事先商量决定保险金额。如果没有事先约定的，根据《国际贸易术语解释通则》，卖方办理投保时，保险金额应不低于货物价值的110%。

（三）投保险别

合同中的投保险别主要是指货物运输保险的险别。国际贸易中，进出口的货物要经过长途运输而且涉及的运输方式也各种各样，在货物运输、装卸、储存过程中难免会遇到各种风险和遭受各种损失。货主为了保障一旦货物遭受损失后能够得到经济上的补偿，在货物起运前就要对货物进行运输保险。

二、条款实例

（1）当保险由买方办理，而风险也由买方承担时，通常保险条款只需阐明投保人为买方即可：保险由买方办理。

Insurance to be covered by the buyer.

（2）当保险由卖方办理，而风险由买方承担时，必须对条款内容尽量明确：

保险由卖方按发票金额的110%投保，险别按1981年1月1日生效的中国保险条款海洋运输险的一切险、战争险办理（含仓至仓条款）。

Insurance to be covered by the seller for 110% of total invoice value against all risks, war risks as per the ocean marine cargo clauses of Chinese Insurance Clause dated 1/1/1981（with W/W clause）.

本章小结

保险是国际贸易中货方转嫁风险、减少损失的主要途径。保险有相应的基

第十章 国际贸易保险

本原则，即可保利益原则、最大诚信原则、补偿原则、代为追偿原则、重复保险分摊原则等。国际货物运输保险通常是在每笔国际货物买卖中都需要办理的，这些运输保险需要根据所采用的不同运输方式来安排选择，有海运以及陆空邮各种保险方式。不同的运输保险针对不同的风险和可能产生的相应损失及费用，投保人需要根据具体情况选择有关的险别及适用的条款来办理保险。海上运输、装卸和储存过程中，可能会遭遇各种不同风险，而海上货物运输保险人主要承保海上风险、海上损失与费用以及外来原因所引起的风险损失。海上风险包括海上发生的自然灾害和意外事故。

海上损失按损失程度的不同，可分为全部损失和部分损失；按性质可分为共同海损和单独海损。海上货物保险保障的费用包括施救费用和救助费用。我国海洋货物运输保险条款包括3种基本险别，即平安险、水渍险和一切险。附加险别包括一般附加险和特殊附加险。保险责任的起讫根据险别的不同而有所区别。基本险别的责任起讫，均采用国际保险业所惯用的"仓至仓条款"；而战争险的责任起讫不采用"仓至仓条款"，仅限于水上危险。在世界海上保险业中，英国伦敦保险协会所制定的《协会货物条款》对世界各国有着广泛的影响。

陆运、空运货物与邮包运输保险是在海运货物保险的基础上发展起来的。由于陆运、空运货物与邮包运输同海运可能遭致货物损失的风险种类不同，所以陆运、空运货物与邮包运输保险同海上货运保险的险别及其承保范围也有所不同。

在国际贸易中出口信用险、产品责任险和卖方利益保险也经常使用。

在国际货物买卖合同中，为了明确交易双方在货运保险方面的责任，通常都订有保险条款，其内容主要包括保险责任、保险险别、保险金额的约定等事项。

本章思考题

1. 我国海洋运输货物保险的基本险别有几种？责任范围有何区别？
2. 在什么情况下才构成实际全损？
3. 在什么情况下才构成推定全损？
4. 什么叫委付？

5. 什么是"仓至仓条款"?

6. 海运战争险与基本险的责任起迄有何不同?

7. 国际贸易中除了运输险外,投保人还可投保什么险?

8. 某公司从日本进口了一批电脑,发货港是大阪,收货港是天津,承运船舶是某日籍货轮,同船运送的还有大米、服装等货物。船舶行驶途中遇到了海啸,为了保证船、货的安全,船长下令把船上其他货主的两个集装箱抛入大海,最终船舶平安地到达了天津港。试分析到达目的港后船长会如何处理这次事故的损失。为什么?

9. 我方以CFR贸易术语出口货物一批,在从出口公司仓库运到码头待运过程中,货物发生损失,该损失应由何方负责?如果买方已经向保险公司办理了保险,保险公司对该项损失是否予以赔偿?说明理由。

本章参考文献

1. 程铭等:《国际贸易实务》,上海大学出版社2012年版。
2. 黄海东、孙玉红:《国际货物运输保险》,清华大学出版社2010年版。
3. 李莉:《国际货物运输与保险》,中国人民大学出版社2012年版。
4. 梁爽:《国际贸易保险》,大连理工大学出版社2009年版。
5. 曾立新:《国际运输货物保险》,中国人民大学出版社2013年版。

第十一章 支 付

本章学习目标

1. 了解：国际支付中的基本概念和方法。

2. 熟悉：各种支付工具和支付方法的性质、特点及其使用，与支付相关的国际惯例和银行习惯。

3. 掌握：常用支付工具内容及其流通程序，常用支付方式特别是信用证的内容及支付的程序、性质、特点以及跟单信用证统一惯例的主要内容。

本章核心概念

汇票 本票支票 汇付 银行汇票 商业汇票 即期汇票 远期汇票 银行承兑汇票 商业承兑汇票 汇付 托收 付款交单 承兑交单 信用证 分期付款 延期付款

第一节 支付工具

国际贸易货款的支付，需要采用支付工具，支付工具可以是货币也可以是票据。目前采用货币现金结算的较少，大多使用票据。

一、货币

对外贸易货款的收付，如果使用货币，可以采用卖方国家的货币也可以采用买方国家的货币，或者采用双方同意的第三国的货币。在当前各国普遍实行浮动汇率的情况下，货币经常出现上浮或下浮的情况，上浮的货币叫"硬币"，下浮的货币叫"软币"，因此，买卖双方商订付款条件时，还存在选择"硬币"或"软币"的问题。为了选择有利的货币进行计价和结算，出口时应当采用"硬币"，进口时应当采用"软币"。

以货币作为支付工具还可以考虑采用保值办法，主要有：

（1）计价货币和支付货币均为同一"软币"。确定订约时这一货币与另一"硬币"的汇率，支付时按当日汇率折算成原货币支付。

（2）"软币"计价、"硬币"支付。即将商品单价或总金额按照计价货币与支付货币当时的汇率，折合成另一种"硬币"，按另一种"硬币"支付。

（3）"软币"计价、"软币"支付。确定这一货币与另几种货币的算术平均汇率（称为"一揽子汇率保值"），或用其他计算方式的汇率，按支付当日与另几种货币算术平均汇率或其他汇率的变化作相应的调整，折算成原货币支付。

（4）我国出口企业用人民币计价和结算也可起到保值作用。

二、票据

票据是商品经济发展到一定历史阶段的产物，是国际通行的结算和信贷工具，是可以流通转让的债权凭证。国际贸易中使用的票据主要有汇票、本票和支票，其中又以使用汇票为主。

（一）票据的概念

票据是指由发票人签发的、无条件约定自己或委托他人、以支付一定金额为目的的特种证券。

（二）票据的特征

（1）票据是具有一定权力的凭证，有付款请求权、追索权。

（2）票据的权利与义务是不存在任何原因的。

（3）票据具有一定的形式和内容。

（4）票据是可流通的证券。

（三）票据的作用

从实践来看，票据的作用主要有以下几方面：

第十一章 支 付

1. 支付作用

使用票据支付，既可以解决手续上的繁琐，又能达到准确、简便、安全的目的。票据也可以作为异地支付的工具，因此具有汇兑作用。

2. 信用作用

票据就是"信用的证券化"。票据的信用作用，表现在票据贴现和以票据担保债务上。

3. 结算作用

票据的结算功能在贸易中使用非常广泛，各种票据交换所、票据交换中心纷纷出现，这就起到了简化手续、提高效率、节约流通货币、保障交易安全的作用。

4. 融资作用

票据的融资功能，主要是通过票据贴现来实现的。在现代金融中，票据贴现业务已成为一项重要业务，这一业务出现后，票据的融资功能日益突出。

5. 流通作用

票据作为有价证券，可以经背书交付或仅凭交付自由转让给其他人，成为一种流通工具，起着流通手段作用。

（四）票据的种类

各国关于票据种类的规定不同，英美法系认为票据分为汇票和本票，支票包含在汇票之中，是汇票的一种特殊形式；大陆法系认为票据包括汇票和本票两种，支票为另一种证券；我国票据法规定，票据包括汇票、本票和支票。

1. 汇票

（1）汇票（Bill of Exchange；Draft）的定义：汇票是由出票人签发的，要求付款人在见票时或在一定期限内，向收款人或持票人无条件支付一定款项的票据。

（2）汇票的当事人包括：① 出票人（drawer）：签发汇票的当事人。② 付款人（payer）：根据汇票指令付款的人。③ 收款人（payee）：收取票款的人。

（3）各国票据法对汇票内容的规定不同，一般应包括下列基本内容：① 应载明"汇票"字样；② 有无条件支付的命令；③ 一定金额；④ 付款期限；⑤ 付款地点；⑥ 受票人，又称付款人；⑦ 受款人；⑧ 出票日期；⑨ 出票地点；⑩ 出票人签字。

上述基本内容，一般为汇票的要项，但并不是汇票的全部内容。按照各国票据法的规定，汇票的要项必须齐全，否则受票人有权拒付。

（4）汇票从不同的角度可分为以下几种：

按照出票人的不同，汇票可分为银行汇票和商业汇票。银行汇票（Banker's Draft）是指出票人是银行的汇票。商业汇票（Commercial Draft）是指出票人是工商企业的汇票。

按照有无随附商业单据，汇票可分为光票和跟单汇票。光票（Clean Bill）是指不附带商业单据的汇票。跟单汇票（Documentary Bill）是指附带有商业单据的汇票。

按照付款时间的不同，汇票分为即期汇票和远期汇票。即期汇票（Sight Draft）是指在提示或见票时须立即付款的汇票。远期汇票（Time Bill or Usance Bill）是指在一定期限或特定日期付款的汇票。

按照承兑人不同，汇票可分为银行承兑汇票和商业承兑汇票。银行承兑汇票（Banker's Acceptance Bill）是指经银行承兑过的汇票。商业承兑汇票（Commercial Acceptance Bill）是指经工商企业承兑过的汇票。

一张汇票往往可以同时具备几种性质，例如一张商业汇票同时又可以是即期的跟单汇票、一张远期的商业跟单汇票，同时又是银行承兑汇票等。

（5）汇票的使用即汇票的票据行为随其是即期还是远期而有所不同。即期汇票只需经过出票、提示和付款的程序，而远期汇票还需经过承兑手续。如需流通转让，通常要经过背书。汇票遭到拒付时，还要涉及做成拒绝证明，依法行使追索权。汇票的正常使用如图11-1、图11-2所示。

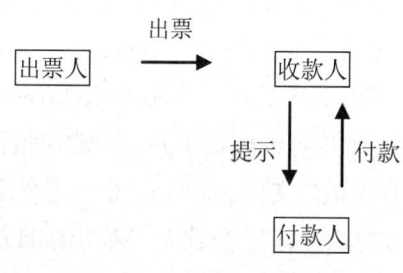

图11-1　即期汇票流程

第十一章 支　付

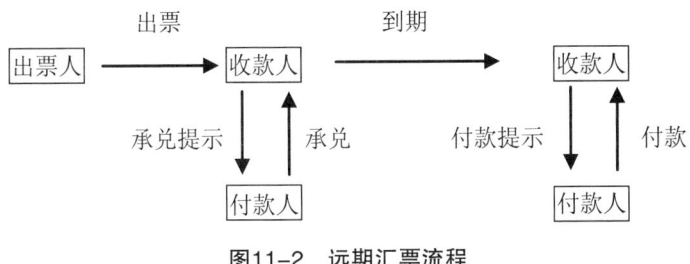

图11-2　远期汇票流程

汇票使用中主要涉及以下概念：

一是出票（Issue）。出票是指出票人在汇票上填写付款人、付款金额、付款日期和地点以及受款人等项目，经签字后交给受票人的行为。

二是提示（Presentation）。提示指收款人向付款人出示汇票要求执行的行为。

三是承兑（Acceptance）。承兑指付款人在远期汇票上签字表示愿意到期付款的行为，是汇票的付款人承诺负担票据债务的行为。

四是付款（Payment）。付款指付款人按汇票命令向收款人支付票款的行为。

五是背书（Endorsement）。背书指汇票转让人在票据背面书写并签字后将票据交给受让人的行为。背书转让是持票人的票据行为，只有持票人才能进行票据的背书。票据一经背书转让，票据上的权利也随之转让给被背书人。汇票可以经过多次背书转让。

六是贴现（Discount）。贴现指受让人在受让汇票时，按照汇票的票面金额扣除从转让日起至汇票到期日止的利息后将票款付给出让人。

七是拒付（Reject）。拒付指付款人拒绝按照汇票命令付款的行为。

八是追索（Recourse）。追索指持票人在汇票遭到拒付后向其前手提出权利要求（根据《票据法》规定后手向前手追索时必须提供拒绝证书"protest"）的行为。

汇票在出票时，对收款人（抬头）通常有3种写法：

（1）限制性抬头。例如，"仅付甲公司"（Pay A Co.only）或"付甲公司，不准流通"（Pay A Co. not negotiable）。这种抬头的汇票不能流通转让，只限甲公司收取货款。

（2）指示性抬头。例如，"付甲公司或指定人"（Pay A Co. or order或Pay to the order of A Co.）。这种抬头的汇票，除××公司可以收取票款外，也可以经过背书转让给第三者。

（3）持票人或来人抬头。例如，"付给来人"（Pay Bearer）或"付给持票人"（Pay Holder）这种抬头的汇票，无需由持票人背书，仅凭交付汇票即可转让。

背书的做法也有3种：

（1）限制性背书：背书人签名，指定被背书人并限制被背书人再背书转让的做法。此种背书通常写成：pay to … Co. only（not transferable）。

（2）空白背书：背书人只签名，不指定被背书人的做法。

（3）特别背书：背书人签名，并指定被背书人，但不限制其进一步转让。一般写成：pay … Co. or order。

2. 本票

（1）本票的定义。本票（Promissory Note）是一个人向另一个人签发的，保证于见票时或定期或在可以确定的将来的时间，对某人或其指定人或持票人支付一定金额的无条件的书面承诺。简言之，本票是出票人对收款人承诺无条件支付一定金额的票据。

（2）本票的主要内容。各国票据法对本票内容的规定各不相同。我国《票据法》规定，本票必须记载下列事项：① 表明"本票"字样；② 无条件的支付承诺；③ 确定的金额；④ 收款人的名称；⑤ 出票日期；⑥ 出票人签字。本票上未记载上述规定事项之一的，本票无效。

（3）本票当事人。本票与汇票相比只有两个当事人：① 出票人（Maker）：签发本票的当事人。② 收款人：取得票款的当事人。

（4）本票的种类。本票可分为商业本票和银行本票。

由工商企业或个人签发的称为商业本票或一般本票。商业本票又可按付款时间分为即期和远期本票两种。即期本票就是见票即付的本票。而远期本票则是承诺于未来某一规定的或可以确定的日期支付票款的本票。

由银行签发的称为银行本票。银行本票都是即期的。

第十一章 支 付

（5）本票的使用。本票也是经过出票、提示、付款等环节来使用的，但是对于远期本票，无需经过付款人的承兑。本票的使用过程见图11-3。

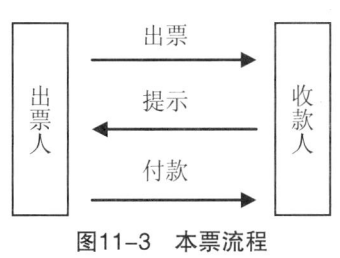

图11-3 本票流程

（6）本票与汇票的区别。作为支付工具，本票与汇票都属于票据的范畴，但两者又有所不同，其主要区别有：

第一，本票的票面有两个当事人，即出票人和收款人；而汇票则有3个当事人，即出票人、付款人和收款人。

第二，本票的出票人即是付款人，远期本票无须办理承兑手续；而远期汇票则要办理承兑手续。

第三，本票在任何情况下，出票人都是绝对的主债务人，一旦拒付，持票人可以立即要求法院裁定，命令出票人付款；而汇票的出票人在承兑前是主债务人，在承兑后，承兑人是主债务人，出票人则处于从债务人的地位。

3. 支票

（1）支票的定义。支票（Check）是由出票人签发的，委托银行或者其他金融机构在见票时无条件支付确定的金额给收款人或者持票人的票据。

出票人签发支票时，应在付款银行存有不低于票面金额的存款。开出空头支票的出票人要负法律上的责任。

（2）支票的主要内容。我国《票据法》规定，支票必须记载下列事项：① 表明"支票"字样；② 无条件的支付委托；③ 确定的金额；④ 付款人名称；⑤ 出票日期；⑥ 出票人签字。支票上未记载规定事项之一的，支票无效。

（3）支票的当事人。支票的当事人包括：① 出票人，即签发支票的当事人，应是付款银行的存款户；② 付款人，即接受委托支付票款的银行；③ 收款人，即接受票款的当事人。

（4）支票的种类。按我国《票据法》，支票可分为现金支票和转账支票两种：① 现金支票，即只能用于支取现金的支票；② 转账支票，即只能用于通过银行或其他金融机构转账结算的支票。

《票据法》还规定，支票用以支取现金或是转账，均应分别在支票正面注明。但有些国家规定，支取现金或是转账，通常可由持票人或收款人自主选择。但一经划线就只能通过银行转账，而不能直接支取现金。因此，就有"划线支票"和"未划线支票"之分。

（5）支票的使用。支票的使用有一定的有效期，而且有效期较短。我国《票据法》规定，支票的持票人应当自出票日起10日内提示付款；异地使用的支票，其提示付款的期限由中国人民银行另行规定。超过提示付款期限的，付款人可以不予付款，但出票人仍应当对持票人承担票据责任。

支票使用的流程如图11-4所示：

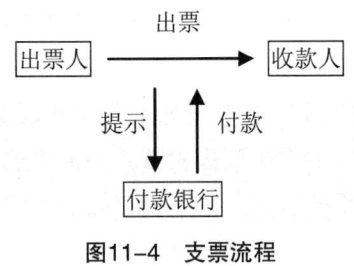

图11-4 支票流程

第二节 支付方式

目前，在我国进出口业务中所使用的货款收付方式，主要有常用的汇付、托收和信用证3种方式，另外还有一些其他方式。

第十一章 支 付

一、汇付

(一)汇付的定义

汇付（Remittance）又称汇款，指付款人主动通过银行或其他途径将款项汇交收款人。国际贸易货款的收付如采用汇付，一般是由买方按合同约定的条件（如收到单据或货物）和时间，将货款通过银行汇交给卖方。而货运单据由卖方自行寄送买方，除以票汇方式汇付外，银行并不处理票据。

(二)汇付的当事人

（1）汇款人（Remitter）——即付款人，买卖合同的买方。

（2）汇出行（Remitting Bank）——接受汇款人的委托或申请汇出款项的银行，通常是进口人所在地的银行。

（3）汇入行（Receiving Bank）——又称解付行（Paying Bank），即接受汇出行的委托，解付汇款的银行。

（4）收款人（Payee）——接受汇付款的人，买卖合同的卖方。

(三)汇付的种类

汇付的种类主要有：

1. 信汇

信汇（Mail Transfer，M/T）是指汇出行应汇款人的申请，将付款委托书通过邮寄方式交给汇入行，授权解付一定金额给收款人的一种汇款方式。

信汇方式的优点是费用较为低廉，但收款人收到汇款的时间较迟。

2. 电汇

电汇（Telegraphic Transfer，T/T）是指汇出行应汇款人的申请，采用电传、SWIFT（环球银行间金融电讯网络）等电讯手段将电汇付款委托书传给汇入行，指示其解付一定金额给收款人的一种汇款方式。

电汇方式的优点是收款人可迅速收到汇款，但费用较高。

3. 凭单付汇

凭单付汇（Remittance Against Documents）是指进口人先通过汇出行将货款以信汇或电汇方式汇给汇入行，并指示汇入行凭出口人提供的某些指定的单据和装运凭证才付款给出口人的方式。

4.票汇

票汇（Remittance by Banker's Demand Draft，D/D）是指汇出行应汇款人的申请，开立以其代理行或其他往来银行为付款人的银行即期汇票，列明收款人名称、金额等，交由汇款人自行寄交给收款人，收款人凭票向付款行取款的一种汇付方式。

票汇与电汇、信汇的不同之处在于，票汇的汇入行无需通知收款人取款，而由收款人持票登门取款，这种汇票除有限制流通的规定外，经收款人背书，可以转让流通，而电汇、信汇的收款人则不能将收款权转让。

（四）汇付的基本程序

（1）信汇与电汇的程序如图11-5所示。

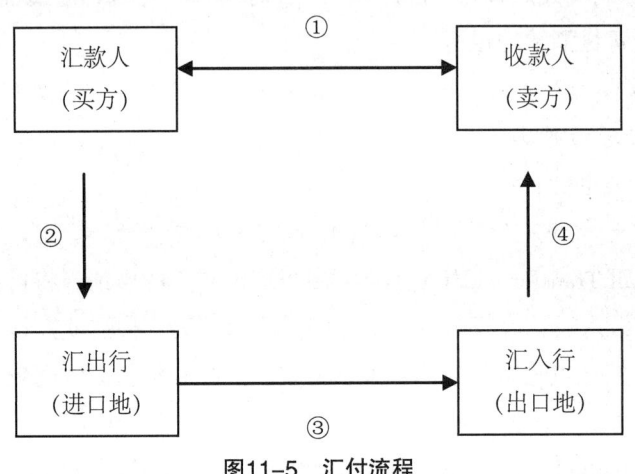

图11-5 汇付流程

注：① 买卖双方签订合同并决定采用汇付（信汇或电汇）方式支付货款。② 买方委托汇出行办理汇付（信汇或电汇）。③ 汇出行通过邮政或电讯方法委托汇入行向卖方付款。④ 汇入行向买方付款。

（2）票汇的程序如图11-6所示。

第十一章 支　付

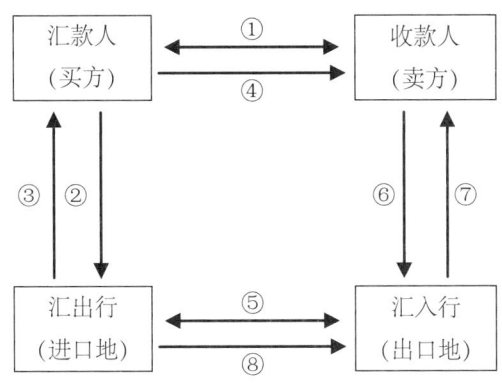

图11-6　票汇流程

注：① 买卖双方签订合同并决定采用汇付（票汇）方式支付货款。② 买方委托汇出行办理汇付，购买银行汇票。③ 汇出行签发银行汇票并交于买方。④ 买方将汇票寄交收款人。⑤ 汇出行委托汇入行做汇票付款人。⑥ 卖方向汇入行提示汇票要求付款。⑦ 汇入行向卖方付款。⑧ 汇入行将票根交给汇出行。

（五）汇付方式的性质及其在国际贸易中的使用

在国际贸易中使用汇付方式结算货款，银行只提供服务，汇付属于商业信用，因此，使用汇付方式结算完全取决于买卖双方的信任，卖方交货后交出单据，买方是否按时付款，则取决于买方的信用。在实践中，除对本企业的联号或分支机构和个别极可靠的客户用以预付货款或货到付款外，主要用于定金、贷款尾数及佣金的支付。但也用于预付货款（Payment in Advance）、订货付现（Cash with Order）和赊销（Open Account）等业务。

二、托收

（一）托收的定义

国际商会制定的《托收统一规则URC522》对托收（collection）作了如下定义：托收是指由接到托收指示的银行根据所收到的指示处理金融单据和/或商业单据以便取得付款或承兑，或凭付款或承兑交出商业单据，或凭其他条款或条件交出单据。

（二）托收方式的当事人

托收方式的当事人主要有：委托人、付款人以及托收行和代收行。

（1）委托人（Principal）：开立汇票（或不开汇票）委托银行向国外付款人收款的当事人，通常是卖方。

（2）托收行（Remitting Bank）：接受委托人的委托向国外付款人收款的银行，通常为出口地银行。

（3）代收行（Collecting Bank/Presenting Bank）：托收行的代理人，是接受托收行的委托向付款人收款的银行，通常为进口地银行。

（4）付款人（Payer）：买卖合同的买方，是托收汇票的受票人（Drawee）。

委托人在委托银行办理托收时，须随附一份托收委托书，在委托书中明确提出各种指示。银行接受委托后，则按照委托书的指示内容办理托收。

（三）托收的种类

托收按有否使用商业单据分为跟单托收和光票托收，国际贸易中的货款托收绝大多数为跟单托收。跟单托收按交付货运单据条件的不同，又分为付款交单和承兑交单。

1. 付款交单

付款交单（Documents Against Payment，D/P）是指出口人的交单是以进口人的付款为条件的托收。

付款交单按支付时间不同可分为：

（1）即期付款交单（Documents Against Payment at Sight，简称D/P at Sight）。即期付款交单是指出口人发货后开具即期汇票连同商业单据，通过银行向进口人提示，进口人见票后立即付款，在付清货款后向银行领取商业单据。即期付款交单流程如图11-7所示。

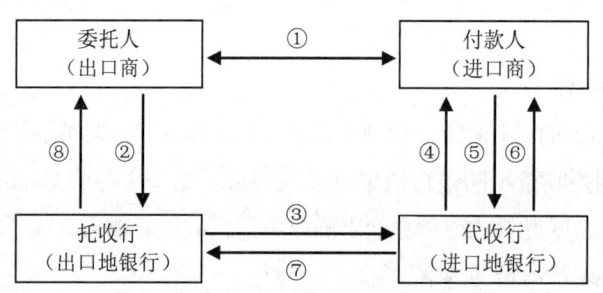

图11-7　即期付款交单流程

第十一章 支 付

注：① 买卖双方签订贸易合同，约定采用即期付款交单方式支付。② 出口商交货后持单据并开立即期汇票向托收行办理向进口商的托收。③ 托收行委托在进口地的代收行向进口商收款。④ 代收行向进口商提示单据要求付款。⑤ 进口商实施付款。⑥ 代收行向进口商交单。⑦ 代收行向托收行交款。⑧ 托收行向出口商交款。

（2）远期付款交单（Documents Against Payment after Sight，简称D/P after Sight）。远期付款交单是指出口人发货后开具远期汇票连同商业单据，通过银行向进口人提示，进口人审核无误后即在汇票上进行承兑，于汇票到期日付清货款后再领取商业单据。远期付款交单流程如图11-8所示。

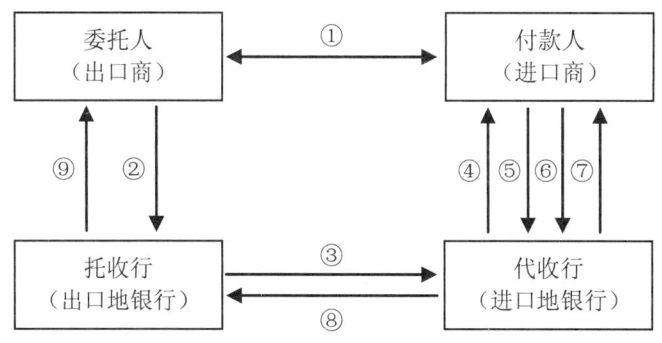

图11-8 远期付款交单流程

注：① 买卖双方签订贸易合同，约定采用远期付款交单方式支付。② 出口商交货后持单据并开立远期汇票向托收行办理向进口商的托收。③ 托收行委托在进口地的代收行向进口商收款。④ 代收行向进口商提示单据要求承兑。⑤ 进口商实施承兑，代收行收回单据。⑥ 进口商到期付款。⑦ 代收行向进口商交单。⑧ 代收行向托收行交款。⑨ 托收行向出口商交款。

以上说明，不论是即期付款交单还是远期付款交单，进口商必须在付清货款之后，才能取得单据，提取或转售货物。

在远期付款交单条件下，如果付款日期晚于到货日期，买方为了抓住有利行市，不失时机地转售货物，可以采取两种做法：一是在付款到期日之前提前付款赎单，扣除提前付款日至原付款到期日之间的利息，作为买方的一种提前付款的现金折扣。另一种做法是，代收行对于资信较好的进口人，允许进口人凭信托收据（Trust Receipt）借取货运单据，先行提货。所谓信托收据，就是进口人借单时提供的一种书面信用担保文件，用来表示愿意以代收行的受托人身份代为提货、报关、存仓、保险、出售，并承认货物所有权仍属银行，货物售出所得的贷款，应于汇票到期时交银行。这种做法通常是代收行自己向进口人提供的信用便利，因而与出口人无关。

2.承兑交单

承兑交单（Documents Against Acceptance，D/A）指卖方要求银行在买方在远期汇票上承兑后才将单据交给买方，并在汇票到期时收回货款的托收方式。承兑交单流程如图11-9所示。

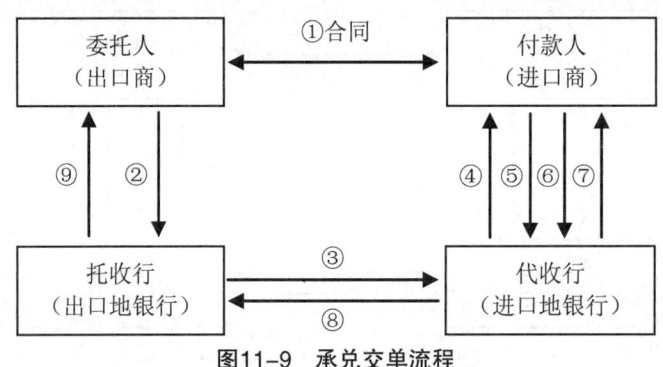

图11-9　承兑交单流程

注：① 买卖双方签订贸易合同，约定采用承兑交单方式支付。② 出口商交货后持单据并开立远期汇票向托收行办理向进口商的托收。③ 托收行委托在进口地的代收行向进口商收款。④ 代收行向进口商提示单据要求承兑。⑤ 进口商实施承兑。⑥ 代收行向进口商交单。⑦ 进口商到期付款。⑧ 代收行向托收行交款。⑨ 托收行向出口商交款。

承兑交单是指出口人的交单以进口人在汇票上的承兑为条件。承兑交单方式下进口人只要在汇票上办理承兑之后，即可取得商业单据，凭以提取货物。所以，承兑交单方式只适用于远期汇票的托收。承兑交单是出口人先交出商业单据，其收款的保障依赖进口人的信用，一旦进口人到期不付款，出口人便会遭到货物与货款全部落空的损失。因此，出口人对这种方式，一般采取很慎重的态度。

第十一章 支 付

3. 托收的性质及其利弊

托收的性质为商业信用。银行办理托收业务时，只是按委托人的指示办事，并不承担对付款人必然付款的义务。如进口商破产或丧失清偿债务的能力，出口人则可能收不回或晚收到货款。在进口人拒不付款赎单时，除非事先约定，银行没有义务代为保管货物。如货物已到达，出口人还要承担在进口地办理提货、交纳进口关税、存仓、保险、转售以至被低价拍卖或被运回国内的损失。跟单托收对出口人虽有一定的风险，但对进口人却很有利，不但可免去申请开立信用证的手续，不必预付银行押金，减少费用支出，而且有利于资金的融通和周转。

案例11-1：某年，国内A公司同南美客商B公司签订合同，由A公司向B公司出口货物一批，双方商定采用跟单托收结算。A公司的托收行是N银行，南美代收行是M银行，具体付款方式是D/P 90天。A公司交货后将全套单据交由N行进行托收，但是到了规定的付款日，对方毫无付款的动静。事后得知全部单据在B公司承兑汇票后，代收行M银行已放单给B公司。于是A公司在N银行的配合下，向代收行M银行提出起诉。问：该案中M银行的做法有何问题？

案例分析：

托收方式是一种以商业信用为基础的结算方式。此案例中按照《托收统一规则》，M银行必须在B公司90天付款后，才能将全套单据交付给B公司。故M银行在B公司承兑汇票后即行放单的做法是违背《托收统一规则》的。

三、信用证

（一）信用证的定义

信用证是开证银行应申请人（买方）的要求并按其指示，向受益人（卖方）开具的表示在一定条件下，由银行保证向其支付一定金额的做法。

在信用证方式下，卖方（受益人）得到这笔钱的条件是向银行（议付行）提交信用证中规定的商业、运输、保险、政府和其他用途的单据。

（二）信用证的当事人

1. 主要当事人

（1）开证申请人（Applicant）：指向银行提出申请开立信用证的人，一般为进口人。

（2）开证行（Issuing Bank）：指接受开证人的要求和指示，开立信用证的银行，一般是进口地的银行。

（3）受益人（Beneficiary）：指信用证上所指定的有条件接受付款的人，一般为出口人。

（4）通知行（Advising Bank）：接受开证行委托向受益人通知信用证事宜的银行。

（5）议付行（Negotiating Bank）：按照开证行指令对受益人进行议付垫款的银行。

（6）付款行（Paying Bank）：按照信用证规定向受益人实施付款的银行。

2. 其他当事人

（1）偿付行（Reimbursing Bank）：接受开证行指令对代付行或议付行进行清偿的银行。

（2）保兑行（Confirming Bank）：在信用证上加注保付条款的银行。

（3）转让行（Transferring Bank）：为可转让信用证办理转让手续的银行。

（4）第二受益人（Second Beneficiary）：可转让信用证的受让人。

（三）信用证的基本流程

信用证依据不同的类型其流程略有差异，但基本原理还是相同的。这里介绍两种最基本的信用证的流程，其他信用证都可以与它们相对比。

1. 议付信用证流程

议付信用证流程如图11-10所示。

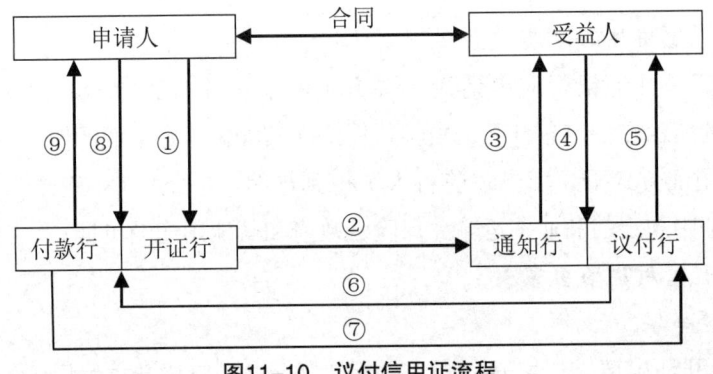

图11-10　议付信用证流程

第十一章 支 付

注： ① 开证申请人按照合同规定向当地银行提出申请，并提供若干押金或其他担保，要求开证行向受益人开出信用证。② 开证行将信用证寄给出口人所在地的代理银行（通知行）委托其通知受益人。③ 通知行将信用证转递或通知受益人。④ 受益人经审查信用证认可后，即可按规定条件装货，受益人发货后，备妥信用证规定的货运单据，开具汇票，在信用证规定时间内送当地的议付行议付。⑤ 议付行经与信用证核对，确认汇票与单据符合信用证规定后，按汇票所示金额，扣除若干利息或手续费，将款项垫付给受益人。⑥ 议付行将汇票、货运单据等寄开证行索偿。⑦ 开证行经审核单据无误后，向议付行偿付。⑧ 开证行通知开证人付款，赎回单据。⑨ 开证人付款后，开证行向其交单。

2. 即期付款信用证流程

即期付款信用证流程如图11-11所示。

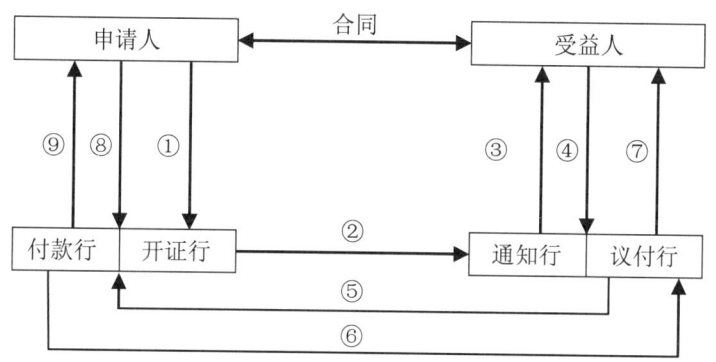

图11-11 付款信用证流程

注： ① 开证申请人按照合同规定向当地银行提出申请，并提供若干押金或其他担保，要求开证行向受益人开出信用证。② 开证行将信用证寄给出口人所在地的代理银行（通知行）委托其通知受益人。③ 通知行将信用证转递或通知受益人。④ 受益人经审查信用证认可后，即可按规定条件装货，受益人发货后，备妥信用证规定的单据，在信用证规定时间内送当地议付行办理付款。⑤ 议付行经与信用证核对，确认汇票与单据符合信用证规定后，将汇票、货运单据等寄开证行请求付款。⑥ 开证行经审核单据无误后，向议付行付款。⑦ 议付行向受益人交款。⑧ 开证行通知开证人付款，赎回单据。⑨ 开证人付款后，开证行向其交单。

（四）信用证的种类

信用证的类型很多，划分的标准也不同。

1. 按基本性质分类

（1）根据是否要求受益人提交单据可分为跟单信用证和光票信用证。① 跟单信用证（Documentary Credit）是开证行凭跟单汇票或单纯凭单据付款的信用证。如提单、铁路运单、航空运单、发票保险单等商业单据。② 光票信用证（Clean Credit）是开证行仅凭不附单据的汇票付款的信用证，汇票如附有不包括运输单据的发票、货物清单等，仍属光票。

（2）根据开证行的责任，分为不可撤销信用证和可撤销信用证。① 不可撤销信用证（Irrevocable L/C）是指信用证一经开出，在有效期内，未经受益人、开证人及保兑行（如果有）的同意，开证行不得片面修改或撤销信用证的规定和承诺。国际贸易中使用的信用证，基本上都是不可撤销信用证。② 可撤销信用证（Revocable L/C）是指开证行有权随时予以修改或撤销，但若受益人已按信用证规定得到议付、承兑或延期付款保证，则银行的撤销或修改无效。

（3）根据是否有另一家银行为信用证加保，可分为保兑信用证和不保兑信用证。① 保兑信用证（Confirmed Letter of Credit）是指开证行开出的信用证，由另一家银行保证对符合信用证条款规定的单据履行付款义务。对信用证加保兑的银行称为保兑行，保兑行承担与开证行相同的第一性付款责任。② 不保兑信用证（Unconfirmed L/C）指未经开证行以外的其他银行保兑的信用证，即一般的不可撤销的信用证。

（4）按信用证付款方式，分为即期付款信用证、延期付款信用证、承兑信用证和议付信用证。① 即期付款信用证（Sight Payment L/C）指付款行收到与信用证条款相符的单据后立即履行付款义务的信用证。一般可以不用汇票。② 延期付款信用证（Deferred Payment L/C）又称迟期付款信用证，或称无承兑远期信用证，是指受益人不开具汇票，因此也无需开证行承兑汇票，在受益人交单一定时期后开证行保证付款的信用证。③ 承兑信用证（Acceptance L/C）指付款行在收到符合信用证规定的远期汇票和单据时，先在汇票上履行承兑手续，等汇票到期日再行付款的信用证。④ 议付信用证（Negotiation Credit）指允许受益

第十一章 支付

人向某一指定银行或任何银行交单议付的信用证。通常在单证相符的条件下，银行扣取垫付利息和手续费后立即将货款垫付给受益人。议付信用证可分为公开议付信用证和限制议付信用证，前者受益人可任择一家银行作为议付行，后者则由开证行在信用证中指定一家银行为议付行。

2. 按附加性质分类

（1）可转让信用证（transferable L/C）。可转让信用证指信用证受益人有权将信用证的全部或部分权利转让给一个或数个第三者（即第二受益人）使用。可转让信用证的受益人一般是中间商，第二受益人则是实际供货商。

（2）循环信用证（Revolving Credit）。循环信用证是指信用证被全部或部分使用后，其金额可恢复使用直至达到规定次数或累积总金额为止的信用证。这种信用证适用于分批均衡供应、分批结汇的长期合同。

循环信用证的循环方式可分为按时间循环和按金额循环。具体使用一般有3种做法：

一是自动循环。即不需开证银行的通知，信用证即可按所规定的方式恢复使用。

二是半自动循环。在使用后，开证行未在规定期限内提出停止循环的通知即可恢复使用。

三是非自动循环。在每期使用后，必须等待开证行通知，才能恢复使用。

（3）对背信用证（Back to Back Credit）。对背信用证指受益人以原证为抵押，要求银行以原证为基础，另开立一张内容相似的信用证。对背信用证的使用方式与可转让信用证相似，所不同的是原证开证行并未授权受益人转让，因而也不对新证负责。

（4）对开信用证（Reciprocal Credit）。对开信用证指两张互相制约的信用证，进出口双方互为开证申请人和受益人，双方的银行互为开证行和通知行。这种信用证一般用于补偿贸易、易货贸易和对外加工装配业务。通常在先行开出的信用证中注明，该证需待回头信用证开出后才生效。

（5）预支信用证（Anticipatory L/C）。预支信用证是开证行授权付款行，允许出口商在装货交单前支取全部或部分货款的信用证，等货运单据交到后，付款行再扣除预交货款本息。

(五)信用证的特点

1. 开证银行负首要付款责任

信用证支付方式是一种银行信用,信用证开出后,开证行负第一性的付款责任,不同于一般担保业务中银行只负第二性的责任,即是在被担保人不付款的情况下银行才代为付款。

2. 信用证是一项自足文件

信用证虽以贸易合同为基础,但它一经开立,就成为独立于贸易合同之外的另一种契约。《跟单信用证统一惯例》(UCP)中明确规定:"信用证与其可能依据的销售合约或其他合约是相互独立的交易。即使信用证中包含有关合约的任何援引,银行也与该合约完全无关,并不受其约束。"开证银行只对信用证负责,只凭信用证所规定的而又完全符合条款的单据付款。

3. 信用证方式是纯单据业务

信用证业务是一种单据的买卖,银行处理的是单据。《跟单信用证统一惯例》规定:在信用证业务中,各有关方面处理的是单据,而不是与单据有关的货物、服务或其他行为。

4. 银行付款的依据是"严格相符"原则

根据《跟单信用证统一惯例》的规定和说明,只要单据与单据相符、单据与信用证相符,只要能确定单据在表面上符合信用证条款,银行就得凭单据付款。这就是"严格相符"的原则。

案例 11-2: 我A公司向从外国B商进口一批钢材,货物分两批装运,支付方式为不可撤销即期信用证,每批分别由中国银行开立一份信用证。第一批货物装运后,卖方在有效期内向议付银行交单议付,议付行审单后议付货款,中国银行也对议付行作了偿付。A公司在收到第一批货物后,发现货物品质不符合合同规定,要求开证行对第二份信用证项下的单据拒绝付款,但遭到开证行拒绝。问:开证行拒绝是否有道理?

案例分析:

开证行拒绝是有道理的。在本案中,开证行是根据"单单相符,单证一致"的信用证支付原则行事的。本案货物买卖的支付方式为不可撤销即期信用

第十一章 支 付

证。根据《跟单信用证统一惯例》规定，信用证一经开出，在有效期内不经受益人或有关当事人同意，开证行不得单方加以修改或撤销信用证。因为信用证开出以后就成了独立于买卖合同的另一个交易关系，银行只对信用证负责，只要卖方提交符合信用证规定的单据，在单单一致、单证一致的条件下，银行承担无条件付款的义务。为此，开证行拒绝A公司提出对第二份信用证项下的交易拒绝付款的要求是合法、合理的。

（六）信用证的作用

在国际贸易中，存在着买卖双方互不信任的矛盾，出口人担心先将货运单据交给进口方而收不到货款，进口人担心先将货款支付给出口方而收不到代表货物所有权的单据。信用证结算方式属于银行信用，基本解决了进出口双方互不信任的矛盾，同时便利了进出口人向银行融通资金，可加快他们的资金周转。其作用主要体现为：

1. 付款保证作用

对于进口商来说，以信用证方式结算，可以保证取得代表货物的单据；控制出口商的装货期，使进口商能在一定的时间内收到货物；用检验条款保证货物装船前的数量质量等。

对出口商来说，以信用证方式结算，只要所备单据与信用证条款相符，就能收到货款，不受进口商信用的影响。

2. 资金融通作用

进口商在银行开证时，可以视情况得到资金的便利，如无需付给银行全部开证金额，只需提供一定数量的押金等，从而减少了进口商的资金占用。

出口商在装船前，可凭信用证向出口地银行进行融资，如借取打包放款、凭单据向出口地银行押汇甚至进行预支等，增加了出口商的收款保障，有利于加速资金周转。

（七）信用证的主要风险及其防范

信用证结算方式虽然解决了买卖双方互不信任问题，有融通资金的保证作用，但是，并不是说信用证结算方式可以完全排除买卖双方的所有的风险。出口商仍可能遭到进口商不开证或不如期开证，或开证行倒闭的风险；进口商则可能遭到出口商不交货或以坏货、假货、假单据进行诈骗的风险。开证行可能遭到进口商倒闭或无理挑剔拒收单据的风险，出口地银行同样可能遭到开证行倒闭或无理拒付的风险。因此，在国际贸易中，使用信用证结算方式，只能说是一种较为完善的结算方式。

企业经贸人员要不断加强交易安全和高度的反欺诈意识，认识到欺诈与反欺诈将是长期的斗争。要慎重选择贸易伙伴，在合同中明确信用证的开证事宜，预先在买卖合同中明确信用证的内容，认真审查信用证，以确保来证的真实性、合法性和开证行的可靠性。

四、分期付款与延期付款
（一）定义
1. 分期付款

分期付款（Installment Payment）指买方预交部分定金，其余货款根据所订购商品的制造进度或交货进度分若干期支付，在货物交付完毕时付清或基本付清。

2. 延期付款

延期付款（Deferred Payment）指买方在预付一部分定金后，大部分货款在交货后一段相当长的时间内分期摊付。

在机电产品、成套设备、船舶和其他大型工程项目的交易中，出口方按进口方要求设计和制造产品，且成交金额较大，往往采用分期付款或延期付款的方式：买方预交部分定金，其余贷款按工程进度或交货进度分若干期支付，在货物交付完毕时付清或基本付清。类似交易中，若买方要求卖方予以资金融通，可采用延期付款方式。买卖双方签约后，买方一般要预付小额定金，也可按工程进度或交货进度分期支付部分货款，但大部分货款是在交货后若干年内分期偿还。

分期付款形式下，买方在交货前预付了部分货款，故通常由卖方向买方提供银行保函或备用信用证，若卖方不能如期交货或不能交货，则由银行负赔偿责任，比如偿还买方已付货款以及利息，也可规定违约金的数目。延期付款则是卖方向买方提供的商业信贷，故通常由买方向卖方提交银行保函或备用信用证。若买方不能按期支付货款本息，应由银行负责偿还。

第十一章 支 付

（二）分期付款与延期付款的区别

1. 付清货款的时间不同

分期付款：买方按照约定的方法，分若干期付款，但在卖方完成交货义务时，买方已基本付清货款，所以是付现的即期交易。

延期付款：大部分货款于交货之后较长的期限内分期摊付，所以是卖方给买方的信贷，是赊销；对买方来说，是赊购，是利用出口方的资金，相当于远期付款，因此要承担远期付款的利息。

2. 货物所有权转让的时间不同

分期付款：买方在付清最后一期货款后，才取得货物的所有权。

延期付款：一般卖方履行交货后，买方即取得货物的所有权。如卖方交货之后，买方不履行付款义务，卖方只能依法要求偿付货款，而不能恢复货物的所有权。

其他支付方式

拓展阅读

（1）国际保理（International Factoring）。国际保理全称为国际保付代理业务，是国际贸易中在以托收、赊帐等方式结算货款的情况下，保理商（Factor）向出口商提供的一项包括对买方资信调查、百分之百的风险担保、催收应收账款、财务管理以及融通资金等的综合性财务服务。

国际保理业务有别于汇付、托收和信用证三大传统国际结算手段，其无论对出口商还是进口商都具有独特的应用优势。保理商可以代出口商对进口商资信状况进行调查与监督，克服信息障碍，从而为出口商的销售政策提供准确的依据和信息，并为出口商做70%～80%或以上的融资。另一方面可以省去买方高昂的开证费用及押金等支出，降低买方的交易成本。

（2）银行保证函（Banker's Letter of Guarantee-L/C）。保函（Letter of Guarantee，简称L/G）又称保证书，是指银行、保险公司、担保公司或个人（保证人）应申请人的请求，向第三方（受益人）开立的一种书面信用担保凭证，保证在申请人未能按双方协议履行其责任或义务时，由担保人代其履行一定金额、一定期限范围内的某种支付责任或经济赔偿责任。银行保函（Banker's Letter of Guarantee）是由银行开立的承担付款责任的一种担保凭证。银行根据保函的规定

- 233 -

承担绝对付款责任。所以,银行保函大多属于见索即付保函。

（3）备用信用证（Standby Letter of Credit）。备用信用证是指开证行根据开证申请人的请求对受益人开立的承诺承担某项义务的凭证。备用信用证属于银行信用,开证行对受益人保证,在开证申请人未履行其义务时,即由开证行付款。如果开证申请人按期履行合同的义务,受益人就无需要求开证行在备用信用证项下支付货款或赔款。这是所以称作"备用"（standby）的由来。备用信用证一般用在投标、技术贸易、补偿贸易的履约保证、预付货款和赊销等业务中,也有用于带有融资性质的还款保证。

五、不同支付方式的组合使用

（一）信用证与汇付相结合

信用证与汇付结合是指交易的部分货款采用信用证,余额货款采用汇付。对于特定商品或特定交易需进口人预付定金的,可规定预付定金部分以汇付方式支付,其余货款以信用证方式结算。

（二）信用证与托收相结合

这种结合运用是指不可撤销信用证与跟单托收两种方式的结合,其具体做法是一笔交易的货款部分以信用证付款,其余部分以托收方式结算,又称"部分信用证、部分托收"。这种做法在买卖合同中除应规定一定比率货款付款交单,一定比率不可撤销信用证,并应在合同中列明信用证的到达期限,以及在信用证中明确规定须于全数付清发票金额后方可交单的条款。

（三）跟单托收与预付押金相结合

这种结合采用跟单托收并由进口商提交预付款或一定数量的押金作为保证。货物装运后,出口商通过银行即可获得货款的部分金额。若托收遭到进口商拒付时,出口商可将货物运回,而从已获款额中扣除来往运费、利息及合理的损失费用。关于预付金和一定数量的押金的数目,应经协商方式视情况而定。

（四）不同支付方式与分期付款、延期付款相结合

可采用不同的方式,例如：

1. 进出口商双方对开保函与分期付款相结合

进口商依契约规定开具银行保函（Letter of Guarantee）,而依生产进度分期

交付货款。

进口商为了保障本身的利益,防止出口商延迟交货,或产品质量与契约不符,或因故违约等,故亦要求出口商提供保函(Letter of Guarantee)。

2. 预付定金与延期付款相结合

依契约由进口商提交一定数额作为定金,并依契约规定延期付款。延期付款的金额系在交货后若干年付款,亦称赊购支付方式。对进口商来讲,必须支付延期付款期间的利息。

第三节 支付条款

支付条款是在国际贸易合同中,规定交易货物货款交付的条款。

一、支付条款的基本内容

(一)支付金额

由于实际业务中可能发生支付金额与合同总金额不一致的情况,因此有必要在支付条款中将支付金额予以明确规定。

(二)支付期限

支付的期限可以分为:预付、到付、按规定时间支付等,应在合同中予以明确。

(三)支付方式

支付方式分为单一方式和组合方式。

国际贸易合同的支付条款一般应具体为汇款条款、托收条款和信用证条款。每种具体条款需按照自身特点做好具体规定:

(1)汇付条款:应明确规定汇付的时间、具体的汇付方式和汇付的金额等。

(2)托收条款:应明确规定交单条件、方式和买方的付款或承兑责任以及付款期限等。

(3)信用证条款:应明确受益人、开证行、开证时间、信用证的种类、金额、有效期和到期地点等方面的内容。

（4）组合支付方式条款：应明确组合的形式、各种形式下的金额等。

二、条款实例

（一）汇付条款

（1）买方应于×年×月×日前将全部货款用电汇（信汇/票汇）方式，预付给卖方。

The buyer shall prepay the total value to the seller by T/T（M/T or D/D）not later than…

（2）买方应于合同签署后30天内电汇货款的10%（计×××美元）付给卖方等。

The buyer shall pay 10% of the total value in 30 days of signing the contract by T/T（say $ × × ×）to the seller.

（二）托收条款

（1）即期付款交单。买方应凭卖方开具的即期跟单汇票于见票时立即付款，付款后交单。

The buyer shall pay against the sight documentary draft drawn by the seller upon presentation. The shipping documents are to be delivered against payment only.

（2）远期付款交单。买方对卖方开具的见票后××天付款的跟单汇票，于第一次提示时应即予以承兑，并应于汇票到期日立即予以付款，付款后交单。

Upon first presentation the buyer shall accept the documentary draft drawn by the seller and pay in …days after sight. The shipping documents are to be delivered against payment.

（3）承兑交单。买方对卖方开具的见票后××天付款的跟单汇票，于第一次提示时应即予以承兑，并应于汇票到期日立即付款，承兑后交单。

Upon first presentation the buyer shall accept the documentary draft drawn by the seller and pay in due date. The shipping documents are to be delivered against acceptance.

（三）信用证支付条款

（1）即期信用证支付。买方应于装运月份前××天通过卖方可接受的银行

第十一章　支　付

开立并送达卖方不可撤销的即期信用证，有效期至装运月份后15天在中国议付。

The Buyers shall open through a bank acceptable to the Sellers an Irrevocable Sight Letter of Credit to reach the Sellers ×× days before the month of shipment, valid for negotiation in China until the 15th day after the month of shipment.

（2）远期信用证支付。买方应于××年×月×日前（或接到卖方通知后××天内或签约后××天内）通过××银行开立以卖方为受益人的不可撤销（可转让）的见票后××天（或装船日后××天）付款的银行承兑信用证，信用证议付有效期延至上述装运期后15天在中国到期。

The Buyers shall arrange with ×× Bank for opening an Irrevocable (Transferable) banker's acceptance Letter of Credit in favour of the Sellers before…(or within…days after receipt of Seller's advice; or within…days after signing of this contract). The said Letter of Credit shall be available by draft (s) at sight (or after date of shipment) and remain valid for negotiation in China until the 15th day after the aforesaid time of shipment.

（四）组合支付

买方应于装运月前××天，通过卖方同意的银行向卖方开立不可撤消即期信用证，显示50%的发票金额凭即期光票支付，其余50%的金额以付款交单的方式跟单托收。全套装运单据跟随托收项下，在收妥全部发票金额后，即于交付。

The buyer shall open through a bank acceptable to the seller an irrevocable sight L/C to reach the seller xx days before the month of shipment, stipulating that 50% of the invoice value available against clean draft at sight, while the remaining 50% on Documentary Against Payment at sight on collection basis. The full set of the shipping documents of 100% invoice value shall accompany the collection item and shall only be released after full payment of the invoice value.

本章小结

在国际贸易中，支付工具主要是票据，票据具有无因性、要式性和流通性的特征。国际贸易结算中使用的票据包括汇票、本票和支票，以汇票为主。汇票是一种要式证券，所以必须要式齐全。汇票可分为银行汇票和商业汇票，光票和跟单汇票等。汇票行为一般包括出票、提示、背书、承兑、付款等；其基本原理和法律规则同样适用于本票和支票。本票是出票人自己的无条件承诺，故无需提示承兑。支票是银行存款户向银行签发的授权银行对某人或其指定人或持票人即期支付一定金额的无条件书面支付命令。支票的种类大致可以分为记名支票、不记名支票、划线支票、保付支票等。

  支付方式有商业信用和银行信用。汇付和托收属于商业信用。由于使用的结算工具不同，汇付通常可以分为电汇、信汇和票汇3种。在国际贸易中，汇款结算方式多用于预付货款、货到付款。虽然有缺点，但是汇付同时具有手续简便、费用低廉的优点。托收结算方式是由卖方开立汇票，委托出口地银行通过在国外的分行或代理行，向买方收取货款或劳务费用的一种结算方式。托收结算方式可以分为两种：光票托收和跟单托收。跟单托收又分为付款交单和承兑交单。托收的基本特征是商业信用，所以在国际贸易中只是有条件的使用。但在实际业务中，托收能调动进口商采购的积极性，有利于提高出口商的竞争能力。

  信用证属于银行信用。信用证支付中银行承担第一性的付款责任，以单证相符、单单相符为付款依据。信用证结算基本当事人有4个，即开证申请人、开证行、通知行、受益人。另外还涉及其他关系人，如保兑行、议付行、承兑行、付款行、偿付行等。根据用途、性质、期限、流通方式的不同，信用证可分为：跟单信用证、光票信用证、不可撤销信用证、可撤销信用证、保兑信用证、不保兑信用证、即期付款信用证、议付信用证、承兑信用证、延期付款信用证、可转让信用证、循环信用证、对背信用证、预支信用证、对开信用证等。

  国际贸易业务中，一笔交易的货款结算，可以只使用一种结算方式，也可根据需要，将两种以上的结算方式结合使用，从而有利于促成交易和及时收汇等。常见的不同支付方式结合使用的形式有：信用证与汇付相结合、信用证与托收相结合、跟单托收与预付押金相结合等。

本章思考题

1. 票据有哪些特征？
2. 票据的种类有哪些？
3. 在国际贸易中主要的支付工具有哪些？

第十一章 支 付

4. 汇票的使用步骤有哪些?

5. 汇票与票汇有何区别?

6. 商业信用和银行信用各是什么含义?汇付、托收、信用证各属于何种信用?

7. 什么是信用证?其特点如何?

8. 试分析3种基本支付方式的风险情况。

9. 国际贸易中常使用哪些支付方式的组合?

10. 我国某外贸A公司与外商B公司按CIF条件签订一笔大宗商品出口合同,合同规定装运期为10月份,但未规定具体开证日期。但B公司拖延开证,A公司见装运期快到,遂从9月底开始,连续多次催对方开证。10月9日,收到国外某开证行的简电通知,A公司因怕耽误装运期,即按简电办理装运。10月28日,B公司通过该开证行开来信用证正本,但正本上做了与合同不同的规定:销售合同规定货物装于木箱之中,而信用证中则显示将商品装于标准出口纸箱中,A公司审证时未予注意,交单时议付行也未发现。但开证行在审单时发现,随即拒绝付款。请问开证行是否有理?

本章参考文献

1. 程铭等:《国际贸易实务》,上海大学出版社2012年版。

2. 高倩倩、顾永才:《国际支付与结算》,首都经济贸易大学出版社2010年版。

3. 蒋琴儿等:《国际结算:理论·实务·案例》,清华大学出版社2012年版。

4. 庞红:《国际结算》,中国人民大学出版社2012年版。

5. 宋毅英:《国际贸易支付方式:信用证》,中国金融出版社2007年版。

第十二章　商品检验与报关

本章学习目标

1. 了解：商品检验和报关在国际贸易中的作用和商品检验的基本内容，商检单据的种类和作用。
2. 熟悉：商检与报关的基本概念程序，商检的类型和主要商检单据。
3. 掌握：商品检验权的含义和合同中商检条款的内容。

本章核心概念

法定检验　公证鉴定　监督管理　离岸检验　到岸检验　检验证书　检验机构　报关

第一节　商　检

一、商检

在国际贸易中，买卖双方通常远隔重洋，通过一定的价格条件确定交货方式，难以当面交接货物，从而不了解所交货物的情况，并且货物在长途运输中，难免发生残损或短缺。为了便于查明事故的原因，分清责任，就必须对商品实施检验。

（一）商检的定义

商检就是在国际贸易中，由一有资格的、与有关当事人无任何利害关系的第三方对进口商品的品质、数量、包装以及残损等方面进行检验、鉴定，并出具证书以作为交接货物、结算货款、处理索赔或理赔的依据的做法。

（二）商检的类型

1. 法定检验

进出口商品法定检验是国家出入境检验检疫部门根据国家法律法规规定，对规定的进出口商品或有关的检验检疫事项实施强制性的检验检疫，未经检验检疫或经检验检疫不符合法律法规规定要求的，不准输入输出。

法定检验检疫的目的是为了保证进出口商品、动植物（或产品）及其运输设备的安全、卫生符合国家有关法律法规规定和国际上的有关规定；防止次劣有害商品、动植物（或产品）以及危害人类和环境的病虫害和传染病源输入或输出，保障生产建设安全和人类健康。在我国法定检验的范围包括：

（1）列入《出入境检验检疫机构实施检验检疫的进出境商品目录》（简称《检验检疫商品目录》）的商品。

（2）依照《中华人民共和国食品卫生法（试行）》规定，应实施卫生检验检疫的进出口食品。

（3）危险货物的包装容器、危险货物运输设备和工具的安全技术条件的性能和使用鉴定。

（4）装运易腐烂变质食品、冷冻品的船舱、货仓、车厢和集装箱等运载工具。

（5）国家其他有关法律、法规规定须经出入境检验检疫机构检验的进出口商品、物品、动植物等。

《商检法》规定，凡列入法定检验的进出口商品和其他法律、法规规定须经出入境检验检疫机构检验的进出口商品，经收货人、发货人申请，国家出入境检验检疫部门审查批准，可以免予检验。免验是对某些优质产品的一种鼓励措施，国家授权出入境检验检疫部门对符合规定的优质商品经过审查批准后，免予检验。

2. 公证鉴定

公证鉴定指商检机构和国家商检局、商检机构指定的检验机构以及经国家商检局批准的其他检验机构，按照对外贸易关系人（出口人、进口人、承运人、保险人）以及国内外有关单位（生产、供货部门和进口商品的收、用货部门，代理接运部门）或者外国检验机构的委托，办理规定范围内的进出口商品鉴定业务，签发鉴定证书的做法。

进出口商品鉴定业务包括：

（1）进出口商品的质量、数量、重量、包装鉴定和货载衡量。

（2）进出口商品的监视装载和监视卸载。

（3）进出口商品的积载鉴定、残损鉴定、载损鉴定和海损鉴定。

（4）装载出口商的船舶、车辆、飞机、集装箱等运载工具的适载鉴定。

（5）装载进出口商品的船舶封舱、舱口检视、空距测量。

（6）集装箱及集装箱货物鉴定。

（7）与进出口商品有关的外商投资财产和价值品种、质量、数量和损失鉴定。

（8）抽取并签封各类样品。

（9）签发价值证书及其他鉴定证书。

（10）其他进出口商品鉴定业务。

3. 监督管理

进出口商品检验的监督管理工作，是对进出口商品执行检验把关和对收货、用货单位，生产、经营单位和储运单位，以及指定或认可的检验机构的进出口商品检验工作进行监督检查的重要方式，是通过行政管理手段，推动和组织有关部门对进出口商品按规定要求进行检验，其目的是为了保证出口商品质量和防止次劣商品进口。

出入境检验检疫机构进行监督检查的内容包括：

（1）对其检验的进出口商品进行抽查检验。

（2）对其检验组织机构、检验人员和设备、检验制度、检验标准、检验方法、检验结果等进行监督检查。

（3）对其他与进出口商品检验有关的工作进行监督检查。对进出口商品实施质量认证、质量许可制度，加贴检验检疫标志或标识以及指定、认可、批准检验机构等工作，也属于进出口商品检验的监督管理工作范围。

（三）检验的内容

1. 对进出口商品质量的检验

质量检验亦称品质检验，是运用各种检验手段，包括感官检验、化学检验、仪器分析、物理测试、微生物学检验等，对进出口商品的品质、规格、等级

第十二章 商品检验与报关

等进行检验,确定其是否符合外贸合同(包括成交样品)、标准等规定。

2. 对进出口商品数量(重量)的检验

数量检验是按照外贸合同规定的计价单位,按照发票、装箱单或尺码明细单等,对整批商品的实际数量包括件(个)数、长度、面积、容积、体积等进行核点计数,得出该批商品的准确数量。

重量检验是按照外贸合同规定,根据不同商品的特性,结合国际惯例,采取不同的计重方法,对进出口商品进行检验,得出准确的重量。重量检验的方式主要有4种:

(1)对价值不高的海运散装固体商品,一般采用水尺计重,亦称为固体公估。

(2)对海运散装液体商品,一般采用容器计重,亦称为液体公估。

(3)对液体商品也可采用流量计计重。

(4)对其他的包装商品一般采取衡器计重。

3. 对进出口商品包装的检验

包装检验是根据外贸合同、标准和其他有关规定,对进出口商品的外包装和内包装以及包装标志进行检验。

包装检验包括外包装上的商品包装标志(标记、号码等),外包装完好情况,包装材料、包装方式和衬垫物等是否符合合同规定要求。对外包装破损的商品,要另外进行验残,查明货损责任方以及货损程度。对发生残损的商品要检查其是否由于包装不良所引起。

4. 对残损商品的检验

商检机构应承运人或其他对外贸易关系人的申请,对进口货物遭受残、短、渍、毁等情况,包括残破、损伤、渗漏、短缺、水渍、油渍、发霉、变质、腐败、虫蛀、污染、串味、受湿、生锈、变形、损坏、火损、灭失等以事实为依据进行鉴定并签发证书,即为残损鉴定。

残损鉴定工作有以下几个项目:

(1)舱口检视(Hatch Survey)。舱口检视是承运人为了保障自身的利益,要求明确货物的致残原因和责任归属而申请检验的。

(2)载损鉴定(Hatch & Damaged cargo Survey)。载损鉴定是承运人为了明确所承运货物发生残损是否属于船方的责任而申请鉴定的。

（3）监视卸载（Supervision of Discharge）。监视卸载是承运人、发货人、保险人为了防止货损和明确货损责任而申请鉴定的。

（4）积货鉴定（Cargo Survey for GA）。积货鉴定是承运人、发货人、保险人或理算人为了共同海损理算需要而申请鉴定的。

（5）验残（Survey of Damaged Cargo）。验残是残损货物利益关系人为明确货物的残损情况与责任归属，合理解决货损纠纷而要求办理的。

5. 对进出口食品的卫生检验

卫生检验主要是对进出口食品检验其是否符合人类食用卫生条件，以保障人民健康和维护国家信誉。根据《中华人民共和国食品卫生法（试行）》规定：进口的食品、食品添加剂、食品容器、包装材料和食品用工具及设备，必须符合国家卫生标准和卫生管理办法的规定。海关凭国家卫生监督检验机构的证书放行。又规定：出口食品由国家进出口商品检验部门进行卫生监督、检验。海关凭国家进出口商品检验部门的证书放行。

6. 对进出口商品的安全性检验

安全性能检验是根据国家规定和外贸合同、标准以及进口国的法令要求，对进出口商品有关安全性能方面的项目进行的检验，如易燃、易爆、易触电、易受毒害、易受伤害等，以保证生产使用和生命财产的安全。

（四）进出口商品的检验依据

检验依据是进行进出口商品检验的根据，也是据以衡量进出口商品是否合格的标准。根据《商检法》规定，法律、行政法规规定有强制性标准或者其他必须执行的检验标准的进出口商品，必须依照规定的强制性标准执行检验。未规定强制性标准的进出口商品，依照对外贸易合同约定的检验标准检验。具体来说有以下几种情况：

（1）强制性检验标准：国家颁布的法律、法规中的规定标准；国家政府间的双边协议的规定。

（2）合法检验依据（合同、信用证等）。

（3）对于新商品、尚未制定包装标准的商品按有关法令规定和实际情况处理。

（五）进出口商品检验程序

我国进出口商品检验工作，主要有4个环节：接受报验、抽样、检验和签发

第十二章 商品检验与报关

证书。其程序如下：

图12-1 商品检验流程

首先由报验人填写"报验申请单"，并提交对外所签买卖合同、成交小样及其他必要的资料等；商检机构在审查上述单证符合要求后，受理该批商品的报验；根据不同的货物形态，及时派员赴货物堆存地点采取随机取样方式抽取样品，弄清检验的依据，确定检验标准、方法，使用合适的技术手段，对商品进行检验；最后由商检机构对检验合格的商品签发检验证书。

（六）商品检验时间和地点的规定

根据国际惯例，对进出口商品的检验时间和地点的规定，一般有以下3种做法：

1. 以离岸品质、数量为准

以离岸品质、数量为准（shipping quality, weight or quantity as final）就是由卖方在装运口岸装运前，申请检验机构对出口商品的品质、数（重）量进行检验，检验后出具的检验证书，作为商品品质、数（重）量的最后依据。这种做法下，买方对货物无复验权，也就是没有提出索赔的权利。

2. 以到岸品质、数量为准

以到岸品质、数量为准（landing quality, weight or quantity as final）就是货物运抵目的港后，由当地的检验机构对货物做出检验并出具的检验证书为最后依据，如品质、数（重）量与合同规定不符，买方凭检验证书向卖方提出索赔，除非造成上述不符情况属于承运人或保险人的责任，卖方一般不得拒绝理赔。

3. 离岸检验议付，到岸检验索赔

离岸检验议付，到岸检验索赔（shipping quality, weight or quantity for negotiation, landing quality, weight or quantity for claim）是指卖方在装运前进行检验的检验证书，并不是最后依据，而是作为交货依据，货到目的地，允许买方进行复验，发现到货的品质、数（重）量与合同规定不符，属于卖方责任的，可凭检验证书向卖方提出索赔。这种做法兼顾了买卖双方的利益。我国在进出口业务中，大都采用这种做法。

案例12-1： 某合同商品检验条款中规定以装船地商检报告为准。但在目的港交付货物时买方发现品质与约定规格不符。于是买方经当地商检机构检验并凭其出具的检验证书向卖方索赔，遭到卖方拒赔。问：卖方拒赔是否合理？

案例分析：

卖方拒赔是有理由的。因为：合同规定商品检验以装船地商检报告为准，这决定了卖方交货品质的最后依据是装船地商检报告书。在此情况下，买方在目的港收到货物后，可以再行进行检验，但原则上无权提出异议。所以，卖方拒赔是合理的。

全面进口监管计划

拓展阅读

全面进口监管计划（Comprehensive Import Supervision Scheme，CISS）是部分发展中国家对进口商品进行强制性检验的一种制度，其主要内容是由指定的国家机构与国际性检验机构签订委托检验的合同，由后者对该国进口商品在装运前实施检验。CISS业务的主要内容有：品质检验、数量/重量检验、包装检验、监视装载、价格比较、核定、海关税则分类。

目前世界上实行CISS业务的国家共有40个左右，主要分布在亚非拉的一些发展中国家。实行CISS制度的国家会具体规定由哪个国际公证机构检验，因情况时有变化，而具体CISS业务的执行一般都是由少数几个跨国公证行垄断着。这些跨国公证行主要有IITS（英之杰集团）、BV（法国船级社）、SGS（瑞士通用公证行）、COTECNA集团和OMIC（日本海外货物检查株式会社）等。中国进出口商品检验总公司（CCIC）是CISS业务在中国的总代理。为了使我国出口商品顺利进入实行CISS的国家，配合对这些国家的出口，中国进出口商品检验总公司分别与COTECNA、OMIC、BV、IITS等检验机构签署了委托代理协议，对我国输往有关实行CISS国家的货物实行装船前检验和价格比较，并出具清洁报告书。

第十二章 商品检验与报关

（七）检验机构

国际上承担进出口商品检验、鉴定的机构有国家政府设立的官方机构，也有民间的检验机构，还有的由生产者自己进行检验。它们的背景、能力、技术、信誉各有不同，所以买卖双方有必要共同选定双方同意的检验机构，在合同中订明，其检验证明才能被双方接受。

1. 我国检验机构

（1）中国进出口商品检验总公司。

中国进出口商品检验总公司（China Import and Export Commodity Inspection Corporation，CCIC）是经中国政府批准，按中国的法律注册登记的，以从事进出口商品检验为主业的综合性检验公司，成立于1980年。公司总部在北京，目前，CCIC是中国国内唯一的、全国性的进出口商品检验公司。其出具的咨询报告，对贸易各方有重要价值。

（2）中华人民共和国国家出入境检验检疫总局。

中华人民共和国国家出入境检验检疫总局（China Exit and Entry Inspection and Quarantine Bureau）于1998年初按照国务院批准的国家出入境检验检疫局"三定"方案规定成立，国家出入境检验检疫局是主管出入境卫生检疫、动植物检疫和商品检验的行政执法机构。

（3）中华人民共和国国家质量监督检验检疫总局。

中华人民共和国国家质量监督检验检疫总局（State General Administration of the People's Republic of China for Quality Supervision and Inspection and Quarantine）是国务院主管全国质量、计量、出入境商品检验、出入境卫生检疫、出入境动植物检疫和认证认可、标准化等工作，并行使行政执法职能的直属机构。

2. 国外主要检验机构

（1）瑞士通用公证行（SGS）。瑞士通用公证行（Societe Generale De Surveillance S.A.）是目前世界上最大的专门从事国际商品检验、测试和认证的集团公司，是一个在国际贸易中很有影响的民间独立检验机构。SGS创建于1878年，其总部设在日内瓦，是一个综合性的检验机构，可进行各种物理、化学和冶金分析，包括进行破坏性和非破坏性试验，向委托人提供一套完整的数量和质量检验以及有关的技术服务。

（2）英国英之杰检验集团（IITS）。英之杰检验集团（Inchcape Inspection and Testing Services）是一个国际性的商品检验组织，总部设在伦敦。IITS各集团、公司与其分支机构在世界上90多个国家与地区设有办事机构与实验室。IITS与中国CCIC有多年的友好往来，并签订有委托检验协议。

（3）日本海事检定协会（NKKK）。日本海事检定协会（Nippon Kaiji Kentei Kyokai，英文名Japan Marine Surveyors & Sworn Measurer's Association）创立于1913年，是一个社团法人检验协会，主要是为社会公共利益服务。总部设在东京，业务范围很广。NKKK与中国商品检验机构签订长期委托检验协议，多年来，双方有着密切的相互委托检验业务和频繁的技术交流。

（4）美国安全试验所（UL）。美国安全试验所（Underwriters Labora Tories INC.）始建于1894年，总部设在伊利诺斯州的诺斯布鲁克。UL公司是美国最有权威的、也是世界上最大的对各类电器产品进行检验、测试和鉴定的民间检验机构，UL产品标准自成体系。UL在中国的业务由中国进出口商品检验总公司（CCIC）及其下属分公司承办。

（5）美国食品药品管理局（FDA）。FDA是美国食品药物管理署的英文缩写，英文全称为：Food and Drug Administration，它是由美国国会即联邦政府授权，专门从事食品与药品管理的最高执法机关，是美国卫生与公众服务部下属的一个局，主要职责是帮助安全有效的产品（包括食品和药物）尽快进入市场，并在产品上市后继续跟踪其安全性，以提高和保护公众健康。

（6）法国检验机构（Bureau Veritas）。公司于1828年在安特卫普创建，该机构的总部设在巴黎的新区拉德芳斯，无论从其检验的业务量之大还是从其涉及的领域之广，都堪称世界上最大的检验机构。VERITAS检验范围已从单一的海运发展到国际贸易、消费品、建筑、航空及空间、制造业、网上贸易等多个领域。

（7）香港天祥公证化验行。这是香港政府授权可以对进出口商品进行检验的一个民间机构。

（八）检验证书

商检证书（Inspection Certificate）是各种进出口商品检验证书、鉴定证书和其他证明书的统称，是对外贸易有关各方履行契约义务、处理索赔争议和仲裁、诉讼举证，具有法律依据的有效证件，也是海关验放、征收关税和优惠减免关税

第十二章 商品检验与报关

的必要证明。商检证书的种类主要有：

（1）品质检验证书。品质检验证书用于评价被检商品的质量情况。

（2）重量或数量检验证书。重量或数量检验证书用于证明被检商品的数量或重量情况。

（3）兽医检验证书。该证书是证明出口动物产品或食品经过检疫合格的证件。

（4）卫生/健康证书。这是证明可供人类食用的出口动物产品、食品等经过卫生检验或检疫合格的证件。

（5）消毒检验证书。该证书是证明出口动物产品经过消毒处理，保证安全卫生的证件。

（6）熏蒸证书。这是用于证明出口粮谷、油籽、豆类、皮张等商品，以及包装用木材与植物性填充物等，已经过熏蒸灭虫的证书。

（7）残损检验证书。残损检验证书是证明进口商品残损情况的证件。

（8）积载鉴定证书。其是证明船方和集装箱装货部门正确配载积载货物的证件。

（9）财产价值鉴定证书。该证书可以作为对外贸易关系人和司法、仲裁、验资等有关部门索赔、理赔、评估或裁判的重要依据。

（10）船舱检验证书。该证书用以证明承运出口商品的船舱清洁、密固、冷藏效能及其他技术条件是否符合保护承载商品的质量和数量完整与安全的要求。

（11）生丝品级及公量检验证书。这是出口生丝的专用证书，其作用相当于品质检验证书和重量/数量检验证书。

（12）产地证明书。该证书是证明商品产地的凭证。

（13）舱口检视证书、监视装/卸载证书、舱口封识证书、油温空距证书、集装箱监装/拆证书。这类证书是承运人履行契约义务、明确责任界限的证明。

（14）价值证明书。该证书可作为进口国管理外汇和征收关税的凭证。在发票上签盖商检机构的价值证明章与价值证明书具有同等效力。

（15）货载衡量检验证书。该证书用以证明进出口商品的重量、体积吨位的证件。

（16）集装箱租箱交货检验证书、租船交船剩水/油重量鉴定证书。这类证书可以作为契约双方明确履约责任和处理费用清算的凭证。

(九) 复验时间和地点

所谓复验，是指买方对到货拥有的复验权。

对货物复验时间的规定应考虑商品本身的性质，对农副产品和易腐易变质商品复验期限应在其保质期内；五金、矿产、化工等商品等可根据商品的稳定性安排复验时间；机电仪器产品、成套设备等应考虑其使用性，可有较长的复验时间以便在使用过程中发现材质次劣、装配不当、工艺加工不良，以致使用中发生故障、损坏和性能显著降低，以及发现其他隐蔽性严重缺陷等问题。

复验地点一般规定在目的港，但根据《销售合同公约》的规定也可接受最终目的地的复验。

案例12-2：我出口公司向新加坡商人出口一批花生，合同条件为CIF新加坡。新加坡商人又将该货转卖给马来西亚商人，货到新加坡后，新加坡商人发现货物的质量有问题，但仍将原货转船至马来西亚。其后，新加坡商人在合同规定的索赔期限内凭马来西亚商检机构签发的检验证书，向我方提出退货要求。试问我公司应如何处理？为什么？

案例分析：

我方可以拒绝。本批货卖到新加坡，新加坡商人若提货时发现质量有问题，应即凭新加坡公证机构的商检证书向我方提出索赔。现新加坡商人已将货物转卖，即构成了对货物的接受。按照《销售合同公约》，只要我公司事先不知道货物将要转卖，则新加坡商人持马来西亚商检机构证书向我方索赔，其索赔依据不符合规定，所以我方有权拒绝。

二、合同中的商检条款

对外贸易合同中，有关进出口商品检验的条款是十分重要的，它关系到贸易的成败和经济得失。出口商品能否顺利地交货履约，进口商品能否保证符合订货的质量要求，以及发生问题时能否对外索赔挽回损失，都与合同的商品检验条款密切相关。

(一) 商检条款的基本内容

检验条款的内容应包括：发货时的检验机构、检验时间、检验地点，收货

第十二章 商品检验与报关

时的复验机构、索赔期限、检验费用等内容。

（二）条款实例

1. 我方出口的检验条款

双方同意由中国进出口商品检验总公司在装运港/地签发的质量和重量（数量）证书作为相关信用证项下的部分单证。买方有权对货物的质量和重量（数量）做复验，复验费由买方负担。

如果货物与合同不符，买方保留对货物的索赔权，但买方必须提供由指定检验人或检验局出具的检验证书。任何索赔都必须在货物到达目的地的××天内提出。

It is mutually agreed that the certificate of Quality and weight (Quantity) issued by the China Import and Export Commodity Inspection Bureau at the port/place of shipment shall be part of the documents to be presented for negotiation under the relevant L/C. The Buyer shall have the right to reinspect the quality and weight (quantity) of the cargo. The reinspection fee shall be born by the Buyer. The buyer retains the right to claim for compensation if the merchandise doesn't comply with the contract, but the buyer shall be able to present inspection certificate issued by the designated surveyors or inspection bureaus. The claim, if any, will be made in … days of the arrival of goods to the destination.

2. 我方进口的检验条款

双方一致同意由制造商（或其他检验机构）签发的质量和重量（数量）作为相关信用证项下的部分议付单证。但是买方有权复验，复验将由中国进出口商品检验局在货物到达后的××天后进行。如果货物与合同不符，买方保留持中国进出口商品检验局检验证书进行索赔的权利。如果索赔，所有的费用（包括检验费）将由卖方负担。

It is mutually agreed that the certificate of Quality and weight (Quantity) issued by manufacturer (or other surveyors) shall be part of the documents to be presented for negotiation under the relevant L/C. But the buyer has the right of reinspection, the reinspection will be held by the China Import and Export Commodity Inspection Bureau at … days after the arrival of the goods. The buyer retains the right to claim for compensation if the merchandise doesn't comply with the contract, with the inspection certificate issued by the China Import and Export Commodity Inspection Bureau. In case of claim if any, all the fees (including inspection fee) will be born by the seller.

第二节 报 关

《中华人民共和国海关法》(以下简称《海关法》)第8条规定:"进出境运输工具、货物、物品,必须通过设立海关的地点进境或出境。"因此,由设关地进出境并办理规定的海关手续是运输工具、货物、物品进出境的基本规则,也是进出境运输工具负责人、进出口货物收发货人、进出境物品的所有人的一项基本义务。

一、海关概述

(一)定义

海关(Custom House)是依法执行进出口监督管理的国家行政机构。

(二)海关的性质

海关的性质可以从以下3个方面来理解:

1. 海关是国家的监督管理机关

海关代表国家依法独立行使监督管理权,是国家上层建筑的组成部分,海关的权力授自国家。海关对外维护国家的主权和利益,对内体现国家、全社会的整体利益,而不是代表某个地方或者某个部门的局部利益。

2. 海关实施监督管理的范围是进出关境的活动

海关进行监督管理的对象是所有进出关境的运输工具、货物、物品。关境同国境一样,包括其领域内的领水、领陆和领空,是一个立体的概念。

3. 海关是一个行政执法部门

海关通过法律赋予的权力,对在特定范围内的社会经济活动进行监督管理,并对违法行为依法实施行政处罚,以保证这些社会经济活动按照国家的法律规范进行。

第十二章 商品检验与报关

(三) 海关的职能

1. 监管

海关监督管理是海关全部行政执法活动的统称,指海关运用国家赋予的权力,通过一系列管理制度与管理程序,依法对进出境运输工具、货物、物品及相关人员的进出境活动所实施的一种行政管理。

2. 征税

代表国家征收关税和其他税、费是海关的另一项重要任务。"关税"是指由海关代表国家,按照《海关法》和进出口税则,对准许进出口的货物、进出境物品征收的一种税。"其他税、费"指海关在货物进出口环节,按照关税征收程序征收的有关国内税、费,目前主要有增值税、消费税等。

3. 查缉走私

查缉走私是海关为保证顺利完成监管和征税等任务而采取的保障措施。查缉走私是指海关依照法律赋予的权力,在海关监管场所和海关附近的沿海沿边规定地区,为发现、制止、打击、综合治理走私活动而进行的一种调查和惩处活动。

4. 编制海关统计

海关统计是以实际进出口货物作为统计和分析的对象,通过搜集、整理、加工处理进出口货物报关单或经海关核准的其他申报单证,对进出口货物的品种、数(重)量、价格、国别(地区)、经营单位、境外目的地、境内货源地、贸易方式、运输方式、关别等项目分别实行统计。海关统计是国家进出口货物贸易统计的组成部分,是国家制定对外经济贸易政策、进行宏观经济调控、实施海关严密高效管理的重要依据,是研究我国对外贸易经济发展和国际经济贸易关系的重要资料。

二、报关业务

在国际贸易中,货物的进出口必须向海关申报。

(一) 报关的定义

报关是指进出境运输工具负责人、进出口货物收发货人、进出境物品的所有人或者他们的代理人向海关办理运输工具、货物、物品进出境手续的全过程。

按海关规定,对外贸易关系人应向海关申报出口和进口的手续,旨在核实进出口国际运输工具及其所载货物是否合法。

（二）报关的范围

所有进出境运输工具、货物、物品都需要办理报关手续。报关的具体范围包括：进出境运输工具，进出境货物，进出境物品。

（三）报关人

货物报关应由掌握提单或装货单的货物所有人、收发货人或其代理人办理。

报关人必须办理注册登记手续，报关人既包括法人和其他组织，比如进出口企业、报关企业，也包括自然人，比如物品的所有人。

进出口货物的报关又可分为自理报关和代理报关两类。

（1）自理报关：进出口货物收发货人自行办理报关手续称为自理报关。根据我国海关目前的规定，自理报关单位必须具有对外贸易经营权和报关权。

（2）代理报关：是指接受进出口货物收发货人的委托代理其办理报关手续的行为。接受他人委托办理报关纳税手续的企业称为报关企业。

（四）进出口货物的报关程序

报关工作的全部程序分为申报、查验、征税、放行、结关5个阶段。

图12-2 进出口货物报关程序

进出口货物的收发货人应当如实向海关申报，在货物进出口时，应在海关规定的期限内，按海关规定的格式填写进出口货物报关单，随附有关的货运、商业单据，同时提供批准货物进出口的证件，向海关申报。进出口货物在通过申报环节后，海关即对进出口货物进行实际的核查，确定单货、证货是否相符，有无瞒报、伪报和申报不实等走私违规行为，并为今后的征税、统计和后续管理提供可靠的监管依据。然后根据国家的有关政策、法规对进出口货物征收关税及进口环节的税费（海关代征税）。纳税义务人应当在海关填发税费款缴纳证的次日起7日内（星期六、星期日和法定节日除外），向指定银行缴纳税费款。海关在接受进出口货物的申报后，经过审核报关单据、查验实际货物，并依法办理了征收

第十二章 商品检验与报关

货物税费手续或减免税手续后,在有关单据上签盖放行章,海关的监管行为结束。结关是指对经口岸放行后仍需继续实施管理的货物,海关在固定的期限内进行核查,对需要补证、补税货物作出处理直至完全结束海关监管的工作程序。

拓展阅读

通关作业改革

建立现代海关制度是一项开创性事业。通关作业改革,就是按照集约化、信息化、规范化和专业化的要求,通过对原有的通关作业流程、作业方式、职能管理实现方式进行全面系统的改革,将职能管理、审单作业和物流监控三大系统集中到一个信息化通关作业平台上,实行信息共享条件下的通道判别、集中审单和风险管理,提高通关管理的有效性和整体效能。为了遏制和打击走私、逃骗汇、骗取出口退税等违法犯罪活动的猖獗势头,海关总署会同国家外汇管理局、国家税务总局、中国电信、中国人民银行等单位联合研制开发了"口岸电子执法系统"。"口岸电子执法系统"就是运用现代化信息技术,围绕进出口贸易,将海关、公安、工商、税务、外汇管理等12个部门分别管理的有关信息存入一个公共数据中心,建立电子底账数据,以"电子海关"和"电子口岸"的形式构筑起现代化进出境监督管理的基本框架,为政府管理提供跨部门、跨行业联网数据核查服务,并为企业提供在网上办理各种进出口业务的信息系统。

本章小结

商品检验是进出口商品交接过程中不可缺少的环节。商品的检验由经授权的第三方进行,商品检验的内容包括商品的质量、规格、数量、重量、包装及是否安全、卫生。商检的依据主要是买卖合同和信用证的有关规定。检验后根据检验的结果签发检验证书。检验证书的种类有很多,分别有各自的法律效力。商检条款主要包括检验时间、地点、机构和检验证书。检验时间可归纳为出口国检验、进口国检验和出口国检验进口国复验等,其中装运港检验、目的港复验的方法对买卖双方都比较公平。检验证书是证明检验结果的书面文件,也是卖方交货或者买方索赔不可缺少的法律依据。商品检验是合同中保护买卖双方利益的重要内容。最后,我们不能忘记货物必须通过海关检查才能进出关境。

本章思考题

1. 商品检验的作用是什么？
2. 如何理解商品检验的时间和地点的重要性？
3. 在国际贸易中检验的时间和地点有哪些规定方法？
4. 国际上的商品检验机构的类型有几个？
5. 国际贸易中商品检验的内容有哪些？
6. 检验证书有哪些作用？
7. 商检证书的种类有哪些？
8. 复验的地点如何规定？
9. 海关的职能是什么？
10. 通关的程序是什么？
11. 合同中的检验条款规定："以装运地检验报告为准。"但货到目的地后，买方发现货物与合同规定不符，经当地商品检验机构出具检验证书后，买方可否向卖方索赔？为什么？

本章参考文献

1. 程铭等：《国际贸易实务》，上海大学出版社2012年版。
2. 冷柏军编著：《国际贸易实务》，对外经济贸易大学出版社2005年
3. 彭福永：《国际贸易实务教程》，上海财经大学出版社2004年版。
4. 夏合群、周英芬主编：《国际贸易实务》，北京大学出版社2007年版。
5. 张晓明主编：《国际贸易实务与操作》，高等教育出版社2008年。

第十三章　违约与争议处理

本章学习目标

1. 了解：国际贸易争议的产生原因以及处理方法。

2. 熟悉：不同法律对违约的划分依据和法律后果，不可抗力基本含义和处理，贸易争议的不同处理方法。

3. 掌握：《销售合同公约》对一方违约的判定和法律责任的规定，《销售合同公约》对不可抗力的认定和处理的规定，仲裁在贸易争议处理中的做法。

本章核心概念

争议　违约　违反要件　违反担保　重大违约　轻微违约　根本性违约　非根本性违约　索赔和理赔　不可抗力　仲裁

第一节　违约与索赔

一、违约的概述

违约指在国际贸易业务中，经常出现争议，各种纠纷屡见不鲜，其原因也多种多样。争议（Disputes）是指交易的一方认为另一方违约而引起的业务纠纷。

（一）违约的定义

合同签订后，合同一方当事人不履行合同，或不完全履行合同的行为。

（二）违约的主要表现

国际贸易中合同当事人违约的情形主要有：

（1）卖方违约：卖方不履行合同或不完全履行合同的行为。

（2）买方违约：买方不履行合同或不完全履行合同的行为。

（3）发生不可抗力：在履行合同过程中遇到了买卖双方不能预见或无法控制的情况，导致一方未能履行合同。

（三）各国法律和《销售合同公约》对违约的划分和解释

买卖合同是对缔约双方具有约束力的法律文件。任何一方违反了合同义务给对方造成损失的，就应承担违约的法律后果，受损方有权提出损害赔偿要求。但是，各国的法律或国际组织的文件对于违约方的违约行为及由此产生的法律后果和对该后果的处理有不同的规定和解释。对此，应该了解和熟悉。

1. 英国的《货物买卖法》

英国的《货物买卖法》将违约分为违反要件和违反担保。

违反要件（Breach of Condition）是指违反合同的主要条款。英国法把合同中重要的、带有根本性的条款如关于履约的时间、货物的品质和数量等条款都称为合同的要件。

违反担保（Breach of Warranty）是指违反合同的次要条款。英国法把合同中次要的、从属于合同的条款称为担保。

英国法认为在合同的一方当事人违反要件的情况下，另一方当事人即受损方有权解除合同，并有权提出损害赔偿；在违反担保的情况下，受损方只能提出损害赔偿，而不能解除合同。

2. 美国贸易法

美国贸易法将违约分为重大违约和轻微违约。

重大违约（Material Breach）指一方当事人违约，使另一方当事人无法取得该交易的主要利益。

轻微违约（Minor Breach）指一方违约并未影响对方在该交易中取得的主要利益。

重大违约的受损害方可以要求解除合同并损害赔偿。轻微违约的受损害方只能要求损害赔偿。

第十三章 违约与争议处理

3.《销售合同公约》

与英国《货物买卖法》不同，《销售合同公约》(1980年)则是从违约的后果严重性划分，将违约分为根本性违约和非根本性违约：

根本性违约（Fundamental Breach）是指违约方的违约，剥夺了受损方的根据合同规定有权期待得到的东西，即造成实质损害（Substantial Detriment）。如果一方当事人根本违约，另一方当事人可以宣告合同无效，并可要求损害赔偿。

非根本性违约（Nonfundamental Breach）是指违约的状况尚未达到根本违反合同的程度。这时受损方只能要求损害赔偿，而不能宣告合同无效。

4. 中国法

中国法律对违约的规定为：当事人一方延迟履行合同义务或有其他违约行为致使不能实现合同目的，对方可以不经催告解除合同；当事人一方延迟履行主要债务，经催告后在合理期限内未履行的，对方可以解除合同。

二、索赔的概述

在国际贸易交易过程中，买卖双方往往会由于彼此间的权利义务问题而引起争议。争议发生后，因一方违反合同规定，直接或间接给另一方造成损失，受损方可以向违约方在合同规定的期限内提出赔偿要求，以弥补其所受损失。

(一) 索赔和理赔的概念

索赔（Claim）是指国际贸易业务的一方违反合同的规定，直接或间接地给另一方造成损害，受损方向违约方提出损害赔偿要求；所谓理赔（Settlement of Claims）是指违约方受理受损方提出的赔偿要求。违约的一方，如果受理遭受损害方所提出的赔偿要求，赔付金额或实物，以及承担有关修理、加工整理等费用，或同意换货等就是理赔。如有足够的理由解释清楚，不接受赔偿要求的就是拒赔。可见，索赔和理赔是同一个问题的两个方面。

对外贸易中的争议和索赔情况是经常发生的，直接关系到对外贸易有关各方的经济权益，所以各方都十分重视索赔和理赔。在合同中应订明有关的条款，以维护自己的利益。从法律观点来说，违约的一方应该承担赔偿的责任，对方有权提出赔偿的要求直到解除合同。只有当履约中发生不可抗力的事故，致使一方不能履约或不能如期履约时，才可根据合同规定或法律规定免除责任。

(二) 索赔范围

国际贸易情况复杂，产生争议和索赔的原因是多种多样的。争议和索赔并不局限于买卖双方，有的还涉及运输、保险等方面，而且各方往往有着密切的关系。因此必须根据实际情况，分清原因和责任方。从索赔对象来分，大致有以下几种情况：

1. 买卖双方之间的贸易索赔

买卖双方之间的贸易索赔包括：

（1）买方违约。如不按时开立信用证，以及故意开立不完全的信用证或过高要求的信用证，致使卖方无法履行合同；不按时付款赎单；无理拒收货物；或在买方负责运输的情况下不按时派船接货，或不按时签订运输契约等。

（2）卖方违约。如不按时交货；不按合同规定的品质、规格、包装、数量、重量交货；不提供合同、信用证规定的合适单证等。

（3）合同条款不够明确，以致买卖双方对合同条款的理解或解释不一致引起争议索赔。

2. 向承运人的运输索赔（装运索赔）

向承运人的运输索赔包括：

（1）货物短卸，即货物未卸净，或货物误卸在其他港口造成短卸。

（2）货物在运输过程中被盗窃，或因破损撒漏而货物短少。

（3）属于承运人责任的货物损毁，包括破损、毁坏、水渍、污染等。

3. 向保险人的保险索赔

属于保险单内规定范围的有关损失，应向保险公司索赔。

案例13-1：2003年4月，我某外贸公司与加拿大进口商签订一份茶叶出口合同，并要求采用合适的包装运输，成交术语为CIF渥太华，向中国人民保险公司投保一切险。生产厂家在最后一道工序将茶叶的湿度降低到了合同规定值，并用硬纸盒作为容器装入双层纸箱，再装入集装箱后，货物于2003年5月到达渥太华。检验结果表明：全部茶叶变质、湿霉，总共损失价值达10万美元。但是当时货物出口地温度与湿度适中，进口地温度与湿度也适中，运输途中并无异常发生，完全为正常运输。问：以上货物的损失该由谁来赔偿？为什么？

第十三章 违约与争议处理

案例分析：

由于运输过程正常，因此船方无责任；另一方面，运输途中没有异常情况发生，因此，也不属于保险赔偿范围；那么货物问题应当是由于包装不能满足基本运输要求所引起的，这是在运输交货前发生的，所以责任应当是在生产厂家，货物损失应当由出口厂家赔偿。

（三）《销售合同公约》对一方违约的救济方法

救济方法（Remedies）是指一个人的合法权利被他人侵害时，法律上给予受损害一方的补偿方法。基本救济方法可概括为3种：实际履行、损害赔偿和解除合同。

1. 实际履行

实际履行有两重含义：一重含义是指一方当事人未履行合同义务，另一方当事人有权要求他按合同规定完整地履行合同义务，而不能用其他的补偿手段，如金钱来代替；另一重含义是指一方当事人未履行合同义务，另一方当事人有权向法院提起实际履行之诉，由法院强制违约当事人按照合同规定履行他的义务。但《销售合同公约》第28条作了如下规定：如果按《销售合同公约》的规定，当事人有权要求他方履行某项义务，法院没有义务作出判决，要求实际履行此项义务，除非法院依照其本身的法律对不受本公约支配的类似买卖合同可以这样做。

2. 损害赔偿

损害赔偿（Damages）是指违约方用金钱来补偿另一方由于其违约所遭受到的损失。《销售合同公约》对损害赔偿的范围作了两项原则性的规定（第74条）：其一，一方当事人违反合同应负的损害赔偿额应与另一方当事人因他违反合同而遭受的包括利润在内的损失额相等，这是确定损害赔偿范围的总原则，《销售合同公约》特别强调包括利润损失在内。其二，守约方可以得到的损害赔偿"不得超过违反合同一方在订立合同时，按照他当时已知道或理应知道的事实和情况，对违反合同预料到或理应预料到的可能损失"。

3. 解除合同

解除合同（Rescission）指合同当事人免除或终止履行合同义务的行为。《销售合同公约》认为，合同一方不履行义务构成根本性违约时，另一方有权解除合同。然而，解除合同必须向对方发出通知。如延迟交货或货物存在瑕疵，很难判断是否属于根本性违约,则《销售合同公约》还规定,可以规定一段合理的额外时限,让违约方履行义务。如果在这一段时间内,违约方仍未履行合同,那么守约方可以根据违约情况,宣告合同无效。解除合同并不意味着他就丧失了可以采取其他的救济方法。

(四)合同中的索赔条款

进出口合同中的索赔条款有两种规定方式,一种是异议和索赔条款(Discrepancy and Claim Clause);另一种则是罚金(Penalty)条款。

1. 异议和索赔条款

(1)索赔条款包括以下内容:

第一,明确一方如违反合同,另一方有权提出索赔。

第二,索赔依据,规定索赔时需提供的证件以及检验出证的机构。索赔的证据就索赔情形、对象而定。向贸易对方索赔,销售合同为主要依据;向承运人索赔须提供运输合同;向保险公司索赔,保险单据为主要凭证,而检验证书则是任何索赔均须出具的。关于检验证书的出具机构,买卖双方也应事先在合同中约定。对于规定买方有复验权的出口合同,则应在合同中规定,要以卖方同意的检验机构出具的检验报告作为索赔的依据。

第三,索赔期限,包括索赔有效期和品质保证期(或称质量保证期)。索赔期限可以有约定的索赔期限:指买卖双方在合同中明确规定的索赔期限,索赔期限的长短应结合不同商品的特性而定。还可以有法定的索赔期限:根据有关法律规定受损害一方有权向违约方要求损害赔偿的期限一般为两年。

第四,索赔处理办法和索赔金额。

关于索赔的处理办法,因为事先无法预测违约的后果,因此,合同中一般只做笼统规定,如整修、换货、退货、还款等。赔偿损失的估损办法和金额,可以规定所有退货或索赔所引起的一切费用(包括检验费)及损失均由卖方负担等。

(2)索赔条款举例。

买方对货物的任何索赔都必须在货物到达提单或运输单据载明的目的港后××天内提出,并需出具卖方同意的检验机构的检验报告。任何与保险公司、船公司责任有关的索赔将不为卖方受理。

第十三章 违约与争议处理

Any claim by the buyer regarding the goods shipped should be filed within … days after the arrival of the goods at the port/place of destination specified in the relative Bill of Lading and/or transport document and supported by a survey report issued by a surveyor approved by the seller. Claims in respect of matters within responsibility of insurance company, shipping company/other transportation organization will not be considered or entertained by the seller.

2. 罚金条款

（1）罚金（penalty clause）的概念。罚金又称违约金或罚款，是指合同当事人一方未履行合同义务而向对方支付约定的金额。违约金条款一般适用于卖方延期交货，或者买方延迟开立信用证和延期接运货物等情况。

（2）罚金条款的内容。罚金条款一般应包括罚金的数额和罚金的起算日及计算方法两项内容。

罚金的数额大小，根据违约时间的长短，由买卖双方商定，并规定出最高限额。

计算违约金日期的方法一般有两种：一种是以约定的交货期或开证期终止后立即起算；另一种是规定优惠期，即在约定的有关期限终止后再宽限一段时期，在此优惠期内仍可免于罚款，待优惠期届满后再起算罚金。

违反合同的一方当事人支付违约金后，还应当履行合同义务。

（3）罚金条款举例。

除非遇到合同×条款规定的不可抗力事件，卖方对货物的延迟交运，每延迟一星期需向买方支付货物总值的0.5%的罚金，不到一星期的按一星期计。罚金总额将不超过迟运货物总值的5%并将在议付的金额中扣除，或由买方在支付时直接扣除。如果延期时间超过合同规定装运期10周，买方将有权终止合同但卖方仍需支付罚金。

Unless caused by the Force Majeure Specified in Clause … of this contract, in case of delayed delivery, the Sellers shall pay to the Buyers for every week of delay a penalty amounting to 0.5% of the total value of the goods whose delivery has been delayed. Any fraction part of a week is to be considered a full week. The total amount of penalty shall not, however, exceed 5% of the total value of the goods involved in late delivery and is to be deducted from the amount due to the Sellers by the paying bank at the time of negotiation, or by the Buyers direct at the time of payment. In case the period of delay exceeds ten weeks later than the time of shipment as stipulated in the contract, the Buyers have the right to terminate this contract but the Sellers shall not thereby be exempted from payment of penalty.

第二节 不可抗力

国际贸易合同是双方当事人在特定的环境条件下签订的。如果在合同的履行过程中，合同赖以存在的环境条件发生了非常人所能预见和控制的变化，使得合同的履行受阻，为避免产生不必要的矛盾，在一定条件下，该当事人可以申请免责，这就是通常所说的不可抗力和援引不可抗力免责的做法。

一、不可抗力概述

（一）不可抗力的认定

不可抗力（Force Majeure）是指在合同成立以后所发生的，不是由于当事人一方的故意或过失所造成的，对其发生以及造成的后果是当事人不能预见、不能控制、不能避免并不能克服的，阻碍当事人履行合同的重大事件。

按《联合国国际货物销售合同公约》的解释，不可抗力是非当事人所能控制，而且没有理由预期其在订立合同时所能考虑到或能避免或克服它或它的后果而使其不能履行合同义务的障碍。

（二）引起不可抗力的原因

（1）自然原因，如洪水、暴风雨、地震、干旱、暴风雪等人类无法控制的大自然力量所引起的灾害事故。

（2）社会原因，如战争、罢工、政府禁止令等。

在实践中，对不可抗力的认定是很严格的，要与商品价格波动、汇率变化等正常的贸易风险区别开来。

二、不可抗力的后果

不可抗力引起的后果主要有两种：解除合同和延期履行。

《销售合同公约》认为：① 当事人对不履行义务，不负责任，如果他能证明此种不履行义务，是由于某种非他所能控制的障碍，而且对于这种障碍，没有理由预期他在订立合同时能考虑到或能避免或克服它的后果。② 如果当事人不履行义务是由于他所雇佣履行合同的全部或一部分规定的第三方不履行义务所致，该当事人只有在以下情况下才能免除责任：a.他按照上一款的规定应免除责任，以及b.假如该款的规定也适用于他所雇佣的人，这个人也同样会免除责任。至于在什么情况下解除合同，在什么情况下只能延迟履行，要根据不可抗力对履行合同造成的影响程度而定，也可以由双方当事人在合同中作具体规定。一般不可抗力的后果解释主要看不可抗力的发生是否影响了当事人执行合同的根本条件。但当事人最好在合同中拟定不可抗力条款，以避免不可抗力及其后果的不确定性。

三、合同中的不可抗力条款

不可抗力条款是指在买卖合同中订明当事人一方因不可抗力不能履行合同的全部或部分义务的时候，免除其全部或部分的履约责任，另一方当事人不得对此要求损害赔偿。因此，不可抗力条款是一种免责条款。

（一）、不可抗力条款的内容

国际货物买卖合同中的不可抗力条款主要规定不可抗力的范围、不可抗力的处理原则和方法、不可抗力发生后通知对方的期限和方法以及出具证明文件的机构等。

1. 不可抗力的范围

关于不可抗力范围的规定方法，国际上并无统一的解释，当事人在合同订立时可自行商定。一般有概括式、列举式和综合式3种规定方法。概括式对不可抗力范围只作笼统规定；列举式是将不可抗力事件逐一列出；综合式，即列举式与概括式相结合，对经常可能发生的不可抗力事件（如战争、地震、水灾、火灾、暴风雨、雪灾等）列出的同时，再加上"以及双方同意的其他不可抗力事件"的文句。综合式的规定方法，既明确、具体，又有一定的灵活性。目前，在我国进出口贸易合同中,一般都采用综合式。

2. 不可抗力的处理

主要规定发生不可抗力事故后,应按何种原则进行处理。发生不可抗力事故后,是解除合同还是延迟履行,或是采取其他的救济措施,可由双方当事人在合同中加以规定,明确规定在什么条件下可解除合同,在什么条件下只能延迟履行。

3. 不可抗力的通知和证明

按《销售合同公约》的规定,如果当事人一方未及时通知而给对方造成损害的,仍应负赔偿责任。在实践中,为防止争议发生,不可抗力条款中应明确规定具体的通知和提交证明文件的期限和方式。

关于不可抗力的出证机构,在我国,一般由中国国际贸易促进委员会(中国国际商会)出具;如果由对方提供,则大多数由当地的商会或登记注册的公证机构出具。另一方当事人收到不可抗力的通知及证明文件后,无论同意与否,都应及时回复。

案例13-2:我国某进出口公司与英国某公司以FOB价签定了进口合同,装货港为伦敦。合同签定后不久,英方通知我方货已备妥,要求我方按时派船接货。然而,在我方安排的船舶前往英港途中,突然爆发中东战争苏伊士运河被封锁,禁止一切船舶通行,我方船舶只好改变航线绕道好望角航行,增加航行近万公里,到达装运港时已过装运期。这时,国际上的汇率发生变化,合同中的计价货币英镑贬值,英方便以我方未按时派船接货为由,要求提高货物价格,并要求我方赔偿由于延期接货而产生的仓储费。对此,我方表示不能接受,双方遂发生争议。问:我方应该如何处理这个问题?

案例分析:

中东战争是不可抗力,是无法预见,无法控制,并且是发生在合同签订后的,由此延期接货而产生的仓储费,我方不应负赔偿责任。

(二)不可抗力条款举例

如果合同货物的全部或部分因不可抗力而阻碍装运,卖方将对此不承担责任。但是卖方应通过电报或电传通知买方并在××天内将由中国国际贸易促进委

第十三章 违约与争议处理

员会出具的证明该事件的证明经航空挂号寄交买方。

If the shipment of the contracted goods is prevented or delayed in whole or in part due to Force Majeure, the seller shall not be liable for non-shipment or late shipment. However, the seller shall notify the buyer by cable or telex and furnish the latter within …days by registered airmail with a certificate issued by the China Council for the Promotion of International Trade affecting such event or events.

（三）援引不可抗力条款和处理不可抗力事故的注意事项

当不可抗力事故发生后，合同当事人在援引不可抗力条款和处理不可抗力事故时，应注意如下事项：

1. 要注意不可抗力条款的措词及其不同解释

使用什么措词，可能造成能否援引免责条款的不同解释。例如，当不可抗力阻止了合同的履行或是妨碍了合同履行时，遭受不可抗力一方方可免责。由于阻止和妨碍的含义是不一样的，妨碍一词比阻止一词解释起来要宽松得多。所以订约双方当事人应结合自己的意图加以斟酌。

2. 发生不可抗力事件的一方要及时通知对方

发生事故的一方当事人应按约定期限和方式及时将事故情况通知对方，对方也应及时答复。发生事故的一方当事人应出具有效的证明文件，以作为发生事故的证据。双方当事人应就不可抗力的后果，按约定的处理原则和办法进行协商处理。

3. 正确援引不可抗力条款

交易一方援引不可抗力条款免责时，应按照合同条款规定，不能随心所欲。另一方当事人应按合同规定认真分析事故的性质严格进行审查，以确定其援引的内容是否属于不可抗力条款规定的范围。处理时，应弄清情况，体现实事求是的精神。

第三节　仲　　裁

一、国际贸易争议解决途径

国际贸易中，双方在履约过程中有可能发生争议。由于买卖双方之间的关系是一种平等互利的合作关系,所以一旦发生争议,首先应通过友好协商的方式解决,如果协商不成,则当事人可按照合同约定或争议的情况采用调解、仲裁或诉讼方式解决争议。

(一) 友好协商

友好协商(Negotiation)指争议双方通过友好协商,达成和解。这是解决争议的好办法,但这种办法有一定的限度,要以双方自愿为基础;解决方案容易被当事人推翻,难以生效。

(二) 调解

调解(Mediation)是指由双方当事人自愿将争议提交选定的调解机构(法院、仲裁机构或专门的调解机构),由该机构按调解程序进行调解。若调解成功,双方应签订和解协议,作为一种新的契约予以执行,若调解意见不为双方或其中一方接受,则该意见对当事人无约束力,调解即告失败。

(三) 仲裁

仲裁(Arbitration)是指双方当事人达成书面协议,自愿把争议提交给双方同意的仲裁机构,由仲裁机构进行审理,并由其做出判断或裁决。仲裁机构做出的裁决是终局的,对双方都有约束力。仲裁方式具有解决争议时间短、费用低、能为当事人保密、裁决有权威性、能异国执行等优点。

(四) 诉讼

诉讼(Litigation)是指一方当事人向法院起诉,控告合同的另一方,一般要求法院判令另一方当事人以赔偿经济损失或支付违约金的方式承担违约责任,也有要求对方实际履行合同义务的。

诉讼是一方当事人单方面的行为,只要法院受理,另一方就必须应诉。但诉讼方式的缺点在于立案时间长,诉讼费用高,异国法院的判决未必是公正的,各国司法程序不同,当事人在异国诉讼比较复杂等。

二、国际贸易中的仲裁

(一) 仲裁的特点

仲裁作为解决经济贸易纠纷的重要手段,愈来愈普遍地为商界所采用。之所以选择仲裁,是因为仲裁具有诸多独特的优势:

第十三章 违约与争议处理

1. 程序简便、快速

仲裁程序较简单，且仲裁员一般是熟悉国际贸易业务的专家和知名人士，故仲裁解决问题较快。仲裁实行"一裁终局"制度，没有上诉或再审程序，裁决自做出之日起即发生法律效力，具有强制执行力。因而，仲裁程序简化，审理时间较短，争议解决的效率高。

2. 充分的意愿自治

选择仲裁方式，当事人可享有最大限度的自主权，包括自主选择仲裁机构、仲裁员、仲裁地点、仲裁所使用的语言、仲裁规则以及仲裁所适用的法律等。

3. 程序保密

仲裁审理不公开进行。未经当事人的同意和仲裁庭的允许，第三人不可旁听案件审理，仲裁程序及实体内容不得向外界披露。

4. 仲裁成本合理

由于仲裁实行"一裁终局"制，而且程序快速，诉讼则一般要"两审终审"，因此，仲裁费用比两审诉讼费用低廉，且节省时间。

5. 裁决可在境外执行

1958年联合国《承认及执行外国仲裁裁决公约》（简称《纽约公约》）为国际社会提供了一项普遍接受的、简便的承认及执行外国仲裁裁决的制度，根据该公约的规定，缔约国的仲裁裁决能在135个缔约国的法院得到承认和执行。

中国已于1987年1月22日加入联合国1958年《纽约公约》，该公约于1987年4月22日对中国生效。因此，其裁决可在135个公约成员国的法院得到承认和执行，实现了仲裁裁决执行的全球化。自1989年起，中国做出的几百份裁决已在世界30多个国家和地区的法院成功获得承认和执行。

所以仲裁已成为国际贸易争议解决中广泛采用的一种行之有效的重要方式。在我国进出口合同中，一般都订有仲裁条款，以便在发生争议时，通过仲裁解决争端。

案例13-3：我某外贸公司与某外商签订一份出口合同，合同中订有仲裁条款规定仲裁地点为北京。后来双方发生交货品质纠纷，外商不愿到北京仲裁，便在当地法院起诉,当地法院向我外贸公司寄来传票。请问我公司应如何处理?

案例分析:

我方可以将传票退还给外国法院,指出其对该案件是没有管辖权的,并将争议案件交由北京仲裁庭裁断。本案例涉及仲裁问题,且合同中订有仲裁条款,规定了仲裁地,这样就排除法院对有关案件的管辖权,使仲裁机构取得对争议案件的管辖权。本案中,外商没有遵守仲裁条款,且在当地法院起诉,是无理论依据的,故我方可以将传票退还给外国法院,指出其对该案件没有管辖权,坚持该案件由北京仲裁庭裁断。

(二)仲裁协议的形式和作用

1. 仲裁协议的形式

仲裁协议的形式有两种:一种是在争议发生之前订立的,它通常作为合同中的一项仲裁条款出现;另一种是在争议发生之后订立的,它是把已经发生的争议提交仲裁的协议。这两种形式的仲裁协议,其法律效力是相同的。

2. 仲裁协议的作用

(1)约束双方当事人只能以仲裁方式解决其争议,且不得向法院起诉。

(2)排除法院对有关案件的管辖权,如果一方违背仲裁协议,自行向法院起诉,另一方可根据仲裁协议要求法院不予受理,并将争议案件交仲裁庭裁断。

(3)使仲裁机构取得对争议的管辖权。

上述3项作用的中心是第2条,即排除法院对争议案件的管辖权,因此双方当事人不愿将争议提交法院审理时,应该在争议发生前就在合同中定有仲裁条款,以免将来发生争议后,由于达不成仲裁一致而不得不诉诸法院。

(三)在中国办理仲裁的程序

图13-1 仲裁程序

仲裁需要提出书面仲裁申请,每份仲裁申请书均应附具包括仲裁条款或仲裁协议在内的、申请人请求所依据的事实的证明文件(证据文件可以是复印件

第十三章 违约与争议处理

并编号，原件在开庭质证时出示）。然后选定仲裁员，由仲裁机构向申请人和被申请人发出仲裁通知，表示仲裁机构已经受理，仲裁申请人按受理通知书规定预缴仲裁费用和其他实际开支费用。仲裁委员会按仲裁规则组成3人仲裁庭，要求被申请人在规定期限内提交书面答辩和反请求（如有的话）。被申请人应在仲裁通知规定的期限内提交书面答辩和有关的证明文件或提出反请求，仲裁庭组成后，协商开庭审理的日期，由秘书处将开庭时间及开庭事项书面通知双方当事人。案件一般应当开庭审理。若经各方当事人同意，或者根据仲裁规则适用简易程序的案件，仲裁庭可以只依据书面文件进行审理并做出仲裁裁决。申请人和被申请人均应当对其申请、答辩和反请求所依据的事实提出证据。在仲裁过程中，仲裁庭征得双方同意后，可以主动对案件进行调解。调解成功，仲裁庭则根据和解协议做出裁决书或由当事人撤案。若调解不成功，则进行裁决，仲裁裁决依多数仲裁员意见做出。仲裁庭不能形成多数意见时，则依首席仲裁员意见做出。

（四）仲裁条款

1. 仲裁条款内容

仲裁条款的规定，应当明确合理，不能过于简单，其具体内容一般应包括仲裁地点、仲裁机构、仲裁程序、仲裁裁决的效力、仲裁费的负担等。

（1）仲裁地点。在何处仲裁，往往是交易双方磋商仲裁条款时都极为关心的一个十分重要的问题。这是因为仲裁地点所适用的程序法，以及合同所适用的实体法关系至为密切。按照资本主义国家法律的解释，凡属程序方面的问题，除非仲裁协议另有规定，一般都适用于审判地法律，即在哪个国家仲裁，往往就适用哪个国家的仲裁法规。合同双方当事人权利、义务的实体地，如合同中未规定，一般是由仲裁员根据仲裁地点所在国家法律冲突规则予以确定的。因此交易双方对仲裁的地点都会力争在本国仲裁。

在我国对外贸易合同中，关于仲裁地点有下列3种规定办法：① 规定在我国仲裁；② 规定在被告所在国仲裁；③ 规定在双方同意的第三国仲裁。

选用第3种办法时，应选择允许受理双方当事人都不是本国公民的争议案的仲裁机构，而且该机构具备一定业务能力并态度公正。

（2）仲裁机构。国际上从事仲裁的机构主要有两种形式，即常设仲裁机构和临时仲裁机构。仲裁机构的规定也可有两种方式：一种是由双方当事人在仲裁协议中规定一个常设的仲裁机构；一种是规定可有临时仲裁机构仲裁。

常设仲裁机构是指依据国际条约或国内法成立的具有固定组织和地点、固定的仲裁程序规则的永久性仲裁机构。规定常设仲裁机构时一般必须指明具体由哪个机构来仲裁。

临时仲裁机构是指根据当事人的仲裁条款或仲裁协议，在争议发生后由双方当事人推荐的仲裁员临时组成的，负责裁断当事人的争议，并在裁决后即行解散的临时性仲裁机构。

我国常设的仲裁机构是设在北京的中国国际经济贸易仲裁委员会及其分别设在深圳和上海的分会。世界许多国也都有常设对外贸易仲裁的机构。

主要仲裁机构简介

拓展阅读

（1）国际商会仲裁院（ICA）。

国际商会仲裁院（The International Court of Arbitration of International Chamber of Commerce.）成立于1923年，属于国际商会的一部分。在国际商事仲裁领域，ICA是最具影响的仲裁机构。国际商会仲裁院的委员来自40多个国家，他们都具有法律背景和国际商事法律及争议解决的专业经验。该仲裁院为目前世界上提供国际经贸仲裁服务较多、具有重大影响的国际经济仲裁机构。

（2）美国仲裁协会（AAA）。

美国仲裁协会（American Arbitration Association.）成立于1926年，是一个非盈利性的为公众服务的机构。美国仲裁协会的受案范围很广，从国际经贸纠纷，到劳动争议、消费者争议、证券纠纷，无所不包。与此相应，美国仲裁协会有许多类型的仲裁规则，分别适用于不同类型的纠纷。

（3）中国国际经济贸易仲裁委员会。

中国国际经济贸易仲裁委员会（Chinese International Economic and Trade Arbitration Commission，CIETAC）成立于1956年4月。前身为"对外贸易仲裁委员会"及"对外经济贸易仲裁委员会"，总部设在北京，上海及深圳设有分会。目前，该仲裁委员会受案数量跃居世界第一位。随着中国国际经济贸易仲裁委员

第十三章 违约与争议处理

会仲裁规则进一步与世界接轨以及各项改革措施的实施，中国国际经济贸易仲裁委员会将在国际商事仲裁领域扮演越来越重要的角色。

（4）伦敦国际仲裁院。

伦敦国际仲裁院（The London Court of International Arbitration，LCIA）是世界上最古老的仲裁机构，成立于1892年，为英国最有国际影响的国际商事仲裁机构，由伦敦市政府、伦敦商会和女王特许仲裁协会共同组成的联合委员会管理。

（5）解决国际投资争端中心。

解决国际投资争端中心（The International Center for the Settlement of Investment Disputes，ICSID）于1965年根据《华盛顿公约》而成立。总部设在华盛顿特区，是一个绝对的国际性法人组织。中心有其自己的仲裁规则，并且仲裁时必须使用其规则。

（6）斯德哥尔摩商会仲裁院。

斯德哥尔摩商会仲裁院（The Arbitration Institute of the Stockholm Chamber of Commerce，SCC）成立于1949年，总部设在瑞典的斯德哥尔摩，设立的目的在于解决工业、贸易和运输领域的争议。瑞典中立国的地位，为其公平性提供了很好的保障，瑞典斯德哥尔摩仲裁院享有很好的国际声誉。中国对外经济贸易促进委员会建议，我国当事人在选择第三国仲裁机构时，可优先考虑该仲裁院。

（7）瑞士苏黎世商会仲裁院。

瑞士苏黎士商会仲裁院（The Zurich Chamber of Commerce，ZCC）成立于1911年。设在瑞士的苏黎世，有《瑞士联邦苏黎世商会调解与仲裁规则》。该仲裁院既受理国内商业和工业企业之间的争议案件，也受理涉外经济贸易争议案件。由于瑞士在政治上是中立国，国际上较多的经贸纠纷都交给它仲裁。

（8）日本商事仲裁协会。

日本商事仲裁协会（Japan Commercial Arbitration Association，JCAA）成立于1950年，总营业所设在东京，在神户、名古屋、大阪和横滨也设有营业所。它有《商事仲裁规则》。该仲裁协会除进行仲裁工作外，还从事对仲裁人员的培训，同外国仲裁机构进行业务合作等项工作。日本商事仲裁协会同20多个外国仲裁机构保持联系，并订有双边协议。

（9）香港国际仲裁中心（HKIAC）。

香港国际仲裁中心（the Hong Kong International Arbitration Center）1985年设立。该中心为受限制担保并按香港公司法的规定设立的民间非营利性公司，受理香港区内仲裁案件和国际商事仲裁案件。该中心无自己的国际商事仲裁规则，实践中，依《联合国国际贸易法委员会仲裁规则》进行操作。

仲裁程序主要是规定进行仲裁的手续、步骤和做法。各国常设仲裁机构一般都有自己的仲裁程序规则，如我国现行的仲裁程序规则是自1994年6月1日起施行的《中国国际经济贸易仲裁委员会仲裁规则》。根据该规则规定，凡当事人同意将其争议提交中国国际经济贸易仲裁委员会仲裁的，均视为同意将本规则进行仲裁。

合同需要规定仲裁裁决的效力，按照各国法律和国际惯例，仲裁裁决是终局性的，对双方当事人均有约束力。当事人不得向法院起诉，也不得向其他任何机构提出变更裁决的请求，但胜诉方在得不到执行时有权向法院起诉，请求法院强制执行。

仲裁费用由谁负担，应在仲裁条款中订明。通常多规定由败诉方承担，也有的规定由仲裁庭酌情决定。根据中国仲裁规则规定，仲裁庭有权裁定败诉方补偿胜诉方因办理案件支出的部分合理的费用，但补偿金额最多不得超过胜诉方所得胜诉金额的10%。

2. 仲裁条款格式

我国对外贸易合同中的仲裁条款有3种写法：

（1）在中国仲裁的条款格式。根据《中华人民共和国仲裁法》的规定，仲裁条款或仲裁协议必须是书面的，且应当具备请求仲裁的意思表示、仲裁事项和选定的仲裁机构等内容。仲裁协议或仲裁条款中做出如下约定的，均可在中国进行仲裁：① 订明由中国国际经济贸易仲裁委员会或其分会或其旧名称中国国际贸易促进委员会对外贸易仲裁委员会或对外经济贸易仲裁委员会仲裁的；② 订明由中国国际贸易促进委员会/中国国际商会仲裁或由中国国际贸易促进委员会/中国国际商会的仲裁委员会仲裁的。所以在中国仲裁的条款可写成：

"凡因本合同引起的或与本合同有关的任何争议，均应提交中国国际经济贸易仲裁委员会……分会，按照申请仲裁时该会实施的仲裁规则进行仲裁。仲裁裁决是终局的，对双方均有约束力。"

（2）在被告国仲裁的条款格式。在被告国仲裁的条款一般可写成：

"凡因执行本合同所发生的或与本合同有关的一切争议，双方应通过友好协商解决；如果协商不能解决，应提交仲裁，仲裁在被诉人所在国进行。在中国，由中国国际经济贸易仲裁委员会根据该会《仲裁规则》实行仲裁。如在××国，（被诉人所在国名称）由××国××地仲裁机构（被诉人所在国家的仲裁机构的名称）根据该组织的仲裁程序规则进行仲裁。仲裁裁决是终局的，对双方都有约束力。"

（3）在第三国仲裁的条款格式。在第三国仲裁的条款可写成：

"凡因执行本合同所发生的或与本合同有关的一切争议，双方应通过友好协商来解决，如果协商不能解决，则提交××国××地××仲裁机构根据该仲裁机构的仲裁程序规则进行仲裁。仲裁裁决是终局的，对双方都具有约束力。"

3. 仲裁条款举例

因执行本合同而产生的所有纠纷，将通过友好协商解决，如果友好协商不能解决，争议将被提交仲裁。仲裁将在被告所在国进行。……裁决是终局的，对双方有约束力。

All disputes arising out of the performance of /or relating to this contract, shall be settled amicably through friendly negotiation. In case no settlement can be reached through negotiation, the case shall then be submitted for arbitration. The location of arbitration shall be in the country of the domicile of the defendant…. The arbitral award is final and binding upon both parties.

（五）仲裁裁决的执行

仲裁裁决对双方当事人都具有法律上的约束力，当事人应按照仲裁裁决书中规定的期限自动履行裁决，如一方当事人不履行仲裁裁决的，另一方当事人可依据法律规定向有管辖权的法院申请强制执行。如一方当事人在国外，涉及一个国家的仲裁机构所做出的裁决要由另一个国家的当事人执行的问题。在此情况下，如国外当事人拒不执行裁决，则需要到国外的法院去申请执行，或通过外交途径要求对方国家有关主管部门或社会团体（如商会、同业公会）协助执行。在这方面，1958年《纽约公约》强调了两点：一是承认双方当事人所签订的仲裁协议有效；二是根据仲裁协议所做出的仲裁裁决，缔约国应承认其效力并有义务执行。只有在特定的条件下，才根据被诉人的请求拒绝承认与执行仲裁裁决，例如裁决涉及仲裁协议未提到的或不包括在仲裁协议之内的争议，以及仲裁庭的组成或仲裁程序与当事人所签仲裁协议不符等。

因此，我国对外贸易仲裁的执行可分为：

（1）如果被申请人的住所地或财产所在地在中国境内，对于涉外仲裁裁决，可向其住所地或财产所在地的中级人民法院申请强制执行。

（2）如果被申请人的住所地或财产所在地在中国境外，而且其所在国家也加入了《纽约公约》，申请人可根据该公约向该国有管辖权的法院申请强制执行。

我国1986年12月第六届全国人民代表大会常务委员会第十八次会议决定中华人民共和国加入《纽约公约》。

本章小结

在国际贸易中，由于业务环节多，涉及面广，加上国际市场变幻莫测，从而产生争议，引发索赔与理赔问题。引起争议的原因主要可归纳为卖方违约和买方违约，买卖双方均负有违约责任。在合同中一般有异议索赔条款和罚金条款来约束违约行为。

不可抗力是一系列阻碍合同履行的重大事件。当发生不可抗力使合同无法履行或无法如期履行时，发生事故一方可据此免除责任。不可抗力的发生，可能是社会力量引起的，也可能是自然力量引起的。不可抗力的法律后果应视发生事故的原因、性质、规模及其对履行合同的影响程度而定。不可抗力条款的内容主要包括不可抗力的范围、不可抗力的处理原则、发生不可抗力事故后通知对方的期限和方式、不可抗力事故的证明以及出具证明的机构等。

解决国际贸易争议的方式包括友好协商、调解、仲裁和司法诉讼4种。仲裁的特点决定了它不同于其他方式。仲裁是目前贸易争议最常用的处理方式，是建立在双方协议基础上的。仲裁协议有两种形式：一种是在争议发生前订立的合同中的仲裁条款；另一种是在争议发生后订立的提交仲裁的协议。仲裁条款通常包括仲裁地点、仲裁机构、仲裁程序、仲裁裁决的效力和仲裁费用等内容。仲裁裁决的承认与执行涉及一国的裁决要由另一国的当事人去执行的问题。

第十三章 违约与争议处理

本章思考题

1. 什么是违约？
2. 对违约的分类有哪些？
3. 《公约》对违约的处理措施有哪些？
4. 索赔条款的内容有哪些？
5. 什么是罚金条款？如何使用罚金条款？
6. 什么是不可抗力？
7. 如何订立不可抗力条款？
8. 不可抗力的法律后果是什么？
9. 争议处理的途径有哪些？
10. 仲裁的特点有哪些？
11. 如何理解仲裁的效力？
12. 仲裁机构有几种形式？
13. 我企业向美方出口一批商品，双方约定某年12月交货。11月底，我企业出口商品仓库发生雷击火灾，致使一半左右的出口家具烧毁。我企业以发生不可抗力事故为由，要求免除交货责任，美方不同意，坚持要求我方按时交货。我方无奈经多方努力，于次年1月初交货，美方随即提出索赔。

试分析：（1）我方要求免除交货责任的要求是否合理？为什么？

（2）美方的索赔要求是否合理？为什么？

14. 我某出口公司向外商出口货物一批，合同中明确规定一旦在履行合同过程中发生争议，如友好协商不能解决，即将争议提交中国国际经济贸易仲裁委员会在北京仲裁。后来，双方就商品的品质发生争议，对方在其所在地法院起诉我方，法院也发来了传票，传我方公司出庭应诉。对此，我方应如何处理？

本章参考文献

1. 程铭等：《国际贸易实务》，上海大学出版社2012年版。
2. 程德钧：《国际贸易争议与仲裁》，江苏人民出版社2002年版。
3. 冷柏军编著：《国际贸易实务》，对外经济贸易大学出版社2005年。
4. 王晓川：《国际贸易争议与仲裁》，中国人民大学出版社2008年版。

第十四章　国际贸易合同的建立

本章学习目标

1. 了解：交易磋商的基本程序及其概念。
2. 熟悉：交易磋商的二要素及其包含的内容。
3. 掌握：国际货物买卖合同成立的条件和合同的基本内容。

本章核心概念

交易磋商　发盘　接受　撤回　撤销　确认书　合同

第一节　交易磋商

国际货物销售合同的磋商是买卖双方对货物买卖合同中可能涉及的各项交易条件，如商品的品质、数量、包装、价格、支付条件、运输、货运保险、商品的检验检疫、争议的解决等展开谈判与协商。交易磋商的过程是双方通过要约和承诺，确立契约关系的过程。

一、交易磋商的基本程序

国际贸易的交易磋商可以通过口头方式（面谈或者电话），也可以采用书面的方式（电子邮件、传真、信函等）进行。在国际货物买卖合同商订过程中，一般包括询盘（Inquiry）、发盘（Offer）、还盘（Counter Offer）和接受（Acceptance）4个环节，其中发盘和接受是达成交易、合同成立不可缺少的两个

第十四章　国际贸易合同的建立

基本环节，也是一份国际货物销售合同生效的必经的法律步骤。

（一）询盘

询盘是交易一方向另一方针对商品的成交条件提出询问，并表达交易愿望的一种行为。发出询盘的目的，除了探询价格或有关交易条件外，还表达了与对方进行交易的愿望。

询盘的内容涉及某种商品的品质、规格、数量、包装、价格和装运等成交条件，也可以索取样品，其中多数是询问成交价格，因此在实际业务中，询盘也被称作询价。一般而言，询盘多由买方作出，而卖方询盘较少。询盘的内容按照需要，可详可略。询盘不是每笔交易必经的程序。交易双方已经互相了解，清楚对方意愿的成交条件，就不必询盘，可直接向对方作出发盘。例如：

买方询盘：Please offer green tea Grade A July shipment 1000MT London.

卖方询盘：Can supply green tea Grade A July shipment, please bid.

（二）发盘

发盘（Offer）又称发价或报价，是交易的一方（发盘人）向另一方（受盘人）提出商品的成交条件，并意愿按此条件达成交易的一种表示。法律上，发盘又被称为"要约"。在发盘的有效期内，一旦受盘人无条件接受发盘就表示交易双方对商品的成交条件达成一致，合同即宣告成立。

《销售合同公约》第14条第1款中指出："凡向一个或一个以上的特定的人提出的订立合同的建议，如果其内容十分确定并且表明发盘人有在其发盘一旦得到接受就受其约束的意思，即构成发盘。"发盘既可由卖方提出，也可由买方提出。

例如：Quote honey 200 m/tons, June shipment reference price USD1050 CIF New York, Jan shipment, irrevocable sight L/C subject to reply here within 15 days.

（三）还盘

还盘（Counter Offer）是指受盘人不同意或不完全同意发盘提出的各项条件，并提出修改意见，建议原发盘人考虑的行为。还盘在法律上被称为"反要约"。还盘的实质是受盘人对发盘的拒绝，并且作为发盘人向原发盘人发出的一个新盘。发盘的法律后果是否定了原发盘，使其失效，原发盘人不再受其约束。还盘可以在双方之间反复进行，一经原发盘人接受，双方即达成交易。

（四）接受

接受（Acceptance）是指受盘人在发盘规定的时限内，以声明或行为表示无条件地同意发盘提出的各项条件，愿意按这些条件订立合同的意思表示。接受的实质是受盘人对发盘表示同意。接受一经送达发盘人，合同即宣告成立。在法律上接受又被称为"承诺"。

二、交易成立的二要素

（一）《销售合同公约》对发盘的约定

1. 发盘成立的条件

（1）发盘应向一个或一个以上特定的人提出，即在发盘中注明特定的受盘人的名称。

因此，对广大公众发出的商业广告一般不构成发盘，而只是视为邀请看到广告的公众向登广告的人提出发盘。《联合国国际货物销售合同公约》也明确规定：没有特定的受盘人的要约本身并不构成发盘，只能视为邀请对方发盘。

（2）发盘内容必须十分确定。《联合国国际货物销售合同公约》第14条第1款规定：发盘的内容必须十分确定。一个内容十分确定的发盘必须至少含有以下3项基本要素：① 货物的名称；② 确定货物的数量或规定数量的方法；③ 明确货物的价格或规定确定价格的方法。

发盘里必须要包含这3项要素的原因是，只要这3项明确，即使缺失关于交货时间、地点及付款时间、地点等其他条件，也不妨碍合同的成立。因为，发盘中没有提到的其他条件，在合同成立后，可以双方当事人建立的习惯做法及采用的惯例予以补充，或者按《联合国国际货物销售合同公约》中关于货物销售部分的有关规定予以补充。

（3）表明发盘一旦被接受，发盘人即受约束的意思。发盘时必须表明发盘人对其发盘一旦被受盘人接受立即受约束的意思。发盘是订立合同的建议，这个意思应当体现在发盘之中。发盘一经受盘人接受，双方即确立合同关系，受发盘中列明的各项交易条件的约束。如发盘人只是就某些交易条件建议同对方进行磋商，而根本没有受其建议约束的意思，那么这项建议不能被认为是一项发盘。例如，发盘人在其提出的订约建议中加注诸如"仅供参考"、"须以发盘

第十四章　国际贸易合同的建立

人的最后确认为准"或其他保留条件,这样的订约建议就不是发盘,而只是邀请对方发盘。

在实际的国际贸易业务中,发盘又常被分为"实盘"(Firm Offer)和"虚盘"(Non-firm Offer)。实盘一旦被受盘人接受,双方即确立合同关系;而如果发盘人明确表示不受发盘约束,或者在发盘中附有保留条件的订约建议,那么该项发盘就不是一项有效的发盘,即使受盘人接受发盘,对双方都不会产生约束力,也不会有合同的确立,因此,虚盘又被称作是"无约束力的发盘"。

2. 发盘的有效期

通常发盘都会规定一个具体的有效期,作为对方表示接受的时间限制。受盘人只有在规定的时间内接受,发盘人才受到约束。当发盘未具体列明有效期时,受盘人应在合理时间内接受才能有效。至于什么是"合理时间内",国际上对此没有统一规定,因此,发盘时应当明确发盘的有效期,避免发生纠纷。发盘生效的时间有各种不同的情况:以口头方式作出的发盘,其法律效力自对方了解发盘内容时生效;以书面形式作出的发盘,关于其生效时间,主要有两种不同的观点与做法:一是发信主义,认为发盘人将发盘发出的同时,发盘就生效;另一种是到达主义,认为发盘必须到达受盘人时才生效。根据《联合国国际货物销售合同公约》规定,发盘送达受盘人时生效。

发盘的有效期,一般有以下几种规定方法:

(1)规定最迟接受的期限。例如:"we offer you firm subject to your acceptance reaching us by May 10."

在按照这种方法规定发盘的最迟接受期限时,应注意明确接受发盘的时间。因为,按有些国家的法律解释,受盘人只要在当地时间5月10日24点以前将表示接受的通知投邮或向电报局交发即可。而有些国家的法律规定受盘人应在5月10日24点以前将受盘通知送达发盘人才有效。这种规定发盘接受期限的方法又被称作"到达主义"。

(2)规定一段接受的期限。例如:"we offer you green tea Grade A 800 USD/MT CIF New York valid for 10 days."

按《销售合同公约》第18条第2款规定,期限的计算应从电报交发时刻或信上载明的发信日期起算。如信上未载明发信日期,则从信封所载日期起算。采用电话、电传发盘时，则从发盘送达受盘人时起算。如果时限的最后一天在发盘人营业地是正式假日或非营业日，则应顺延至下一个营业日。

3. 发盘的撤回与撤销

（1）发盘的撤回（Withdrawal）。发盘的撤回指在发盘人在发盘送达受盘人之前，撤回发盘，以阻止其生效。

对于发盘发出后，发盘人是否可以撤回发盘或变更其内容，不同国家有着截然相反的规定。一般而言，英美法系的国家主张发盘原则上对发盘人没有约束力，发盘人在受盘人对发盘表示接受之前的任何时候，都可撤回发盘或变更其内容。而大陆法系国家则认为，发盘对发盘人有约束力，一旦发盘发出，发盘人就不可撤回发盘，除非发盘人在发盘中订明发盘人不受发盘的约束。

《销售合同公约》和英美法系的主张基本一致，第15条第2款规定："一项发盘，即使是不可撤销的，只要其尚未生效，都是可以修改或撤回的。"关于发盘的生效时间，《销售合同公约》采用"到达主义"，发盘到达受盘人一刻起才开始生效。

（2）发盘的撤销（Revocation）。发盘的撤销是指发盘已送达受盘人，即发盘生效之后将发盘取消，使其失去效力。

关于发盘能否撤销的问题，英美法系与大陆法系也存在严重的分歧。英美法认为，在受盘人表示接受之前，即使发盘中规定了发盘的有效期，发盘人也可以随时予以撤销。大陆法系国家则认为，发盘人应受发盘的约束，发盘一旦发出，不得随意撤销。

对于发盘是否可以撤销，《销售合同公约》采取了折中的办法，该公约第16条第2款规定，在发盘已送达受盘人，即发盘已经生效，但受盘人尚未表示接受之前这一段时间内，只要发盘人及时将撤销通知送达受盘人，仍可将其发盘撤销。如一旦受盘人发出接受通知，则发盘人不能撤销发盘。《销售合同公约》还规定了发盘不可撤销的两种情况：① 在发盘中规定了有效期，或以其他方式表示该发盘是不可能撤销的。② 受盘人有理由信赖该发盘是不可撤销的，并本着对该发盘的信赖采取了行动。

4. 发盘效力的终止

《销售合同公约》第17条规定了发盘效力可以终止的情况：

第十四章 国际贸易合同的建立

（1）在发盘规定的有效期内未被接受，或虽未规定有效期，但在合理时间内未被接受，则发盘的效力即告终止。

（2）发盘被发盘人依法撤销。

（3）被受盘人拒绝或还盘之后，即拒绝或还盘通知送达发盘人时，发盘的效力即告终止。

（4）发盘人发盘之后，发生了不可抗力事件，如所在国政府对发盘中的商品或所需外汇发布禁令等。在这种情况下，按出现不可抗力可免除责任的一般原则，发盘的效力即告终止。

（5）发盘人或受盘人在发盘被接受前丧失行为能力，则该发盘的效力也可终止。

（二）《销售合同公约》对接受的约定

1. 接受成立的条件

（1）接受必须由特定的受盘人作出。发盘是向特定的受盘人提出的，因此，只有特定的受盘人才能对发盘作出接受。如果接受是由第三者作出的，则不能视为有效的接受，只能作为一项新的发盘。

（2）接受必须是无条件同意发盘所提出的交易条件。《销售合同公约》第19条规定，一项有效的接受必须是同意发盘所提出的交易条件，只接受发盘中的部分内容，或对发盘条件提出实质性的修改，或提出有条件的接受，均不能构成接受，而只能视作还盘。而对货物价格、数量、质量、交货时间和地点、支付方式、赔偿责任范围或纠纷解决方法等作出的修改，均为实质性变更。

若受盘人在表示接受时，对发盘内容提出某些非实质性的添加、限制和更改，且发盘人没有在合理时间内表示对非实质性更改的反对，那么受盘人的接受仍可构成有效的接受。

（3）接受必须在发盘规定的有效期内作出。当发盘规定了接受的时限时，受盘人必须在发盘规定的时限内作出接受，才能生效。

和规定发盘生效的时间一样，关于接受生效的时间，英美法系和大陆法系国家的规定也是不同的。英美法系国家采用"投邮原则"，即受盘人表示接受的通知一经投邮，立即生效；大陆法系国家则规定表示接受的通知必须送达发盘人时接受才能生效，也就是采用"到达主义"。《销售合同公约》采用的也是"到达主义"原则，第18条第2款明确规定，如果发盘中规定了有效期限，受盘人表示接受的通知只有在规定时间内送达发盘人，接受才是有效的。

（4）接受必须明确表示出来。《销售合同公约》第18条要求受盘人如果接受一项发盘，则必须用声明或者其他具体的行为表示。即使受盘人已愿意接受，但是没有做出任何表示，也不能视作有效的接受。

2. 逾期接受（Late Acceptance）

接受通知未能在发盘规定的时限内送达发盘人，或者发盘没有规定时限，且在合理时间内未曾送达发盘人，则该项接受称作逾期接受（Late Acceptance）。逾期接受又称"迟到的接受"。一般来说，逾期接受无效，只能视作一个新的发盘。

《销售合同公约》第21条规定了逾期接受仍然有效的两种情况：① 只要发盘人毫不迟延地用口头或书面通知受盘人，认为该项逾期的接受可以有效，愿意承受逾期接受的约束，合同仍可于接受通知送达发盘人时订立。如果发盘人对逾期的接受表示拒绝或不立即向发盘人发出上述通知，则该项逾期的接受无效，合同不能成立。② 如果载有逾期接受的信件或其他书面文件显示，依照当时寄发情况，只要传递正常，本来是能够及时送达发盘人的，则此项逾期的接受应当有效，合同于接受通知送达发盘人时订立。除非发盘人毫不迟延地用口头或书面通知受盘人，认为其发盘因逾期接受而失效。由此可见，逾期接受是否有效，关键要看发盘人的意愿。

3. 接受的撤回或修改

《销售合同公约》第22条规定："如果撤回通知于接受原发盘应生效之前或同时送达发盘人，接受得予撤回。"因此，只要撤回或修改接受的通知先于原接受通知或与原发盘接受通知同时送达发盘人，那么一项接受就可以撤回或修改。

案例14-1：2009年3月15日，A公司向新加坡客户G公司发盘，报童装兔毛衫200打，货号CM034，每打CIF新加坡100美元，8月份装运，即期信用证付款，3月25日复到有效。3月20日收到G公司答复如下："你方15日发盘收到。你方报价太高，若降价至每打90美元可接受。"A公司次日电复："我方报价已是最低价，

第十四章 国际贸易合同的建立

降价不予考虑。"3月26日G公司又要求航邮一份样品以供参考。3月29日，A公司寄出样品，并函告对方："4月8日前复到有效。"4月3日，G公司回函表示接受A公司发盘的全部内容。4月10日送达A公司，经办人员视其为逾期接受，故未作任何表示。

7月6日，A公司收到G公司开来的信用证，并请求其尽可能提早出运。此时因原料价格上涨，公司已将价格调整至每打110美元，故于7月8日电复称："我公司与你方此前未达成任何协议，你方虽曾对我方发盘表示接受，但我方4月10日才收到，此乃逾期接受，无效，恕我方不能发货。信用证已请银行退回。如你方有意成交，我方重新报价每打CIF新加坡110美元，9月份交货，其他条件不变。"

7与12日，G公司来电："我方曾于4月3日接受你方发盘，虽然如你方所言，4月10日才送达你方，但因你我两地邮程需要三天时间，接受是因传递过程耽误的，所以合同应成立，请确保你方将履行合同，否则，一切后果将由你方承担。"

请问：G公司的上述观点是否正确？为什么？

案例分析：

G公司的观点有理。《销售合同公约》第21条规定：如果载有逾期接受的信件或其他书面的文件表明，它在传递正常的情况下是能够及时送达发盘人的，那么这项逾期接受仍然具有接受的效力，除非发盘人毫不延迟地用口头或书面方式通知受盘人，他认为发盘已经失效。本案例发盘人有权决定它有效还是无效，只要采取相应的行动即可。A公司4月10日收到逾期接受后，如及时复函表示发盘已经无效，则该项接受就无效，合同不成立。但是发盘人未作任何表示从而陷入被动。因此，在收到逾期接受时，首先要判断造成逾期的原因。如难以判断，则根据具体情况采取不同的做法，或去电确认有效或表示发盘已经无效。

案例14-2：我国某出口公司Y想出口一批海鲜对虾，波兰有一进口公司W愿意购买。2009年6月15日，Y公司向W公司发出实盘如下：报海鲜对虾100公吨，即期装运，不可撤销即期信用证付款，每公吨5 000美元CIF鹿特丹价，6月23日前复到有效。受盘人W公司于6月20日回复如下：你公司6月5日发盘，我公司接受对虾100公吨，即期装运，不可撤销即期信用证，每公吨5 000美元，CIF鹿特丹价，除通常的装运单据外，要求提供产地证、动植物检疫证书，适合海运的良好包装。Y公司于6月22日回复如下：你公司20日电，十分抱歉，由于世界价格变化，收到你公司接受回复以前，我公司货已另行出售。于是，双方对于合同是否成立发生争论。请问：该项合同是否成立？为什么？

案例分析：

合同应当成立。根据《销售合同公约》第19条的规定："对发盘表示接受但载有添加或不同条件的答复，即为拒绝该项发盘并构成还盘。但是，对发盘表示接受但载有添加或不同条件的答复，如所载添加或不同条件在实质上并不变更该项发盘的条件，除发盘人在不过分延迟的期间内以口头或书面通知反对存在的差异外，仍构成接受。"本案例中，W公司在接受通知中附加了一些非实质性附加条件的接受，如果发盘人及时提出反对，合同是不成立的。但是，Y公司并没有这样做，反而以货物已经出售为由，企图撤盘，从而使自己陷入被动的局面。因此，对方6月20日的接受是有效的，合同已经成立。

第二节　国际货物买卖合同成立

在交易磋商中，一方的发盘被另一方接受，合同即告成立。一项合同，除需要有有效的发盘、还盘和接受基本环节之外，还需要具备一些要件，才能成为受法律保护的有效合同。依法成立的合同，具有法律约束力，合同自成立时生效。

一、有效合同的要件

买卖双方就各项交易条件达成协议后，并不意味着此项合同一定有效。一项合同，除买卖双方就交易条件达成协议后，还需具备以下要件，才是一项有效的合同。

（一）合同必须有对价或约因

英美法上规定，一项合同必须要有对价（Consideration）才能成为一项有效的合同。对价是指当事人为了取得所追求的合同利益所付出的代价。合同当事人之间存在着"我给你是为了你给我"的关系，当事人为了从对方那里获得希望的

第十四章　国际贸易合同的建立

利益而放弃的自身的权益，就是对价。没有对价的合同，是没有效力的，也得不到法律的保障。

（二）合同当事人必须具有签约能力

一项有效的合同，订立的当事人必须是具有订立合同的行为能力的自然人或法人。这也是构成一项有效的合同的基本要件之一。一般来说，具有订立合同的行为能力的自然人是指精神正常的成年人。未成年人和精神病患者没有订立合同的能力或者受到一定的限制，他们订立合同必须受到限制。

法人签订合同的行为能力指的是，法人通过其代理人，在法人的经营范围内签订合同。如果合同超出了法人的经营范围，发生越权签订的合同在法律上是无效的。

（三）合同的内容必须合法

签订的合同的内容必须合法，即合同内容不得含有违反法律、公共秩序或公共政策的内容。在国际贸易中，针对违禁品，例如毒品、走私物品等签订的贸易合同在法律上是无效的。

二、国际货物买卖合同的形式及其基本内容

（一）合同的形式

在国际贸易中，对交易双方订立的货物贸易合同的形式没有特别的限制。《销售合同公约》第11条规定："销售合同无须以书面订立或书面证明。在形式方面也不受任何其他条件的限制。"

1. 口头合同

口头合同是双方当事人采用口头形式订立的合同。采用口头形式订立合同，因无文字依据，空口无凭，一旦发生争议，往往举证困难，不易分清责任。因此，在国际贸易中应尽量避免使用。

2. 书面形式

书面合同的名称并无统一规定，其格式的繁简程度也不一样。在我国进出口贸易实践中，书面合同的形式包括正式合同（Contract）、确认书（Confirmation）和协议书（Agreement）等。其中以采用"正式合同"和"确认书"两种形式的居多。

正式合同又可分为销售合同（Sales Contract）和购买合同（Purchase Contract）。销售合同是指卖方草拟提出的合同；而购买合同是买方草拟提出的合同。

正式合同的特点在于内容比较全面，对交易双方的各项权利和义务以及争议发生后如何处理等问题都有详细的规定。一般大宗商品或者成交额较大的交易，大多采用这种形式的合同。

确认书是一种简式合同，可细分为购货确认书（购货单）和销售确认书（Sales Confirmation）。确认书包含的条款比合同简单，主要列明买卖双方在交易磋商阶段达成一致的交易条件，起到让双方加以书面确认和书面证明的作用。确认书中一般只对主要的交易条件做出规定，对买卖双方的义务描述得不是很详细。确认书一般适用于金额不大、批数较多的商品。还需留意订单（Purchase Order：PO）下的小字体批注："This PURCHASE ORDER shall be subject to the terms and conditions of the SELLER." 订单上的文字的效力并非由字体大小来决定。另外，虽然形式上和合同不同，但是确认书和合同具有同等的法律效力。

（二）合同的基本内容

书面合同不论采取何种格式，其基本内容通常包括约首、约尾和基本条款3个组成部分。

1. 约首

约首部分一般包括合同名称、合同编号、缔约双方名称和地址、电报挂号、电传号码等项内容。另外，还涉及合同签订的基本信息，如合同签订的地点、目的等。

例如：This contract is made by and between the Buyer and the Seller, whereby the Buyer agrees to buy and the Seller agrees to sell the following goods according to the terms and conditions as stated below.

2. 基本条款

这是合同的主体，其中包括品名、品质规格、数量或重量、包装、价格、交货条件、运输、保险、支付、检验、索赔、不可抗力和仲裁等项内容。商定合同，主要是就这些基本条款如何规定进行磋商，达成一致意见。

第十四章 国际贸易合同的建立

3. 约尾

约尾部分一般包括订约合同的文本数量、合同使用文字和效力、签约日期、订约地点和双方当事人签字等项内容。

为了提高履约率，在规定合同内容时应考虑周全，力求使合同中的条款明确、具体、严密并相互衔接，且应与磋商的内容一致，以利于合同的履行。

本章小结

国际货物买卖交易的达成要经过交易磋商，即当事人双方就交易条件进行洽谈，以求达成协议的过程。交易磋商是国际货物买卖过程中的一个重要环节，也是签订买卖合同的基础。国际货物买卖交易磋商的内容通常包括商品的品质、数量、包装、价格、支付条件、运输、货运保险、商检、争议解决等。

交易磋商一般包括4个环节：询盘、发盘、还盘和接受。其中发盘和接受是达成有法律约束力合同不可缺少的两个基本环节。

一项发盘必须满足4个基本条件：发盘是一项订立合同的建议；发盘必须向特定人提出；发盘的内容必须十分明确；发盘还应表明一旦接受即受约束的意思。《销售合同公约》采用"到达主义"，规定：只要撤回通知在发盘送达受盘人之前或同时送达受盘人，发盘都是可以撤回的。

《销售合同公约》还规定：受盘人既可以采用声明（口头或书面）的方式，也可以通过实际行动来表示对一项发盘的接受。

在交易磋商过程中，一方的发盘被另一方所接受，合同即宣告成立。合同既可以采用书面形式，也可以采用口头形式。

本章思考题

1. 磋商交易中可能出现哪些环节？为什么发盘和接受是其中不可缺少的基本环节？

2. 何谓发盘？构成发盘应具备哪些条件？

3. 《销售合同公约》对发盘内容有哪些基本要求？我们在外贸业务实践中对发盘内容应如何掌握？

4. 在发盘生效问题上国际上有哪些不同的规定？明确发盘生效的时间有何

意义?

5. 发盘能否撤回和撤销?《销售合同公约》关于发盘的撤回与撤销问题是怎样规定的?

6. 何谓接受?构成接受应具备哪些条件?

7. 在接受生效时间问题上,国际上有哪些不同的规定?

8. 何谓逾期接受?逾期接受的法律后果如何?《销售合同公约》对逾期接受有何规定?

9. 接受能否撤回或修改?《销售合同公约》关于接受撤回与修改问题有何规定?

10. 我某进出口公司向国外某商人发出询盘,询购某商品。不久,我方收到对方8月15日的发盘,发盘有效期至8月22日。我方于8月20日向对方复电:"若价格能降至56美元/件,我方可以接受。"对方未作答复。8月21日我方得知国际市场价格上涨,于当日又向对方去电表示完全接受对方8月15日的发盘。问:我方的接受能否使合同成立?为什么?

本章参考文献

1. 冷柏军主编:《国际贸易实务》,北京大学出版社2009年版。
2. 彭福永:《国际贸易实务教程》,上海财经大学出版社2004年版。
3. 尹翔硕:《国际贸易教程》,复旦大学出版社2001年版。

第十五章　进出口合同的履行

本章学习目标

1. 了解：进出口合同履行的一般基本程序。
2. 熟悉：货物托运、报验、报告、投保的具体做法以及相应单证的制作，违反进出口合同的索赔和理赔工作。
3. 掌握：审证、改证的基本内容和审单付款的基本原则。

本章核心概念

合同履行　审证　改证　制单结汇　出口核销　审单付款　进口索赔

第一节　出口合同的履行

买卖双方经过交易磋商达成协议，或者签订买卖合同。合同一旦签订，双方就各自享有合同所规定的权利和承担约定的义务。在国际贸易中，买卖合同一经依法有效成立，有关当事人则必须履行合同规定的义务。买卖双方必须本着"重合同、守信用"的原则，严格履行合同。

我国绝大多数出口合同都采用CIF或CFR贸易术语，并且一般都采用信用证付款方式，故在履行这类合同时，必须切实做好备货、催证、审证、改证、租船订舱、报验、投保、报关、装船和制单结汇等环节的工作。出口合同履行所涉及的各项业务环节分述如下：

一、备货和报检
（一）备货
货物是合同的标的物，准备好符合合同要求的货物是卖方的基本义务之一。

备货是指卖方根据出口合同的规定，按时、按质、按量准备好应交付的货物，以保证在合同约定的时间出运，如约履行其义务。但企业性质不同，备货也不同。如果是生产型企业直接和国外买方签订的出口合同，那么其备货工作是要求生产加工或仓储部门对应交的货物进行清点、加工整理、包装、刷制运输标志以及办理申报检验和领证等项工作。而对于贸易型企业，通常没有固定的生产加工部门，那么该企业就要向国内有关生产企业联系货源，订立国内采购合同。无论是哪种类型的企业，在备货工作中，都应注意以下几个问题：

1. 货物的品质

货物的品质是备货的核心。卖方备货时应严格按合同的要求备货，保证货物的品质和合同中约定的规定一致。既不偏低，也不要偏高，更不能以次充好。另外，在备货时还应注意保证货物的品质符合进口国法律所要求的品质标准。世界各国对许多商品都有各自严格的品质标准和技术标准，例如，法国禁止含有葡萄糖的果汁在其市场上销售。因此，即使合同中未做规定，卖方也必须保证货物满足这些强制性的要求，否则货物无法顺利入关。

2. 货物的数量

《销售合同公约》中指出，按照合同规定的数量交货是卖方的基本义务之一。《销售合同公约》还规定，如果卖方交货的数量多于合同约定的数量，买方有权拒收，也可以接收一部分或者全部。如果卖方交货数量少于合同约定数量，则买方有权要求卖方补交，并承担造成的损失。

一般在实际业务操作中，对于货物的数量，在备货时除了要符合合同对数量的要求，还应适当留有余地，以防运输过程中发生意外或损失时可以调换。

3. 备货时间

备货的时间应根据信用证规定的船期安排和船期衔接。尽量做到不早到、不迟到。过早地备好货在码头等船会产生额外的仓储费。更不能晚到，延误船期，造成交货延误。

第十五章 进出口合同的履行

4. 货物的包装

对货物的包装涉及包装材料、包装规格、包装方式、包装费用以及唛头。出口企业应该严格按照合同以及信用证规定的包装要求对货物进行包装。对于合同中没有明文规定的，出口企业在出口时还应注意使包装符合各国法律规定的对于货物包装的一些强制性要求。例如，美国政府曾规定采用未经处理的木架进行包装的水果不得入境。

出口货物要经过各种环节的长途运输，中途还要经过多次搬运和装卸，甚至多次转换运输工具。因此，应小心谨慎地做好包装工作，最大限度地使货物保持完好无损。

（二）报检

根据《中华人民共和国出口商品检验法》，一切出口商品都必须经过检验，只有取得商检局发给的合格的检验证书，海关才准放行。经检验不合格的货物，一般不得出口。在我国商品检验有法定检验、公正鉴定和监督管理。其中法定检验和公正鉴定都要求卖方向公证机构提出检验请求，由检验机构检验后颁发有关检验证书。

凡属国家规定法检的商品，或合同规定必须经中国进出口商品检验检疫局检验出证的商品，在货物备齐后，应向商品检验局申请检验。一般商品最迟应在报关或装运前7天报检，填制"出口检验申请单"，向商检局办理申请报验手续。

货物经检验合格，即由商检局发给检验证书，签发"出境货物通关单"。进出口公司应在检验证书规定的有效期内将货物出运，有效期一般为60天。如超过有效期装运出口，应向商检局申请延期，并由商检局进行复验，经复验合格货物才能出口。

二、落实信用证

采用信用证结算的货物销售合同，买方及时、准确地开立信用证，直接关系到卖方的正常履约和收汇安全。因此，在履约前，落实信用证，对卖方来说极为重要。

（一）催证

如果在合同中，买卖双方约定采用信用证方式付款，那么按时、准确地开立信用证是买方的一项基本义务。买方应严格按照合同的规定按时开立信用证。若买方由于资金等原因未能按时开立信用证,卖方应向买方发出函电,提醒、催促对方迅速办理开证手续。卖方在没有收到信用证前,切不可装运货物。

(二)审证

审证是指当外国买方开来信用证时,卖方对开证行的背景和资信能力以及开来的信用证的内容进行认真审查和核对。信用证是银行开立的有条件的付款保证。卖方提交的单据必须和信用证要求的单据内容一致,否则卖方不能正常得到偿付。

信用证是依据买卖合同开立的,信用证内容应该与买卖合同条款保持一致。但是,在实践中,由于种种原因,如工作的疏忽、电文传递的错误、贸易习惯的不同、市场行情的变化或进口商有意利用开证的主动权加列对其有利的条款等,往往会出现开立的信用证条款与合同规定不符,导致卖方无法按该信用证收取货款。为确保收汇安全和合同顺利执行,避免造成不应有的损失,应该对开证行的来证,依据合同进行认真的核对与审查。

1. 开证行的资信情况

开证行的资信情况直接关系到能否安全收取货款。特别是对于实行外汇管制、国际支付能力薄弱或者国内金融秩序混乱的国家的银行开出的信用证,更应该重视审核其资信状况。对于资信不良的开证行,可以要求买方重新选择另一家银行开立信用证,也可以采用适当措施,例如要求其他银行加具保兑,保证收款安全。

2. 信用证本身的基本内容

对信用证本身基本信息的审核是必不可少的。例如,信用证的号码、开证日期、受益人、交单地点、议付行地址、开证申请人信息是否正确等。

3. 装运期、交单期、到期日

信用证里记载的装运期应与合同一致。提交的运输单据上面加注的装船或起运日期,不得晚于规定的装运日期。

货物装运后向银行提交单据,要求付款或承兑或议付的日期就是交单期。交单期和装运期之间应留有合理的时间间隔,如果信用证上没有注明交单期,那么根据《UCP600》的解释,实际装运日之后的21天内都是有效的交单期。受益

第十五章　进出口合同的履行

人应在交单期内交单,但无论如何,不得晚于信用证到期日。

信用证的到期日是受益人交单议付的最后期限。受益人必须在信用证到期日前向议付行交单议付或者承兑或者付款。《UCP600》规定,没有规定到期日的信用证视为无效信用证。

4.货物描述、信用证金额、提交单据、运输要求等

信用证上注明的货款金额应与合同一致。信用证上的单价、总值、计价货币等的填写要正确。如果合同上订有溢短装条款,则信用证中的金额也应考虑相应的机动幅度。

对货物的描述、装运港、卸货港/目的地,以及是否可以分批装运和转运,要求受益人提交的单据等信息也应与合同一致。

在审证时,除对上述内容进行仔细审核外,有时买方开来的信用证上还会附加一些特殊条款(Special Condition),如指定船公司、船籍、船龄、船级等条款,或不准在某个港口转船等。发现这类附加条款时,买方应慎重对待,不宜轻易接受。

(三)改证

受益人对信用证进行了全面审核以后,若发现问题,应及时向开证申请人提出,要求通知开证行进行修改。

信用证的修改可以由卖方提出,也可以由买方提出,但都得向开证行提出修改申请,再由原通知行通知卖方。修改后的信用证必须得到双方认同才能有效。

为避免不必要的麻烦以及手续费,卖方应尽量一次性提出信用证中需要修改的各项内容。而改证通知书里的内容,受益人则必须全部接受或全部不接受,不允许部分接受。

另外,审证时也应适当保持灵活性。对于一些虽与合同规定不符,但不影响履行合同和安全结汇的内容,不一定坚持要求对方必须改证。

三、办理货运、投保和报关

以CIF、CFR条件成交的合同,出口方须负责办理租船订舱。按CIF条件成交的合同,出口方还应负责办理保险。除了EXW条件外,报关的责任均由出口方承担。

（一）办理货运

随着科技和国际贸易的迅猛发展，在办理货物托运时，货主无须直接联系实际承运人，而是可以委托货运代理机构办理出口货物的租船订舱。货运代理机构的专业化操作，不仅可以实现"门到门"运输服务，大大方便进出口商，而且也有利于形成有序、低成本、高效率的货物供应链。

常见的货运代理公司从事的业务有：租船订舱、货物报关、转运及理货、仓储、集装箱拼箱及拆箱、国际多式联运、物流管理以及运输咨询等。

货运代理公司典型的货运程序为：

（1）出口商就一批货物与货运代理公司接洽，国际货运代理公司就出口商的整体运输情况向出口商提出建议，并给出一个全程运输的综合价格。

（2）运输条件达成后，货运代理公司确定货物运输的航线，负责向船公司或航空公司租船订舱，并根据装运期就货物从仓库到装运港的运输仓储和装运作出总的安排。

（3）货运代理公司与装运前的仓储公司或陆运公司洽商货物从仓库到装运港这一段的运输，并就货物及有关单据，如发票、装箱单等的准确性进行核对。

（4）货运代理公司受出口商的委托办理货物通关手续。

（5）待货物在装运港装运完毕后，根据大副收据的最终结果制作运输代理行提单（House B/L），并与船公司或航空公司联系取得主提单（Master B/L）等。

（6）货运代理公司将运输代理行提单交付出口商，同时将船公司或航空公司的主提单寄交国外目的港的代理。

（7）出口商经银行结汇后，有关货运单据，包括运输代理行提单被转移到进口商手中。

（8）货物到达目的港后，货运代理公司的目的港代理通知进口商直接从港口提货，或者由货运代理公司的目的港代理作为收货人替进口商办理进口报关手续，再将货物运送到进口商的目的地。

（9）进口商向在目的港的货运代理公司的代理出示运输代理行提单，换取主提单或者其他的提货凭证。

（10）如果进口商未能在规定的时限内提货，由货运代理公司内目的港代理作为收货人在征求有关货主意见后将货物另行处置。

第十五章　进出口合同的履行

（二）投保

按CIF价格成交的出口合同，出口方需负责办理货物运输保险。出口方在装船前，按照合同约定及时向保险公司填制投保单，办理投保手续。

投保人投保时，应将货物名称、保险保额、运输路线、运输工具、开航日期、投保险别等一一列明。如果合同中没有明确规定，出口方办理的保险险别只需覆盖最低险即可。投保金额为CIF发票金额加上相应的投保加成。合同中没有明确规定的情况，加成率为10%。

保险公司接受投保后，即签发保险单或保险凭证。保险单或保险凭证一般一式两份。一份由保险公司签署后交给出口方作为接受承保的凭证；一份由保险公司留存，作为签发凭证的依据。

（三）报关

报关是指卖方在出口货物出运前向海关申报的手续。出口方在办理报关时，可以自行办理报关手续，也可以通过专业的报关经纪行或国际货运代理公司来办理。按照我国《海关法》规定：凡是进出国境的货物，必须由其发货人或者代理人在装货前24小时之前，向海关如实申报，交验规定的单据文件，请求办理查验放行手续。

1. 出口申报及审核单证

报关时应向海关提交下列单证：

（1）出口货物报关单。报关单是海关对出口货物进行监督、查验、征税和统计的基本单据。用于不同的需要，目前使用的出口报关单有4种：普通报关单（白色），来料加工、补偿贸易专用报关单（浅绿色），进料加工专用报关单（粉色）以及出口退税专用报关单（黄色）。

（2）出口许可证。国家规定，实行出口许可证管理的商品，出口前均须申领出口许可证。经国家正式批准的有出口经营权的单位，在其经营范围内，出口不实行出口许可证管理。

（3）装货单。装货单（Shipping Order, S/O）是船公司或其代理人签发给托运人的通知船方装货的凭证。海关查验放行后，在装货单上加盖放行章，发还给报关人凭以装运货物出口。

（4）发票。发票是海关审定完税价格的重要依据。因此，发票价格必须是货物真实的成交价格。

（5）出口收汇核销单。出口核销单是由外汇局制发、出口单位凭以向海关出口报关、向外汇指定银行办理出口收汇、向外汇局办理出口收汇核销、向税务机关办理出口退税申报的有统一编号及使用期限的凭证。

另外，若有必要，还应提交出口合同副本、装箱单或重量单、产地证书、商品检验证书及其他有关证件，向海关申报出口。

2. 审核查验

海关对提交的单证按照国家规定进行审核，并且还要对出口货物进行查验，以确定实际货物是否与申报单证一致。对货物的查验在海关规定的时间内在海关监管区域内进行，出口方应派专人到现场协助海关完成查验工作。

经查验合格，海关在装货单上盖上关印，即为结关放行。

四、制单结汇、出口收汇核销和出口退税

（一）制单结汇

1. 制作单据

出口货物装运之后，出口方应正确缮制各种单据。在交单有效期内，递交银行办理议付结汇手续。一般来说，国际货物销售合同下，为了顺利结汇，出口方应缮制的单据主要有汇票、发票、运输单据、保险单、原产地证明、检验证书，以及双方约定的其他单据等。

2. 交单

出口方备好单据之后，在规定的时间内向银行提交信用证规定的全套单据，经银行审核，根据信用证上约定的付款方式，由银行办理结汇。

交单时应注意交单时间应在信用证规定的交单期和信用证有效期之内。如果信用证上没有注明交单期，那么实际装运日之后的21天内都是有效的交单期。受益人应在交单期内交单，但无论如何，不得晚于信用证到期日。

3. 结汇

在信用证付款条件下主要有3种结汇方式：

（1）议付信用证。议付方式又被称作"押汇"，是指议付行以出口方提交的单据作为质押，在审单无误的情况下，按汇票面值，扣除从议付日起到估计收

第十五章 进出口合同的履行

到票款之日的利息，将余额贴现给出口方（受益人）。

议付行向受益人垫付资金、买入跟单汇票后，即成为汇票持有人，可凭票向付款行索取票款。议付是可以追索的，即如果开证行拒付货款，议付行可以向出口商追索已垫付的货款。

（2）即期信用证。如果信用证条款上约定的是即期信用证，那么出口方向开证行指定的出口地的分行或代理行提交单据之后，付款行收下单据，向出口方直接支付货款。出口地的分行或者代理行一旦付款之后，是不可追索的。即期信用证是信用证支付方式中，对出口方最为有利的一种。

（3）承兑信用证。承兑信用证是由受益人开出远期汇票，通过国内银行向开证行或开证行指定的银行提示，经承兑后交单。得到银行承兑的汇票可到期收款，也可贴现。

（二）出口收汇核销

出口收汇核销是国家为了保证国家的外汇收入，防止外汇流失，指定外汇管理部门等对出口企业贸易项下的外汇收入情况进行的事后管理措施。出口企业在货物报关后，向外汇管理部门报送银行出具的收汇证明以进行核对。出口企业凭出口收汇核销单报关出口，收汇后到外汇局办理核销，再向税务机关申请出口退税。

我国《出口收汇核销管理办法》和《出口收汇核销管理办法实施细则》规定，出口企业在货物出口前事先向当地外汇管理局申请领取出口收汇核销单，如实填写有关货物出口的情况。货物报关放验后，海关在核销单上盖章，并与报关单一起退给出口企业，出口企业附发票等文件送当地外汇管理部门备案。待收汇后，在结汇水单或收账通知上填写核销单号码，向外汇管理部门销案。

出口企业应在报关后60个工作日内向外汇管理机关办理交单手续，在收汇之日起30个工作日内办理相关核销手续。

（三）出口退税

出口退税是对出口企业的出口商品退还其在国内生产和流通环节实际缴纳的产品税、增值税、营业税和特别消费税。出口退税是国家为了降低出口商品成本，增强产品在国际市场的竞争力而采取的一项政策措施。出口企业填写出口产品退税申请表，连同出口货物报关单原件、出口销售发票、出口收汇核销单、代理出口证明、增值税专用发票等国税机关要求的其他凭证一起申报。出口退税凭证经税务机关审核无误后向出口企业退回相应税款。

第二节　进口合同的履行

与出口不同，我国企业在进口时较多采用FOB价格条件并以信用证方式支付。此时，进口合同的履行一般包括开立信用证、租船订舱、装运、办理保险、审单付款、接货报关、检验、索赔等环节。

一、开立信用证

（一）信用证的开立

进口合同签订后，按照合同规定填写开立信用证申请书向银行办理开证手续。信用证申请书是银行和申请人之间关于开立信用证的契约关系的法律证明。开证行开立信用证需要承担一定的风险，因此，开证行通常要求开证申请人提交一定的保证金，开证人还应按规定向开证银行支付开证手续费。

信用证的内容，应与合同条款一致，例如品质、规格、数量、价格、交货期、装货期、装运条件及装运单据等。内容必须具体明确地列出。

信用证的开证时间，应按合同规定。如合同规定在卖方确定交货期后开证，买方应在接到卖方上述通知后开证；如果合同只规定了装运的起止日期，那么信用证应在装运期开始前开出；如果合同规定的是最迟装运日期，那么一般信用证应在装运前15~20天开出，以方便卖方有足够时间备货。

（二）信用证的修改

卖方收到信用证后，如发现信用证有与合同条款不一致的地方，会提出对信用证进行修改的意见，进口方若同意修改，须向银行提出改证要求。开证行修改信用证后，由卖方发出通知通知进口方是否接受修改后的信用证。如果卖方没有发出任何拒绝或者接受的通知，则以其履约的行动为依据判断。《UCP600》规定如果其提交的单据与原证的条款相符，则视为卖方拒绝了信用证的修改；如

第十五章　进出口合同的履行

果其提交的单据与修改后的信用证条款相符，则视为卖方接受了修改。

案例15-1：1997年1月10日，芝加哥F银行向A银行开立了一份金额为15 783美元的即期信用证。该证装船期和交单期分别为2月25日和3月8日，受益人为我国B市某外贸公司，货物名称为铁钉。2月12日，A银行收到该信用证项下第一次修改，要求将装船期和交单期分别提前至2月15日和2月24日，并修改了货物描述等内容。A银行立即与受益人联系，请求答复。受益人于2月19日向A银行发出书面确认，拒绝修改，A银行即向F行发出同样内容的电报。3月3日受益人提交了2月25日装运的全套单据，A银行经审核无误后议付了单据，并按开证行要求寄单索汇。3月13日，A银行收到F银行电报，称单证不符，拒绝付款并准备退单。问：F银行做法是否正确？

案例分析：

F银行做法不正确。本案涉及信用证修改事宜，按照《UCP600》在信用证修改中开证行提出的修改内容须得到受益人的同意才能生效。此案例中受益人已明确拒绝修改内容，而其提交单据的装船日为2月25日，交单日为3月3日，完全符合修改前信用证的要求。故F银行提出的不符点不能成立，应当立即付款。

二、运输和保险

（一）运输

以FOB交货条件订立的进口合同，由买方负责租船订舱，安排货物的国际运输。卖方在交货前一定时间内，将预计的装运日期通知买方。买方接到通知后，应及时向货运代理公司办理租船订舱手续。在接到船方配舱回单之后，为了防止船货脱节，买方须按规定的期限将船名及船期及时通知对方，以便对方备货装船。

货物装船后，卖方应及时向买方发出装船通知，以便买方及时办理保险和做好接货等项工作。装船通知一般应列明合同号、货名、数量、金额、船名、航次以及开船日期等。

（二）投保货运险

以FOB或CFR交货条件订立的进口合同，应由买方办理保险。进口商在向保险公司办理进口运输货物保险时，有两种做法：一种是逐笔投保方式，另一种是预约保险方式（Open Policy）。

1. 逐笔投保

逐笔投保是指进口商对每一笔进口业务分别办理保险。

进口方在接到卖方的装船通知后，填写运输保险单，向保险公司缴纳相应保费。保险公司接受承保后签发保险单。保险单上应填写的内容包括：货物名称、数量、保险金额、投保险别、船名航次、装运港、目的港等。

2. 预约保险

预约保险是为了简化投保手续，进口方和保险公司签订货物运输预约保险合同，在合同中规定好对进口货物的投保险别、保险费率、保险费、赔偿的支付方法等。进口方在接到国外出口商发来的装船通知后直接将装船通知寄到保险公司或填制国际运输预约保险启运通知书，列明合同、起运口岸、船名航次、起运日期、货物名称、数量等信息送保险公司审核盖章，即完成投保手续，保险公司则对该批货物负自动承保责任。这份装货通知就代替了保险单。预约保险方式是进口商或收货人同保险公司签订预约保险合同，其中对各种货物应投保的险别作了具体规定，故投保手续比较简单。

三、审单付款

审单付款是进口合同履行的一个重要环节。用信用证方式结算的进口合同，出口方装运货物后，向银行提交汇票以及信用证中规定的各项单据议付货款，银行对照信用证规定对全套单据进行审核，如果内容无误，银行应收下单据并对出口方支付货款。主要审核单据如下：

（一）汇票

信用证名下汇票，应加列出票条款，说明开证行、信用证号以及开证日期。汇票金额应与信用证金额一致。汇票付款人为开证行或开证行指定的付款行。若信用证上没有规定，则默认为是开证行，不应以申请人为付款人。出票人应为信用证受益人，收款人通常是议付行。付款期限应与信用证规定一致。出票日期必须在信用证有效期内，不应早于发票日期。

（二）提单

提单必须按信用证规定的份数全套提交；若信用证上没有规定，则一份也

第十五章　进出口合同的履行

可算全套。提单应注明承运人名称，并经承运人或其代理人签名，或船长或其代理人签名。提单应为已装船的清洁提单。如果是备运提单，必须加上装船注记，并由船方签署。CFR或CIF方式成交的合同下的提单上面应注明运费已付。提单签发日期不得晚于信用证规定的最晚装运日期。提单上所载明的内容，例如件数、金额、船名航次等应与发票一致。

（三）商业发票

发票应由信用证受益人出具，除非另有规定，不然无需签字。商品的名称、数量、单价总额、合同号、包装等描述须和信用证一致。发票抬头应为开证申请人，须记载出口日期和合同号。

（四）保险单

保险单正本份数应符合信用证要求，全套正本应提交开证行。投保金额和投保险别要符合信用证规定。保险单上所列明的船名、航线、起运日期等信息要与提单一致。商品的名称、数量、单价、总额、合同号、包装等描述须和发票一致。

（五）产地证明

商品的名称、数量、单价、总额、合同号、包装等描述须和信用证一致。应由信用证上规定的机构签发。签发日期不能晚于装船日期。

四、报关、报验

进口方在收到银行转来的货运单据之后，可凭单提取货物。但是进口货物还须经过报关、纳税，并经海关查验货物后才可最终进入进口国国境销售。

（一）进口货物报验

凡属于《出入境检验检疫机构实施检验检疫的进出境商品目录》的进口商品和其他法律、法规规定须经检验的进口商品必须经过出入境检验检疫部门或其指定的检验机构检验。没有经过检验，或检验不合格的进口商品不得使用和销售。检验合格的由商品检验机构签发《入境货物检验检疫证明》，进口商凭该证明和其他单据一起向口岸海关办理通关手续。

（二）港口货物验收

进口货物运达港口卸货时，港务局要进行卸货核对。如发现短缺，应及时填制"短卸报告"交由船方签认，并根据短缺情况向船方提出保留索赔权的书面声明。卸货时如发现残损，货物应存放于海关指定仓库，待保险公司会同商检机构检验后作出处理。对于法定检验的进口货物，必须向卸货地或到达地的商检机构报验，未经检验的货物不准投产、销售和使用。如进口货物经商检机构检验，发现有残损短缺，应凭商检机构出具的证书对外索赔。对于合同规定的卸货港检验的货物，或已发现残损短缺有异状的货物，或合同规定的索赔期即将届满的货物等，都需要在港口进行检验。

（三）进口货物申报

进口货物运到后，由进出口公司或委托货运代理公司或报关行根据进口单据填具"进口货物报关单"向海关申报，并随附发票、提单、装箱单、保险单、许可证及审批文件、进口合同、产地证和所需的其他证件。如属法定检验的进口商品，还须随附商品检验证书。货、证经海关查验无误，才能放行。

根据我国《海关法》规定，进口货物收货人应自运载该货物的运输工具申报进境之日起14日内，在货物的进境地向海关申报。超过规定期限向海关申报的，由海关从第15日起按日征收滞报金。滞报金的征收是按照货物CIF价格的5%征收。如果超过3个月未向海关申报，该货物由海关提取变卖。

进口报关需要填写"进口货物报关单"并随同进口许可证、提单、发票、装箱单、减免税或免检证明、产地证明等有关单证一起提交海关。

（四）进口货物的查验

海关接受进口申报后，对进口货物实施查验。海关查验货物以进口货物报关单为依据。一般在海关监管区域内的仓库、场地进行。散货、大宗货物和危险品等的查验可以结合装卸环节，在船边进行现场查验。货物经过查验，缴纳关税后，由海关在货运单据上盖章放行，即为结关。

五、进口索赔

进口商品如果发生品质、数量等方面的损失，或者卖方没有按时交货，进口方应依据货物买卖合同向有关责任方提出索赔。索赔步骤包括：

（一）明确索赔的对象

索赔对象是指要对损失承担赔偿责任的当事人。国际货物买卖涉及许多当事人，如果出现索赔事故，索赔的对象即责任方可能不仅限于买卖双方，有时还

第十五章 进出口合同的履行

会涉及其他当事人,如承运人、保险公司等。因此,一旦发生索赔事故,首先要弄清事实,分清责任,正确地向有关责任方提出索赔的要求。

1. 向卖方索赔

如果货物的品质不符合合同规定,或者短卸或者由于包装不当造成货物的破损,或者是没有按期交货,这些原因造成的损失都应该向卖方提出索赔。

2. 向承运人索赔

运输工具到达目的地后,所卸货物的数量与提单或运单所列明的数量不相符合,这种由于运输公司疏忽造成的交货短卸,索赔对象为承运人。另外,提单为清洁提单,但是货物到达目的地或目的港后,发现包装已经破裂、货物散失,那么,这是在运输途中,由于搬运或堆积操作不当造成的包装破损与货物散失,这种情况应该由承运人承担理赔。

3. 向保险公司索赔

发生属于投保险别的承包范围内的损失,应向保险公司进行索赔。

(二)整理索赔的依据

索赔的依据包括两个方面:一是法律依据;二是事实依据。法律依据是指索赔方提出的救济方法必须符合法律规定。事实依据是指索赔方进行索赔,所需要提交的证明文件。它包括当事人业务往来的各种单证函电,如发票、装箱单、提单(副本)证明等。根据不同的索赔对象,索赔方应出具的索赔依据也不同。向出口方索赔时,需要提交合同及往来函电、公证报告、检验证书、破损证明、提单、装箱单、发票等。向承运人索赔时,还应提供理货报告和货损货差证明。向保险公司索赔时,还应提供船公司签发的事故证明或破损证明书、破损货物剩余价值估价单、海难报告等。

案例15-2: 某公司以CIF鹿特丹条件出口食品1 000箱,即期信用证付款。货物装运后,凭已装船清洁提单和已投保一切险和战争险的报销单,向银行收妥了货款。货到目的港后经进口人员复验,发现下列情况:① 该批货物共有10个批号,抽查20箱,发现其中2个批号200箱内含沙门氏细菌超过进口国标准;② 收货人共收998箱,短少2箱;③ 有15箱货物外表状况良好,但箱内共短少货物60公斤。问:进口方应如何提出索赔?

案例分析：

第①种情况可有不同处理情况，如果装船前有检验合格证书，并投保了相应险别，可向保险公司索赔；如果装船前没有检验合格或属于原装货物有内在缺陷应向卖方索赔；第②种情况应向承运人索赔，因为承运人签发清洁提单，货到目的港后应如数交货。第③种情况因为包装良好内部短少应向卖方索赔。

（三）注意索赔时效

索赔方必须在法律规定的一定时限内提出索赔。如果索赔超过了索赔时限，则索赔方就被视为自动放弃要求索赔的权利。因此，在进行索赔时要注意有关索赔时效的规定。

1. 向卖方提出索赔的时效

合同中有具体规定索赔时效的，买方应在合同规定的索赔时效内向卖方提出索赔。如果合同中没有明确规定索赔期，则合同中的品质保证期限被认为是买方提出索赔的有效期限。如果合同中没有规定索赔期或品质保证期，则根据《联合国国际货物销售合同公约》第39条的规定："买方必须在发现或理应发现不符情况后一段合理时间内通知卖方，否则就丧失索赔的权利。"但无论如何，最长的索赔时效为买方收到货物之日起不超过2年。

案例15-3： 某公司以CFR条件向德国客户出口一批小五金工具，合同规定货到目的港后30天内检验。买方有权凭指定检验机构的检验结果提出索赔。我公司按期发了货，德国客户也按期凭单支付了货款。半年后，我公司收到德国客户的索赔文件，称上述小五金工具有70%发生了锈损，并附有德国某内地一检验机构出具的检验证书。问：对德国客户的索赔要求，我公司应如何处理？

案例分析：

我方公司可以拒绝索赔。本案例合同对复验索赔的时效明确规定为30天，并须有指定检验机构出具检验结果。而案例中德国客户在半年后才提交检验结果，并检验证书也非指定检验机构出具，因此不符合合同约定，我方有权予以拒绝。

第十五章 进出口合同的履行

2. 向运输公司提出索赔的时效

（1）海运。按《海牙规则》的有关规定，托运人或收货人在收取货物时，如果发现货物灭失或损坏应在提货日起3天之内，向运输公司提出索赔的书面通知。如果索赔未被受理，则诉讼的时效为货物交付之日起算1年之内。如逾期不提起诉讼，运输公司可以免除对货物灭失或损害所负的一切责任。而《汉堡规则》对向承运人索赔的时效有不同的规定，依据《汉堡规则》，托运人或收货人应在提取货物后15天内发出索赔通知。对于承运人延迟交货，收货人必须于收到货物后60天内书面通知承运人，否则承运人将不承担赔偿责任。关于诉讼时效，《汉堡规则》规定为2年。

（2）空运。按《华沙公约》的规定，如果货物遭受损害，收货人必须在收货后7天内向承运人提出书面索赔通知。如果承运人延迟交货，则收货人应在货运后14天内提出索赔。有关空运合同的诉讼时效为2年，从货物到达之日或货物应到达之日或运输终止之日起算。

（3）国际多式联运。按《联合国国际多式联运公约》的有关规定，如果货物灭失或损坏，收货人应在交货后6天内向多式联运经营人提出索赔。对于延迟交货，收货人应于交货后60天内向多式联运经营人发出书面索赔通知。有关国际货物多式联运的诉讼时效为2年，自货物交付之日起算，如果货物未交付，则自货物应当交付的最后一日的次日起算。值得注意的是，《国际货物多式联运公约》将诉讼时效与索赔时效联系起来，如果货物交付之日起6个月内没有提出书面索赔通知，以说明索赔性质和主要事项，则诉讼在此期限届满后失去效力。

3. 向保险公司提出索赔的时效

中国人民保险公司规定的索赔时效为2年，即从被保险货物在最后卸载港全部卸离海轮后起算，最多不超过2年。

本章小结

以信用证方式结算的出口合同的履行一般包括备货、催证、审证、改证、租船订舱、报验、报关、投保、装船和制单结汇等。

信用证的管理和使用，主要包括催证、审证和改证3个重要环节。

进口合同的履行包括开立信用证、租船订舱、通知船期和催装、装运、办理保险、审单付款、接货报关、检验、进口索赔等。

进口商品如果发生品质、数量等方面的损失，或者卖方没有按时交货，进口方应依据货物买卖合同向有关责任方提出索赔。索赔方必须在一定法律规定的时限内提出索赔。如果索赔超过了索赔时限，则索赔方就被视为自动放弃要求索赔的权利。因此，在进行索赔时要注意有关索赔时效的规定。

本章思考题

1. 履行出口合同包括哪些基本程序？
2. 出口企业在备货和印制、运输标志时应注意哪些事项？
3. 审核国外开来的信用证时应注意什么问题？按国际惯例，出口企业应如何对待和处理开证行开来的信用证修改通知？
4. 出口收汇核销单的主要作用是什么？
5. 制作发票应该注意什么问题？
6. 出口合同和进口合同履行的分别有哪些主要环节？
7. 我某进出口公司与欧洲某客户达成一笔圣诞节应季礼品的出口交易。合同中规定，以CIF为交货条件，交货期为2000年12月1日以前，但合同中未对买方的开证时间予以规定。卖方于2000年11月上旬开始向买方催开信用证，经多次催证，买方于11月25日将信用证开抵我方，由于收到L/C的时间较晚，使我方于12月5日才将货物装运完毕，当我方向银行提交单据时，遭到银行以单证不符为由拒付。问：银行的拒付是否有理？为什么？我方有何失误？

本章参考文献

1. 黎孝先：《国际贸易实务》，对外经济贸易大学出版社2007年版。
2. 夏合群、周英芬主编：《国际贸易实务》，北京大学出版社2007年版。
3. 辛宪章、张哲：《国际贸易实务》，中国社会科学出版社2009年版。

第十六章　进出口操作中的计算

本章学习目标

1. 了解：国际贸易活动中的相关计算方面。
2. 熟悉：各类计算的要求、内容、方法。
3. 掌握：成本核算主要指标，班轮运费的计算标准和方法，保险费等主要计算的方法和技巧。

本章核心概念

佣金　折扣　出口总成本　出口外汇净收入　班轮运费　保险金额　保险费

第一节　与价格有关的计算

一、佣金和折扣的计算

（一）佣金

1. 佣金的定义

佣金指卖方或买方因通过第三方达成交易而付给第三方的报酬。按照给付方来分，佣金可以分为买方佣金和卖方佣金。

2. 有关佣金的计算

$$佣金 = 计佣基数 \times 佣金率$$

卖方佣金：$佣金 = 含佣价 \times 佣金率$

佣金=含佣价×净价

含佣价=净价/（1–佣金率）

其中：

计佣基数是指用以计算佣金的基数，可以以成交金额为计佣基数，也可以以成交数量为计佣基数。

含佣价是合同采用的包含佣金的交易价格（一般是指卖方佣金的情况）。

佣金率是指佣金的比率。

净价是不包含佣金的价格。

例16–1：某出口公司对外报价某商品每公吨2 000美元CIF纽约，外商要求4%佣金。在保持我方净收入不变的情况下，应该报含佣价多少？

解：CIFC4%=CIF净价/（1–4%）=2 000/（1–4%）=2 083.33（美元）

例16–2：某出口公司对外报价某商品每箱800美元FOBC2%上海，外商要求将佣金率提高到5%佣金。在保持我方净收入不变的情况下，应该报含佣价多少？

解：净价=含佣价×（1–佣金率）=800×（1–2%）

含佣价=净价/（1–佣金率）=800×（1–2%）/（1–5%）=825.26美元

佣金按其是否在合同中明示可以分为：

（1）明佣：通常是在合同规定具体价格时，在价格条款中明确表示佣金率。例如，"USD200 per set CIF San Francisco 2% Commission"，或者"USD200 per set CIF & C2 San Francisco"。

（2）暗佣：是指不在合同中明确表示佣金率，而是按事先约定支付的一种做法。这时仅凭合同将难以判断佣金的情况。

国际贸易中这两种情况都有。

（二）折扣

1.折扣的定义

折扣是卖方在原价格的基础上给予买方的价格减让。折扣按打折原因可以

第十六章 进出口操作中的计算

分为质量折扣、数量折扣、季节折扣和特别折扣。

2. 折扣的计算

$$折实售价 = 原价 \times 折扣率$$

$$折实售价 = 原价 \times (1 - 折扣率)$$

其中：

折实售价是打折以后的价格。

折扣是打折的多少，有不同的表达方法，国际贸易中大多采用百分率来表示即折扣率，需要根据不同表达采用不同计算公式。

例16-3： 某商品出口价格为CIF香港每吨7 500美元，折扣率2%，可写成CIF HONGKONG USD7 500 Per M/T less 2% Discount。

解： 本例中的折扣表达为2%，故净价和折扣金额的计算公式应采用：

$$折实售价 = 原价 \times (1 - 折扣率)$$
$$= 7\,500 \times (1 - 2\%) = 7\,350\,(美元/吨)$$

$$折扣金额 = 7\,500 \times 2\% = 150\,(美元/吨)$$

二、出口商品成本核算

（一）出口商品的成本构成

花费在出口商品上以使其能够出口的费用构成出口商品的成本。出口商品成本包括：出关前成本和出关后成本。

1. 出关前成本

出关前的成本也称为出口总成本，指出口商品出关之前的所有国内成本之和。

$$出口总成本 = 进货价款 + 进货费用 + 商品流通费 + 税费 - 退税$$
$$= 进货价款 + 国内费用 + 税收 - 退税额$$

其中：

退税指按国家规定对出口的商品全部或部分返还已缴纳的国内税。

$$退税额 = [发票金额(含税)/(1 + 增殖率)] \times 退税率$$

商品流通费包括加工整理费、包装费、国内运费、商品耗损费、仓储保管费、管理费、折旧费、银行费、人员工资……

2. 出关后成本

出关后成本指出口商品出关后的外汇费用支出之和。

（二）出口商品价格构成

出口商品价格主要由成本（包括出关前后）和预期利润构成。成本和利润之间相互影响、相互作用，构成了出口报价核算的基础。双方达成并写进合同的商品价格通常称为成交价，而对外报价的成本构成也叫成本价，则成交价、成本价以及利润之间的关系为：

$$成交价 = 成本价（\pm）预期利润$$

由于对外报价的成本构成与双方采用的贸易术语有关，所以就产生了不同价格术语下的价格构成，例如：

$$FOB成交价=FOB成本价（\pm）预期利润$$
$$CFR成交价=CFR成本价（\pm）预期利润$$
$$CIF成交价=CIF成本价（\pm）预期利润$$

又根据《国际贸易术语解释通则》，FOB价格中的费用构成是指货物在装运港装上船为止的费用，所以：

$$FOB成本价=出口总成本$$

同时，再按照《国际贸易术语解释通则》的解释，可以比较出FOB、CFR和CIF 3种术语下价格的基本关系，即：

$$FOB价=出口总成本 \pm 预期利润$$
$$CFR价=FOB价+国际贸易运费 \pm 预期利润$$
$$CIF价=CFR价+国际贸易保险费 \pm 预期利润$$

其他贸易术语下的价格可以相似地得出。

（三）出口商品外汇净收入

出口商品外汇净收入是商品出口后出口方所得到的最后外汇收入。所以：

$$出口商品外汇净收入=出口商品成交价-所有外汇费用支出$$

根据《国际贸易术语解释规则》，常用价格术语中CFR价格含有国际运费属于外汇费用，CIF价格含有国际运费和运输保险费属于外汇费用，在以这两个术语成交的价格中需要将这些外汇费用减除，而减除了国际运费和保险费后的价格就是FOB价了。

第十六章 进出口操作中的计算

所以：

$$出口商品外汇净收入 = FOB成交价$$

因此，计算出口商品外汇净收入，就是将已知的合同成交价变成FOB术语下的成交价。

(四) 出口商品成本核算指标

出口成本核算就是要判断出口商品的成本和利润间的关系。一般通过换汇成本和盈亏率两个指标来看。

1. 换汇成本

换汇成本指出口商品每换回一单位的外币需要支付的本币数。

$$换汇成本 = \frac{出口总成本}{出口外汇净收入}（人民币/外币）$$

根据计算出的换汇成本数与当时的外汇牌价的比较关系可以判断该出口交易是否盈利。如果计算所换汇成本数小于汇率即为盈利，反之则为亏损。

2. 盈亏率

盈亏率指出口商品盈亏额占出口总成本的百分比。

$$盈亏率 = \frac{出口外汇净收入 - 出口总成本}{出口总成本} \times 100\%$$

盈亏率是一个比率，所以计算结果没有单位，但是计算过程中需要统一货币单位。

从盈亏率计算公式可以看出若出口外汇净收入大于出口总成本，计算结果为正，反之，计算结果为负。也就是说盈亏率计算得正表明该出口盈利，反之则亏损。

例16-4： 某公司出口健身椅1 000只，每只17.3美元CIF纽约，总价为17 300美元，其中国际运费2 160美元，保险费112美元。国内进货价为人民币117 000元（含增值税），国内费用为进货价的10%，出口退税率为9%，当时美元与人民币的汇率牌价为1:8.28。求：该笔业务的出口换汇成本。

解： 退税额 = [发票金额（含税）/（1 + 增殖率）] × 退税率

= [117 000 /（1 + 17%）] × 9%

=9 000元（人民币）

出口总成本=进货价款+进货费用+商品流通费+税费–退税

=进货价款+国内费用+税收–退税

=117 000+117 000×10%–9 000

=119 700元（人民币）

出口外汇净收入=合同成交价–外汇费用

=CIF价–国际运费–保险费

=17 300–2 160–112

=15 028（美元）

换汇成本 = $\dfrac{\text{出口总成本}}{\text{出口外汇净收入}}$ = 119 700÷15 028=7.965（人民币/美元）

由于换汇成本数为7.965小于当时的外汇牌价8.25，故该出口盈利。

例16-5： 我出口某商品CIF××港，总金额10 000美元，运费1 000美元，保险费800美元，出口总成本80 000元人民币，假如外汇牌价100美元兑827.6人民币元，按此成本出口。求：出口盈亏率是多少？

解： 出口总成本=80 000元（人民币）

出口外汇净收入=10 000–1 000–800=8 200美元

盈亏率 = $\dfrac{\text{出口外汇净收入}-\text{出口总成本}}{\text{出口总成本}}$ ×100%

=[8 200×8.276–80 000]/80 000×100%

=–0.15171×100%

=–15.171%（亏损）

对于加工贸易的出口核算是用外汇增值率也叫出口创汇率来进行的。

外汇增值率（出口创汇率）指以外汇进口原料或用国产原料、辅料经加工成的成品出口创汇的效果。其计算方法为：

a) 外汇增值率(进口原料) = $\dfrac{\text{成品出口外汇净收入}-\text{原辅料外汇支出}}{\text{原辅料外汇支出}}$ ×100%

b) 外汇增值率(国产原料)= $\dfrac{成品出口外汇净收入-国产原料外汇价格}{国产原料外汇价格} \times 100\%$

第二节 运输相关计算

一、班轮运费

（一）定义

班轮运费就是班轮公司为货物运输向货方收取的费用。班轮运费视散货运输还是集装箱运输而有所不同，散货运输的班轮运费包括货物从装运港至目的港的海上运费以及货物的装卸费。

（二）班轮运价表

班轮运价表是由班轮公会或班轮公司制定公布的班轮运费收取办法。班轮运费是按照班轮运价表（Liner's Freight Tariff）的规定计算的。不同的班轮公司或班轮工会有不同的班轮运价表。

班轮运价表的结构一般包括：说明及有关规定、货物分级表、航线费率表、附加费率表、冷藏货及活牲畜费率表等。

班轮运费由班轮运价表规定，包括基本运费和各种附加费。基本运费又分成两大类：一类是传统的件杂货运费；一类是集装箱包箱费率。对于基本费率的规定，有的运价表是按每项货物列出其基本费率，这种运价表称为"单项费率运价表"；有的是将承运的货物分为若干等级（一般分为20个等级），每一个等级的货物有一个基本费率，称为"等级费率表"。属于第1级的商品运费率最低，第20级的商品运费率最高。在实际业务中，大都采用等级费率表。

（三）班轮运费的特点

班轮运费有以下特点：

（1）班轮运价中包括了应付的装卸费。

（2）班轮不存在滞期费或速遣费。

(3) 运费按标准收取并与货量有关。

(四) 散货班轮运费的计算

1. 计算步骤

(1) 选择相关的运价本。

(2) 根据货物名称, 在货物分级表中查到运费计算标准 (BASIS) 和等级 (CLASS)。

(3) 在等级费率表的基本费率部分, 找到相应的航线、启运港、目的港, 按等级查到基本运价。

(4) 再从附加费部分查出所有应收(付)的附加费项目和数额(或百分比)及货币种类。

(5) 根据基本运价和附加费算出实际运价。

2. 计算方法

班轮公司对每批货物收取的班轮总运费由一个基本运费和若干个附加费之和决定, 表达为:

$$F_{总}=F_b+\sum S_i$$

在公式中, F表示运费总额; Fb表示基本运费; Si表示某一项附加费。

(1) 班轮基本运费。班轮基本运费是根据货物的性质、价值等因素按运价表规定的不同计算标准(或称计收方法)计算的运费。

班轮基本运费标准主要有以下几种:

一是重量标准。重量标准是按货物毛重(重量吨)计收运费的标准, 又称重量运费。运价表内用 "W" 表示。此时运费为:

$$F_w=货物毛重 \times 基本费率$$

二是体积标准。体积标准是按货物的体积(尺码吨)计收运费的标准, 又称体积运费。运价表中用 "M" 表示。此时运费为:

$$F_M=计费体积 \times 基本费率$$

其中 "计费体积" 是以货物占据运载工具的最大空间体积为根据计算的, 也就是货物最大外形的长方体体积。

三是价值标准。价值标准是按货物FOB价值计收运费的标准, 又称为从价运费。运价表内用 "A.V" 或 "Ad. Val" 表示。此时运费为:

第十六章 进出口操作中的计算

$F_{A.V}$=货物FOB价值×基本运费

四是比较标准。比较标准是指在不同运费的比较结果中，按最高运费计收的标准，也叫选择法。由船公司选择其中费用较高的作为运费，运价表中以"W/M；W/A.V；M/A.V；M/A.V"表示。

此时运费为：

$$F_{W/M}=\text{Max}（F_W，F_M）$$

$$F_{W/A.V}=\text{Max}（F_W，F_{A.V}）$$

$$F_{M/A.V}=\text{Max}（F_M，F_{A.V}）$$

$$F_{W/M/A.V}=\text{Max}（F_W，F_M，F_{A.V}）$$

五是叠加标准。叠加标准是将不同运费叠加计收运费的标准，也叫综合法。在运价表中表示为"W+A.V；W+M+A.V"等。运费为：

$$F_{M+A.V}=F_M+F_{A.V}$$

$$F_{W+A.V}=F_W+F_{A.V}$$

六是单件运费标准。单件运费标准是指按单件货物作为一个计费单位收取运费的标准。对某些特种货物，以件数、头数等个数单位作为标准计收运费。如活牲畜按"每头"（per head），车辆按"每辆"（per unit）收费。

七是临时议定价格。这是指由货主和船公司临时协商决定收取运费的做法。

拓展阅读

运费吨——班轮运费计算中的特殊单位

班轮公司的运价表中重量标准和体积标准下通常公用一个基本费率，为了方便重量和体积之间的单位换算和比较，班轮公司采用运费吨这个特殊单位，用来同时涵盖重量单位和体积单位。一个运费吨代表一公吨的重量和一立方米的体积。

（2）班轮附加费。班轮附加费没有固定的计算标准，一般是在基本运费的基础上加收一定百分比计算；或者是按每运费吨加收一个绝对值计算。

班轮附加费的种类繁多，主要有：

燃油附加费（Bunker Adjustment Factor，BAF）：由于国际市场原油价格猛增，船公司向所承运货物的发货人或收货人征收的附加费。

货币附加费（Currency adjustment factor，CAF）：在货币贬值时，船方为实际收入不致减少加收的附加费。

港口附加费（Port Surcharge）：因停靠港口费用高或装卸效率低增加了船舶留港时间，班轮公司加收的附加费。

转船附加费（Transshipment Surcharge，T/S）：对通过转船运往非基本港的货物，班轮公司加收的附加费。

港口拥挤附加费（Congestion Surcharge）：因港口泊位少，船只抵港后不能马上靠岸作业，班轮公司征收的附加费。

超长、超重附加费（Heavy Life Additional Surcharge for Bulky Cargo）：因单件货物超重或超长，船公司收取的附加费。

直航附加费（Throughout Carriage Surcharge）：因班轮公司特别安排船舶直航某非基本港而收取的附加费。

选港附加费（Additdional for Optional Destination）：货方在托运时未能明确目的港，而提出一个以上卸货港供选择，如：London /Rotterdam/Hamburg/option，班轮公司加收的附加费。货物的运费也要按选择港中计费高的计收。

变更卸货港附加费（Additional for Alteration of Destination）：船舶离开装运港后，因提单持有人要求，经过班轮公司同意，变更卸货港口的，班轮公司向货方收取的附加费。

冰冻附加费（Ice Surcharge）：因冬季航道和港口冰冻需要用破冰船破冰，班轮公司加收的附加费。

绕航附加费（Deviation Surcharge）：因各种原因船舶需绕道航行增加了开支，班轮公司加收的附加费。

洗舱费（Tank Cleaning Charge）：承运散装液体货物（如油类、胶浆、酒精等）船只，装货前需进行洗舱，船方为此收取的附加费。

例16-6：某出口货物一批，共计400箱，每箱毛重50公斤，尺码为60厘米×40厘米×30厘米，由天津装船去伦敦/鹿特丹/汉堡港口。查该货为8级，计费标准为W/M，基本费率为60美元/运费吨，另有燃油附加费20%，港口附加费每运费吨2美元，港口拥挤附加费10%。求该批货物的运费。

第十六章 进出口操作中的计算

解：货物总体积 $M=0.6\times0.4\times0.3\times400=28.8$ 立方米

货物总重量 $W=400\times0.05=20$ 公吨

所以 $M>W$，$F_{W/M}=F_M$

则：$F_总=F_b+\sum S_i=F_M+\sum S_i=60\times28.8\times(1+20\%+10\%)+2\times28.8=2\,246.4+57.6=2\,304$（美元）

即该批货物的运费为2 304美元。

例16-7：某纺织品按规定依照M&Ad.Val综合法计算运费，以每立方米为一运费吨，由甲地运至乙地的运价为"每运费吨6美元加1%"。现有该纺织品一批共10箱，每箱尺码为90厘米×80厘米×80厘米，FOB价值为7 000美元。求该批货物的总运费。

解：货物总体积$=10\times0.9\times0.8\times0.8=5.76$立方米

$F_M=$货物总体积$\times$基本费率$=5.76\times6=34.56$（美元）

$F_{A.V}=$FOB价值$\times$基本费率$=7\,000\times1\%=70$（美元）

$F_总=F_M+F_{A.V}=34.56+70=104.56$（美元）

二、集装箱货运费用

集装箱班轮运输中运费的计算原则与杂货班轮运输中运费的计算原则相似，但也有其自身的特点。有些租船运输中的装卸费用条款也被引入到了集装箱班轮运输中。

（一）集装箱运费构成

集装箱运费大致包括：海运费用（基本运费、附加费）、内陆运费以及服务费。内陆费用和服务费与集装箱的交接方式有关。

具体运费构成如下：

（1）FCL/FCL：装港内陆运费+堆场服务费+海运运费+卸港内陆运费

（2）LCL/LCL：装港拼箱费+海运运费+卸港拼箱费

（3）FCL/LCL：装港内陆运费+堆场服务费+海运运费+卸港拼箱费

（4）LCL/FCL：装港拼箱费+海运运费+堆场服务费+卸港内陆运费

其中：

内陆运输费主要包括区域运费、无效拖运费、变更装箱地点费等。

拼箱货服务费包括货运站至堆场之间空箱或重箱运输、理货、货运站内的搬运、分票、堆存、装箱以及签发场站收据、装箱单制作等各项服务费用。

堆场服务费包括在装船港堆场接受来自货主或集装箱货运站的整箱货，以及堆存和搬运至装卸桥的费用。在卸船港，包括从装卸桥下接收进口箱以及将箱子搬运至堆场和在堆场的堆存费用，也包括装卸港的有关单证费用的管理费。

（二）集装箱基本运费费率

集装箱基本运费费率有3种：

1. 包箱费率

以每个集装箱为计费单位，以《中远运价本》为例有3种包箱费率：

（1）FAK包箱费率：对每一集装箱不分货类统一收取的费率。

（2）FCS包箱费率：按不同货物等级制定的包箱费率。货物等级为1~20级。

（3）FCB包箱费率：既按不同货物等级或货类，又按计算标准制定的费率。

2. 最低运费

（1）规定最低运费等级。如中远规定以7级货为最低收费等级，低于7级货均按7级收费。

（2）规定最低运费吨。如远东航运公司规定，20英尺箱最低运费吨实重货为17.5吨，尺码吨货为21.5立方米，W/M为21.5运费吨。

（3）规定最低箱载利用率。

3. 最高运费

（1）规定最高计费吨。如在货物体积超过集装箱通常载货容积时，仍按标准体积收费。若按等级包箱费率计费，而箱内等级不同时，则可免较低货物等级的运费。

（2）规定最高计费等级，不高于该货物等级的货物，均以规定的最高计费等级收费。

（三）集装箱全包价

集装箱班轮运输中也有附加费，集装箱的附加费也与杂货班轮运输中的情况相似。但

是实践中有时会将基本运费和附加费合并在一起，以包干费（All in

Freight）的形式计收运费。此时的运价称为包干费率，又称"全包价"（All in Rate，A.I.R）。即：

$$全包价=基本运费+各类附加费之和$$

（四）滞期费

集装箱班轮运输中的滞期费是指在集装箱货物运输中，货主未在规定的免费堆存时间内前往指定的集装箱堆场或集装箱货运站提取货物及交还集装箱，而由承运人向货主收取的费用，实践中也称其为滞箱费。滞期费按天计算。

例16-8：某票货物从张家港出口到欧洲费利克斯托（FELIXSTOWE），经上海转船。5×20'GP FCL，上海到费利克斯托的费率是\$1 850.00/20'，张家港经上海转船，其费率在上海直达费利克斯托的费率基础上加收\$100/20'，另有旺季附加费\$185/20'，燃油附加费\$90/20'。

问：（1）该票货物每箱"All in Rate"的报价是多少？

（2）托运人应支付多少运费？

解：（1）每箱All in Rate=1 850/20'+（100/20'+185/20'+90/20'）=2 225/20'（美元）

所以，All in Rate的报价是\$2 225/20'GP。

（2）托运人应支付运费=全包价×箱数=2 225×5=11 125（美元）

所以，托运人应支付海运费11 125美元。

三、租船费用

（一）程租船费用

1. 程租船运费

程租船运费有的是按装运货物的重量或体积计算；有的是按整船包价（Lump Sum Freight）计算的，合同中规定有每单位的运费率，运费则按可装载的吨位计算，即：

$$F_{程租}=单价×宣载吨位$$

其中：

单价指承运某种货物，由甲地运至乙地，每一净载重吨的运费。

宣载吨位指租用船舶在实际承运前夕，经船方核实船上燃料、淡水和供应物料的确实存量而求出的船舶该航次可承运的净载重吨位。

一般在签定程租合同时，先规定一个大约的载重吨位，以"载重吨位±××%"或"载重吨位±××公吨"表示（如1 000±10%，或5000±250公吨），承租人即可按照这一范围准备货物，但装船时最多只能按照宣载的吨位装。

2. 程租船滞期费、速遣费

程租船与班轮不同，其对货物的装卸是否由船方完成需在租船合同中明确，从而也明确了装卸的承担责任，主要有以下几种不同的规定法：

船方负担装货和卸货（Liner Term）；

船方不负担装货（Free In，FI）；

船方不负担卸货（Free Out，FO）；

船方不负担装货和卸货（Free In and out，FIO）。

在程租船运输业务中，如果规定由货方承担货物的装卸责任，那么货物在装卸港口的装卸时间的长短直接关系到船舶的使用期和船方的利益，因此需要规定一个许可的装卸时间（Lay Days／Times），使货物能够按时装卸完毕。滞期费和速遣费就是程租船业务中，船方为了控制因货方负责装卸货物而需要控制装卸进度所设立的奖励和惩罚措施。

滞期费（Demurrage money）指由于货方装卸货物的时间超过了装卸期限的规定，船方向其收取的罚款。

$$滞期费 = 滞期天数 \times 每天罚款金额$$

速遣费（Dispatch Money）指由于货方提前完成装卸货物，船方给予的奖励。

$$速遣费 = 提前天数 \times 每天奖励金额$$

在实际业务中，每天奖励的金额通常为每天罚款金额的一半。租船人应在其货物买卖合同中规定装卸时间及滞期／速遣条款，以确保能与日后订立的租船合同相衔接。

装卸期限（Lay Time）是指程租船合同中规定的船方允许货方完成装卸的时间。规定装卸期限的方法有：

第十六章 进出口操作中的计算

（1）规定每天装卸多少公吨。

（2）规定多少天装卸完毕。装卸期限中天的计算方法又主要有：① 日"Days"或称连续日"Running Days"，不考虑天气好坏、没有休息日和节假日。② 工作日"Working Days"，扣除休息日和节假日。③ 晴天工作日"Weather Working Days，WWD"，扣除休息日、节假日和坏天气日。⑤ 连续24小时晴天工作日"Weather Working Days of 24 Consecutive Hours"，扣除休息日、节假日和坏天气日后每连续24小时的工作天数。

其中，使用最普遍的是按连续24小时晴天工作日计算。此外，关于利用休息日、节假日作业是否计入装卸时间的，国际上有不同的规定。因此，在工作日后应补充订明关于休息日、节假日使用的规定。关于节假日的计算方法有：

· Sundays and holidays excepted unless used（节假日不计入除非被使用）

· Sundays and holidays excepted even if used（节假日不计入即使被使用）

上述装卸时间的起算和止算，也应当在合同中订明。关于装卸时间的起算，一般规定在收到船长递交的"装卸准备就绪书"后，按一定的规定时间开始起算。装卸时间的起止时间，通常应为装卸期限规定的时间。

例16-9：外轮在天津新港装运花生，按规定每一晴天工作日装卸袋装花生米的标准为1000M/T。现有一外国轮船，按晴天工作节假日除外的标准装运袋装花生米7200M/T出口，具体装运情况如下：

日期	允许装卸时间	实际工作时间
8月18日	14：00—24：00	10小时
8月19日	0：00—24：00	24小时
8月20日	0：00—24：00	14小时（下雨10小时）

试计算速遣费或滞期费（速遣费为每天RMB¥500，滞期费为每天RMB¥1 000，天津新港采用的是连续24小时晴天工作日方法进行装卸作业）。

解：装卸期限=7 200÷1 000=7.2晴天工作日

实际装卸天数=（10+24+14）÷24=2晴天工作日

实际装卸天数<装卸期限，可得速遣费，

速遣费=（7.2-2）×500=2 600元（RMB）

（二）期租船费用

期租船费用主要是指租金。期租租金一般规定以船舶的每载重吨每月若干金额计算。租期可长可短，短时几个月，长则可以达到5年以上，甚至直到船舶报废为止。

期租船租金按船舶载重吨和租期计收。通常是按船舶每30天每载重吨计算或者按整船每天若干金额计算。租金在租期内不变，支付方法一般按船舶夏季载重线时的载重吨每吨每月若干货币单位计算，每30天（或每日每月）或每半月预付一次。

期租船租金=单位租金×租期

拓展阅读

国际铁路货物联运运费

国际铁路货物联运运费的计算遵循《国际铁路货物联运协定》（简称《国际货协》）、《统一过境运价规程》（简称《统一货价》），我国货物还需遵循中华人民共和国铁道部《铁路货物运价规则》（简称《国内价规》）的规定。

联运货物运送费用包括：货物运费、押运人乘车费、杂费和其他费用。

其中运费分成：

发送段的运费，根据发送段国内现行规定核收；

到达段的运费，根据到达路国内现行规定核收；

过境段运费，按《统一货价》在发站向发货人或在到站向收货人核收。

计算公式为：基本运费额=货物运费率×计费重量

运费总额=基本运费额×加成率

公路运费

公路运费均以"吨/里"为计算单位，一般有两种计算标准：一是按货物等级规定基本运费率，一是以路面等级规定基本运价。

F=运费+杂费

其中：运费=货物计费重量×单位运价×（1+加成率）（计费重量为货物毛

第十六章 进出口操作中的计算

重,或每4立方分米为1公斤)

公路运费费率分为整车(FCL)和零担(LCL)两种。按我国公路运输部门规定,一次托运货物在2吨半以上的为整车运输,适用整车费率;不满2吨半的为零担运输,适用零担费率,后者一般比前者高30%~50%。凡1公斤重的货物,体积超过4立方分米的为轻泡货物(或尺码货物Measurement Cargo)。整车轻泡货物的运费按装载车辆核定吨位计算;零担轻泡货物,按其长、宽、高计算体积、每4立方分米折合1公斤,以公斤为计费单位。此外,尚有包车费率(Lump Sum Rate),即按车辆使用时间(小时或天)计算。

航空货物运费

航空运费按 W/M方式计算,其重量体积比为6 000立方厘米比1千克(相当于6立方米/公吨),故而实际运费计算以千克为单位。

航空公司按国际航空运输协会所制定的3个区划费率收取国际航空运费。一区主要指南北美洲、格陵兰等;二区主要指欧洲、非洲、伊朗等;三区主要指亚洲、澳大利亚。

航空货物运价分为:一般货物运价(GENERAL CARGO RATE, GCR);特种货物运价或指定商品运价(SPECIAL CARGO RATE; SPECIFIC COMMODITY RATE; SCR);等级货物运价(CLASS RATE, CCR);

计算方法为:运费=计费重量×单位运价+费用。

其中:计费重量是按实际重量和体积重量两者之中较高的一个计算。

费用包括提货费、进出口报关费、仓储费等。

第三节 货运保险有关计算

一、保险金额

保险金额(Insured Amount)是指保险合同项下保险公司承担赔偿或给付保险金责任的最高限额。它是投保人对保险标的的实际投保金额,又是保险公司收取保险费的计算基础。

（一）保险金额的种类

确定保险金额时根据保险是定值保险还是不定值保险，做法是不同的。

1. 定值保险

定值保险是指在签订保险合同时，保险人与投保人通过协商将保险标的的价值加以确定，并且以双方确定的保险价值作为保险金额的保险。

在定值保险中，保险金额等于保险价值。保险事故发生后，保险人以约定的保险价值作为计算保险赔偿金额的基础。

2. 不定值保险

不定值保险指双方当事人在订立合同时只列明保险金额，不预先确定保险标的的价值，至危险事故发生后，再行估计其价值而确定其损失的保险合同。不定值保险合同中保险标的的损失额，以保险事故发生之时保险标的的实际价值为计算依据，通常的方法是以保险事故发生时，当地同类财产的市场价格来确定保险标的价值。但无论保险标的的市场价格发生多大的变化，保险人对于标的所遭受的损失的赔偿，均不得超过合同所约定的保险金额。

（二）保险金额的计算

货物运输保险采用的是定值保险的做法。按照国际保险市场的习惯，出口货物的保险价值一般按CIF货价另加一定加成计算，这增加的加成叫作保险加成，也就是买方进行这笔交易所付的费用和预期利润。所以保险金额计算的公式是：

$$保险金额 = CIF货值 \times （1+加成率）$$

根据《国际贸易术语解释通则》，按照CIF术语达成交易的，卖方有义务为货物办理最低10%加成和最小基本险的货物运输险。当然，买卖双方通过协商也可以增加加成率从而提高保险金额。

在进口业务中，可在双方签订的预约保险合同中确定保险金额。按CIF价进口的货物以CIF价格为准，可以加成投保；若按CFR或FOB条件进口，则按特约保险费率表规定的平均运费率直接计算保险金额。其计算公式如下：

FOB进口货物：保险金额 = [FOB价 × （1 + 平均运费率）] / （1 - 平均保险费率）

CFR进口货物：保险金额 = CFR价 / （1 - 平均保险费率）

第十六章 进出口操作中的计算

二、保险费

保险费（Insurance Premium）指投保人为取得保险保障，按合同约定向保险人支付的费用。投保人按约定方式缴纳保险费是保险合同生效的条件。

保险费率（Premium Rate）是由保险公司根据一定时期、不同种类的货物的赔付率，按不同险别和目的地确定的。

保险费是根据所有投保险别的保险费率按保险金额计算所得的，其计算公式是：

$$保险费 = 保险金额 \times \sum 保险费率$$

例16-10：我出口公司规定按发票金额110%投保，如货物发票金额是1 200美元，投保金额是多少？如投保一切险和战争险，前者保险费率为0.6%，后者保险费率为0.04%，共应付保险费多少？

解：投保金额=货物价值×（1+加成率）=1 200×110%=1 320（美元）

保险费=投保金额×∑保险费率=1 320×（0.6%+0.04%）=8.448（美元）

在我国出口业务中，CIF和CFR是两种常用的术语。鉴于保险费是按CIF货值为基础的保险额计算的，经常要进行两种术语价格间的换算，这时应按下述方式换算：

（1）由CIF换算成CFR价：CFR=CIF×[1－保险费率×（1+加成率）]

（2）由CFR换算成CIF价：CIF=CFR÷[1－保险费率×（1+加成率）]

例16-11：我外贸公司出口欧洲一批货物报价CFR伦敦，货物总价值为50 000美元。后应进口方要求改报CIF伦敦价，若投保一切险（保费率为0.60%）加战争险（保费率为0.05%），投保加成率为10%，我外贸公司需向保险公司支付的保险费为多少？（计算结果保留两位小数）

解：CIF =CFR÷[1－保险费率×（1+加成率）]

=50 000÷[1－（0.60%+0.05%）×（1+10%）]

=50 360.07（美元）

I=CIF－CFR=50 360.07－50 000=360.07（美元）

保险费的计算以货物价值为基础,但是货物的发票价值有时会含有佣金,如果以CIFC成交,这样保险费就有两种不同的计算方法和计算结果:

(1)以CIFC价值为发票金额。

(2)以CIF价值为发票金额。

例16-12:某买卖合同的CIFC5%价值为12 000美元,按CIF净价的110%投保水渍险和战争险,总保险费率为0.8%。试计算相关保险金额和保险费。

解:CIF净价=含佣价×(1-佣金率)=CIFC5%×(1-5%)

=12 000×(1-5%)=11 400(美元)

保险金额=CIF净价×110%

=11 400×110%

=12 540(美元)

保险费=保险金额×∑保险费率

=12 540×0.8%

=100.32(美元)

三、共同海损分摊

共同海损在经过理算后需要在各有关方之间进行分摊,以实际遭受的合理损失或额外支付的费用为准,经分摊后,使遭受共同海损的一方与未遭受损失的其他关系方处于均等地位。

(一)共同海损范围

共同海损的分摊范围包括共同海损牺牲和共同海损费用。

1. 共同海损牺牲

共同海损牺牲包括:① 抛弃货物的损失;② 为扑灭船上火灾而造成的损失;③ 割弃残损部分的损失;④ 自愿搁浅所致的损失;⑤ 机器和锅炉损害的损失;⑥ 作为燃料烧掉的船用材料和物料;⑦ 卸货等过程中造成的损失;⑧ 运费损失。

2. 共同海损费用

共同海损费用包括:① 救助报酬;② 搁浅船舶减载费用;③ 在避难港等处

第十六章 进出口操作中的计算

的费用；④代替费用；⑤垫款手续费和共同海损利息；⑥理算费用。

共同海损可能造成船舶、货物和运费的损失，其中各自的金额按照下列标准计算：

船舶的损失金额，按照损失部分实际支付的合理修理费用（包括临时性修理费用、合理扣减后的换新费用）计算。

货物的损失金额，按照损失部分的到岸价格减除由于损失无需支付的运费。

运费的损失，按照货物遭受损失而引起的运费损失金额，减除由于损失无需支付的营运费用计算。

共同海损应由各受益方根据各自的分摊价值比例分摊。

共同海损分摊除（General Average Contribution）由牺牲方承担应有部分外，其余部分应由受益方，即船舶、货物和运费三方按比例进行分摊。

（二）共同海损分摊计算

（1）确定共同海损的总金额，即因共同海损措施造成的特殊牺牲和支付的特殊费用的总金额。

（2）确定该航行的总价值，即船舶、货物、运费的价值和。

（3）确定各方的分摊原值，即船舶、货物、运费的原价值。

从而各方分摊可以计算如下：

$$\text{分摊价值} = \text{分摊方原值} \times \frac{\text{共同海损牺牲值和额外支付的费用总和}}{\text{总原值}}$$

例16-13：有一载货船舶途中发生共同海损，共损失货物50万美元，其中货主甲、乙、丙、丁分别损失10万美元、20万美元、0、20万美元，船体损失25万美元，运费损失1万美元，花费救助费用3万美元。甲、乙、丙、丁货物价值分别为120万美元、140万美元、120万美元、100万美元，该载货船舶价值500万美元，承运人运费总计20万美元，问：有关各方应如何分摊？

解：共同海损总值 = 50+25+1+3 = 79万美元

总原值 = 500+120+140+120+100+20 = 1 000万美元

分摊价值：船方 = $500 \times \frac{79}{1\,000}$ = 39.5万美元

$$货甲 = 120 \times \frac{79}{1\,000} = 9.49 万美元$$

$$货乙 = 140 \times \frac{79}{1\,000} = 11.06 万美元$$

$$货丙 = 120 \times \frac{79}{1\,000} = 9.49 万美元$$

$$货丁 = 100 \times \frac{79}{1\,000} = 7.9 万美元$$

$$承运方 = 20 \times \frac{79}{1\,000} = 1.58 万美元$$

四、保险赔付

(一) 赔偿额

当被保险货物发生保险责任范围内的损失时，保险公司就需要按照合同约定做出赔偿。赔偿额（Compensation）是按投保的保险金额来确定赔偿金的，保险公司一般根据实际损失计算赔偿，但最高赔偿金额以保险金额为限；对保险货物损失的赔偿金额，以及因施救或保护货物所支付的直接合理的费用，可分别计算，并各以不超过保险金额为限。

根据定值保险和不定值保险的不同，最高赔偿金的处理也是不同的。定值保险按约定价值承保，赔偿时不管损失发生的实际价值是多少，在保险金额限度内，按约定的保险价值赔付。不定值保险，出险时保额低于实际价值的按保额赔偿；出险时保额高于实际价值的按实际价值赔偿。保险公司全额赔偿后，剩余归保险公司。

货运保险采用的是定值保险赔偿方式，其主险赔款计算按全部损失和部分损失分别计算。

1. 全部损失

全部损失时，保险公司按照保险的最高金额进行赔偿。包括：

（1）实际全损时，保险公司赔付保险金额的全部。

（2）推定全损时，被保险人先向保险公司办理请求赔偿手续（即委付），再按全部损失赔付。

第十六章 进出口操作中的计算

全部损失下保险公司的赔付计算如下：

$$保险赔款 = 保险金额$$

2. 部分损失

部分损失情况下，保险公司按照损失的比率进行赔偿。这时，保险赔款的一般计算公式为：

$$保险赔款 = 保险金额 \times 损失率$$

这种计算赔偿的方式也称比例赔偿方式，还可用于不足额保险的赔偿，对保险人被保险人双方都是合理的。

例16-14： 一批货物共600箱，保险金额为48 000美元。货物在运输途中遭受了承保责任范围内的风险，其中200箱货物受损严重，受损的货物只能按6折出售，若该批货物在目的地的售价为每箱96美元，保险公司应赔款多少？（计算结果保留两位小数）

解： 货物在起运地的每箱完好价值 = 96 ÷ 0.6 = 160美元/箱

保险公司应付赔款 = 48 000 × [200 × 160 × (1−60%) ÷ (600 × 160)]

= 12 800 美元

（二）免赔额

免赔额（Franchise）是指在保险合同中规定的损失在一定限度内保险人不负赔偿责任的额度（保险公司不予赔偿的部分）。

保险公司通常通过设定一个百分比率（称为免赔率）的做法来规定免赔的部分。免赔额又称免赔限度，是指为了减少小额索赔和提高被保险人的自我保护意识，保险人和被保险人在保险合同中商定的免于赔偿的最高数额，通常为：

$$免赔额 = 保险金额 \times 免赔率$$

也就是说，如果在保险期间发生了保险事故，造成了对保险标的的损害，给被保险人造成了损失，但如果损失的数额不大，没有超过免赔额，保险公司就不予赔偿。只有保险标的的损失超过免赔额的，保险公司才给予赔偿，但是在赔偿的时候又分相对免赔和绝对免赔两种不同做法。

1. 相对免赔

相对免赔（Franchise）指承保人对超过免赔率的损失，全部实施赔偿的做法。即：

$$保险赔款 = 保险金额 \times 损失率$$

2. 绝对免赔（Deductible）

绝对免赔（Deductible）指承保人对超过免赔率的损失，只赔偿超过部分的做法。即：

$$保险赔款 = 保险金额 \times 损失率 - 免赔额$$

很多保险公司现在实行的是绝对免赔率。

例16-15：某批货物保险金额是10 000元，免赔率是保险金额的5%（即500元），运输中货物损失了600元。在相对免赔和绝对免赔两种情况下，保险公司分别赔偿多少？

解：相对免赔下，赔偿额 = 保险金额 × 损失率

$$= 10\,000 \times \frac{600}{10\,000} = 600 元$$

绝对免赔下，赔偿额 = 保险金额 × 损失率 - 免赔额

$$= 10\,000 \times \frac{600}{10\,000} - 500$$

$$= 100 元$$

本章小结

本章主要讲述进出口操作中的基本计算，涵盖价格相关计算、运费相关计算、保险相关计算。

国际贸易价格主要涉及报价时的价格构成，佣金、折扣的计算；成本的核算通过换汇成本和盈亏率来进行，这些计算都要求分清货物在装运前的国内成本和装运后的外币费用，还要计算成交合同的外汇净收入。

班轮运费包括基本运费和附加费，基本运费需要按照运价表中规定的计算标准计算，附加费则按照船公司告知的收取情况计算。集装箱班轮运费需要在散

第十六章 进出口操作中的计算

货班轮运费的基础上加上集装箱的其他相关费用。程租船费用中滞期费和速遣费用来调节货方负责装卸货时的进度。

保险计算涵盖保险金额、保险费、共同海损分摊和保险赔付。保险金额涉及货物价值和保险加成；保险费涉及保险金额和保险费率；共同海损分摊涉及货方、船方、承运方依据各方的原值和分摊比率进行计算；保险赔付根据损失的程度和保险金额来计算，其中还要考虑保险公司是否有免赔的规定，按照不同免赔的做法计算出最终赔付金额。

本章思考题

1. 我国某出口公司向法国出口一批货物，出口报价为CFR巴黎840美元/吨，法国客商还价为CIFC5巴黎880美元/吨（保费率1.5%，投保加成10%），我方如果想保持出口净收益不变，我方能否接受？报价应该是多少？

2. 我国某出口公司出口一个20英尺集装箱的内衣，内装纸箱50箱，每箱20套，供货价格为52元/每套（含17%增值税，出口退税率为15%），出口包装费每纸箱为15元，商检费、仓储费、报关费、国内运杂费、业务费、港口费及其他各种税费每个集装箱为1 950元，20英寸集装箱国外运费约为1 200美元，如果按CIF成交，我方按成交金额的110%投保一切险，保费率为0.5%。现假设汇率为8.3人民币兑换1美元，问：

（1）我方欲获得10%利润（按成交金额计算），试计算该货（每套）的FOB和CIF价。

（2）如果外商欲获得3%的佣金，那么CFRC3价应为多少？

3. 某外贸公司出口一商品，采购成本7 000元/公吨，国内流通费用总和2 000元/公吨，成交价CIFC3价1 200美元/公吨（其中运费42.37美元/公吨，保险费8.58美元/公吨，佣金36美元/公吨）。假设出口200公吨，求该批商品出口盈亏率和换汇成本（美元兑人民币比价为1∶8.3）。

4. 上海运往肯尼亚蒙巴萨港口门锁一批计200箱，每箱体积为20厘米×30厘米×40厘米，毛重为25公斤。当时燃油附加费为30%，蒙巴萨港口拥挤附加费为10%。门锁属于小五金类，计收标准是W/M，等级为10级，基本运费为每运费吨443.00港元，试计算应付运费多少。

5. 某公司向外商出口茶叶200箱（每箱30公斤），价格条款为：CIF伦敦每箱50英镑，以CIF价加10%投保平安险（费率0.6%）和战争险（费率0.05%）。求保险金额和保险费。

6. 投保人出口大豆4 000袋，每袋净重50公斤，投保平安险，保险金额400 000元，绝对免赔率0.5%。在保险期限内遭遇恶劣气候200袋发生残损，短重1 560公斤。请计算赔付金额为多少。

7. 某船装载10 000吨矿石，途中遭遇强海浪的侵袭，海水浸入货仓，致使1 000吨矿石受损，为共同安全船长又下令抛弃了500吨矿石以减轻船载，卸货时每吨矿石价值5 000元，其中包括保险费50元和运费100元，此时需分摊的共同海损价值为多少？

本章参考文献

1. 程铭等：《国际贸易实务》，上海大学出版社2012年版。
2. 冷柏军编著：《国际贸易实务》，对外经济贸易大学出版社2005年
3. 李勤昌：《国际货物运输》，东北财经大学出版社2012年版。
4. 曾立新：《国际运输货物保险》，中国人民大学出版社2013年版。